復刻版シリーズ①……古代篇

人間の知恵の歴史

宗教・哲学・科学の視点から

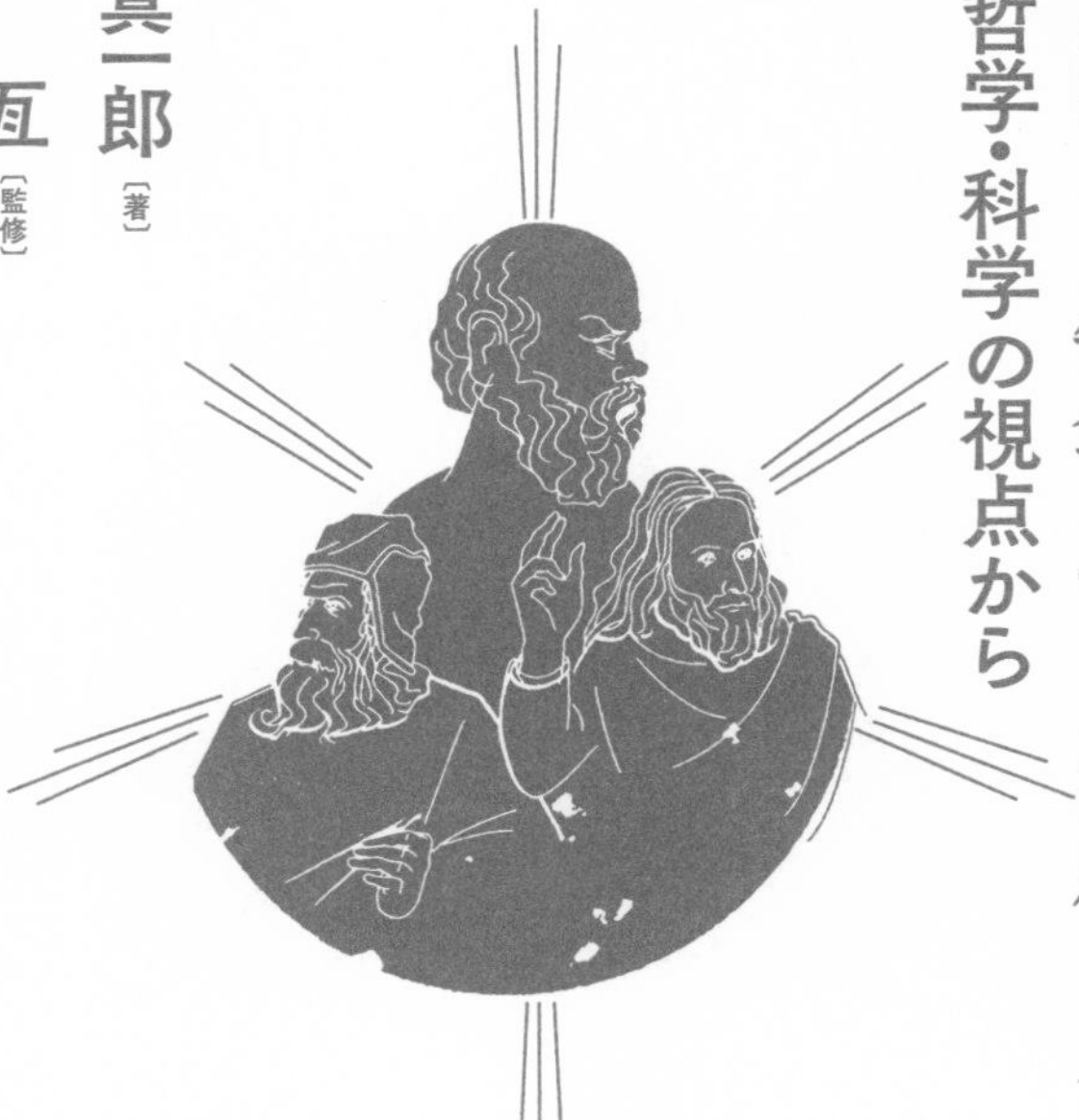

大槻真一郎〔著〕

澤元亙〔監修〕

コスモス・ライブラリー

人間の知恵の歴史——宗教・哲学・科学の視点から

〔復刻版シリーズ①古代篇〕

◇

目次

まえがき

本書は、原書房から刊行された大槻真一郎著『人間の知恵の歴史』（一九七二年刊）の「古代篇」の部分を復刻したものです。最初は共著の形で哲学の教科書として企画されましたが、結果的に著者がひとりで書いて刊行されました。当時刊行されたその書は、頁数は四〇〇頁にもおよび、二段組みでした。四百字詰めの原稿用紙に換算すれば千四百枚以上にもなります。この分量からして、執筆に費やされた時間と労力は相当なものであったことがうかがわれます。復刻に当たってはその分量の関係から三分冊とし、まずは「古代篇」を刊行しました。あとの二冊、「中世篇」と「近代篇」も引きつづき刊行の予定です。以下では、読者への案内もかねて、著者について、本書の特徴について、執筆の動機について、そして出版の経緯について述べます。

著者について

著者の大槻真一郎（一九二六〜二〇一六）は、京都丹波生まれ、京都大学大学院博士課程修了。大学院では古代ギリシア哲学を専攻し、田中美知太郎に師事しました。博士課程修了後、明治薬科大学助教授に就任。早稲田大学文学部では非常勤講師として西洋古典語（ギリシア語・ラテン語）の上級クラスを担当。二〇一六年没。『ヒポクラテス全集』（エンタープライズ社）、『テオフラストス植物誌』、『プリニウス博物誌（植物篇）』、『プリニウス博物誌（植物薬剤篇）』（以上、八坂書房）、パラケルスス『奇蹟の医書』、『奇蹟の医の糧』、ケプラー『宇宙の神秘』（以上、工作舎）など、原典の翻訳研究に従事。著書としては『ディオスコリデス研究』（エンタープライズ社）、『記号図説・錬金術事典』、『科学用語・語源辞典（ギリシア語篇）』、『科学用語・語源辞典（ラテン語篇）』、『医学基本用語辞典』、『化学基本用語辞典』、『薬学基本用語辞典』（以上、同学社）、『新錬金術入門』（ガイアブックス）などがあります。

没後に遺稿が再編され、『「サレルノ養生訓」とヒポクラテス』、『中世宝石賛歌と錬金術』、『ヒルデガルトの宝石論』、『アラビアの鉱物書』（以上、コスモス・ライブラリー）、『西欧中世・宝石誌の世界』（八坂書房）が刊行されました。

このように大概は、医学史・科学史の分野において足跡を残しました。ところが、哲学史の単著『人間の知恵の歴史』（一九七二年）があったことはあまり知られていないかもしれません。おそらく公刊された著書としては最初のものであったのではないかと思います。著者が世間に知られるようになったのは、二つの巨大な『語源辞典』や、パラケルスス、ケプラー、ディオスコリデス、ヒポクラテスなどの翻訳研究が次々と公刊され始めた一九七〇年代後半からですので、それ以前に刊行された、学生向けの教科書のような体裁の『人間の知恵の歴史』は、一般の人々の手には渡らなかったのであろうと推察されます。驚くべきことに、復刻のために問い合わせた版元にも実物が保管されていませんでした。これに鑑《かんが》みると、文字どおり幻の著書であったと言ってよいでしょう。

本書の特徴について

およそ半世紀も前に本書は出版されました。本書の特徴は何でしょうか。以下、二点を指摘したいと思います。第一に指摘されねばならないのは、副題に「宗教・哲学・科学の視点から」（原本の副題は「宗教・哲学・科学の知恵をとおして見たもの」です）とあるように、三分野にわたって書かれている、ということです。この点だけでもすでに通常の哲学史のスタイルを逸脱していることがわかります。当然、哲学者だけでなく、宗教・科学で重要な人物も登場します。そのために著者は、宗教・哲学・科学の各分野を象徴する代表的な人物像の系譜を追ってみる、という工夫をほどこしました。具体的には、宗教の系譜としては、

アダム→ノア→アブラハム→モーゼ→預言者たち→イエス・キリスト→パウロ→アウグスティヌス→ルター→カルヴァン

であり、イエス・キリストがその代表像（「中世篇」の第一章第一節で論じられます）です。預言者たちまでが『旧約』の系譜に属し、イエス・キリストからは『新約』の系譜に属します。哲学の系譜としては、

プロメテウス→タレス→クセノファネス→ピタゴラス→ソクラテス→プラトン→アリストテレス→デカルト→カント→ヘーゲル

とつづき、その代表像はソクラテスです。ソクラテスに関しては「古代篇」でまるまる一章（第二章の全体）を当てて論じられます。科学の系譜（プロメテウスとタレスは哲学と共通）としては、

プロメテウス→タレス→アルキメデス→レオナルド・ダ・ヴィンチ→ガリレイ→ニュートン

とつづきます。その代表像はアルキメデス以下の人たちです。とりわけアルキメデスについては技術的科学における最初の科学的人間像として「古代篇」（第四章第四節）で丁寧に論じられます。実際、このように系譜をたどりながら宗教的人間、哲学的人間、科学的人間の典型像の構築を図り、彼らの遺したテキストの引用を重ねることによってその生きる姿を描き、「人間の知恵」を求めることになります（「知恵」についてはあとで触れます）。

ところで、このように系譜をたどる方法が各篇の構造にも影響を及ぼしていることを見逃してはなりません。「古代篇」の本文を始めるに当たって著者は、ヨーロッパ文明を形づくっているとされるヘレニズム（古代ギリシア人の文化・思想）とヘブライズム（古代ヘブライ人の文化・思想）から説くのではなく（この二つの要因についてはじつは「中世篇」の第一章第二節で論じられます）、古代オリエント文明から

説き起こしています。また、時代的には古代に属するキリスト教の成立については、「古代篇」ではなく「中世篇」で論じています。さらに、インドと中国という非キリスト教圏の文明社会についても、「古代篇」ではなく「中世篇」の第三章を使って丁寧に述べています。このように、本来なら古代の時代に属する話題が「中世篇」に入《はい》り込んだ構造になっています。それというのも、確かに中世は世界観の形成において宗教の役割が非常に重要であるから、ということもありますが、本書の場合は、やはり系譜をたどるという方法をとっているので、このような変則的な論じ方になったのであると考えられます。

第二の特徴は、本書がたったひとりで通史として執筆された、ということです。専門分化が相当進んだ今の時代にあって通史をひとりで書くことのむずかしさはしばしば指摘されているとおりです。半世紀前の一九七〇年当時であっても、やはり事情は同じです。それゆえ、通史としての哲学史が書かれる場合、共著の形で進められることが普通です。もちろん編集や監修によって共通の了解が図られます。けれども、この場合の面白さは、各執筆者の個性・専門性によるところが大きいでしょう。単著の面白さとは異なります。

例えば、ひとりで書かれたものとして最近の成果で言えば、ベストセラーとなった出口治明の『哲学と宗教・全史』があります。さらには、熊野純彦の『西洋哲学史 ― 古代から中世へ』と『西洋哲学史 ― 近代から現代へ』(岩波新書)、伊藤邦武の『物語・哲学の歴史』(中公新書)などもあります。これらを読んでもわかるように、ひとりで執筆された著書にはそれ特有の魅力があります。日本の西洋哲学史研究の黎明期を見ても、とりわけ波多野精一の『西洋哲学史要』が今日でも読み継がれているのは、学問的な水準の高さによるだけでなく、ひとりで書かれたことからくる面白さによるところも大きいのではないでしょうか。

とりわけ「通史」をひとりで書くことは、書く素材の圧倒的な大きさから言って書き手にとっては大いなる挑戦です。書き手の視野も、その素材に匹敵する大きさをもたねばならないからです。俯瞰せざるを得ないこういう書き手のまなざしには、どこか文明論的な視座があるのではないかと思われます。

著者が「人間の知恵」について三つのタイプに分けたことは、すでに触れましたが、その三つのタイプについて次のように述べています。宗教については、

イスラエル人たちの宗教は、他のものによって最も苦しめられつづけたが、かえって最もたくましく生きる力をもってはいなかったか。またそこから分かれたキリスト教は、苦難の虐待劇の末よくローマ帝国の公認宗教となり、その後ヨーロッパにあらわれた猛々しい野蛮人たちを立派に教化した。そして混乱と破壊を秩序と建設へのエネルギーにかえた。さらには近世の宗教改革後の清貧なキリスト者の生き方が、ピューリタン革命を通して資本主義という巨大な生きるエネルギーの核をつくったことを忘れてはならない。（二一～三頁）

と。そして哲学と科学については、

哲学・科学の知恵についていえば、これまた古代の若いギリシア人たちに新しく生きる仕方を教えた。その後ギリシア人そのものは衰微した。しかしギリシアの哲学・科学は生きつづける知恵としてローマを征服し、ヨーロッパに生きつづけた。それは近世・現代への生命力を大きく励起し、世界像の拡大と現代の人類の豊かさと飛躍の原動力をつくってきたことはいうまでもない。（三頁）

と。この書き方からわかるように、著者は、世界に展開した西欧文明のもつ圧倒的な威力の源泉を、宗教・哲学・科学の起源から探ろうとします。この点だけを見るなら、西欧文明を肯定的にとらえているようにも見えます。事実、日本は、人権、自由、平等、民主主義、資本主義、科学など、西欧が生み出したさまざまな価値観やシステムを受け入れてきたし、受け入れることが正しいとされてきました。実際、私たちは、そうした観念や考え方を義務教育で刷り込まれるように教育されています。そういうものは普遍的で正しいと考えられているからです。けれども、歴史的な由来をたずねることには別の意図があります。じつはそれらが普遍のものではなく西欧に特殊なものであったことが確認されることになります。非西欧の世界に生きる私たち日本人は、その西欧の特殊なものの形成を文明論的な視座に立って理解する必要があります。

過去の数々の文明は永遠ではありませんでした。国の盛衰は、帝国主義的なおごりの道を選ぶか、あるいは「豊かさの中で貧しさを忘れずに生きぬいていく」（六〇頁）かによって左右されるのだと著者は言います。メソポタミア、エジプト諸国、アテナイ、マケドニア帝国、ローマ帝国など、どの文明も国も衰微の一途《いっと》をたどりました。著者は、「貧しさ」の自覚を忘れた「人間の知恵」についても同じであると喝破します。「貧しさ」の自覚については本書の重要なモチーフですので、このあとも触れます。

執筆の動機について

今、本書の特徴として二点あげましたが、哲学史をひとりで書くことの意味についてもう少し述べてみたいと思います。著書全体をつらぬく統一性・一貫性をつくるものとは何でしょうか。そうした統一性・一貫性があるのは、もちろんひとりの者によって書かれたからこそ生み出されたものです。端的に言えば、どうしてその本は書かれたのか、あるいは書かれねばならなかったのか、ということです。

本書が執筆されたのは著者の四〇代の前半でした。浩瀚な哲学史をひとりで書くということが果敢な挑戦であることはすでに触れたとおりですが、しかも著者の年齢であったらなおさらそうであったにちがいありません。その気持ちがあらわれているとも言える一節を原典の「あとがき」から以下に引用します。

一介の古代ギリシア研究の書生が、古今東西にわたる宗教・哲学・科学を渉猟し、「人間の知恵の歴史」を書くようなこと自体、貧しさを忘れた大それた野心とそしられるかもしれない。しかし、貧しい気持ちから豊かさを求め、いろいろの思想にひきつけられて遍歴し、それを自分なりに、何かあるものを中心思想にしてまとめあげることは、それ自体何か意味あることだと思っていた。何かをもって全体を貫き、一つのものにまとめ上げ歌いあげることは、非常に困難なことだけに、やはりやり甲斐のあることだと思ってやってきた。

と。ここに述べる「貧しさ」の自覚とは、本書「古代篇」の「序説」の中で詳しく説かれるところでもありますが、この自覚が執筆の出発点であることに注目したいと思います。その「貧しさ」とは、思想的な「貧しさ」、知恵の「貧しさ」のことです。この引用部分の後につづき、著者は、自身の二〇代から三〇代を振りかえりながら、執筆の意図を語ります。これも長くなりますが引用します。

考えてみれば二十数年このかた、最初の半分は、近代から中世へ古代へと個々の思想家の知恵をたどって大学で勉強し、それからあとの半分は、社会へ出てから、それらの思想を全体として概観してみることにそれなりの力を注いできた。その総決算がこの約四百頁にわたる書物の中に集約された、といえばいえるかも知れない。知識をバラバラに伝えないで、一つのまとまったものとして伝えるために、学生諸君にもわかり易いようにと、あまり専門用語の羅列にならないよう心掛けたつもりである。しかし過去にそれなりに立派に光った人たちの思想には、それぞれ言い知れない深さがあり、彼らの思想を象徴する言葉も難解で、決して十分に言いあらわせないきらいがあった。ましてやそれら各思想家に一貫したものをあとづける段になると、これは至難の業《わざ》であった。この書物がそれに成功しているとは思わない。事実これを書物として公表することをはばかる気持ちも強かったが、あえて発表することは、これから思想を求める人たちに、何らかの指示を与えられると思ったからである。特に知恵を愛する人に対してである。哲学をやる者は、全体としての概観をそれなりにやはり早く持つことが必要である。そういう啓蒙の気持ちもあって、これを特に若い人たちにおくりたいと考えた。

と。ここには、本書がもともと学生向けに執筆されたことが言われています。つまり、本書の目的は、「哲学をやる者」にとっての「全体としての概観」を提供することです。したがって、その書き方には教科書としての制約もあったことは確かです。けれども、「哲学史」と題されることなく、『人間の知恵の歴史』と題された本書の試みには、哲学史の教科書としての制約を超える著者の意気込みがみてとれます。まずは、著者の述べる「知恵」について「序説」から確認しておきましょう。

人間はほかの動物とちがった知恵をもつようになった。いろいろ経験をつんでいくうちに、人間は、できるだけ美しく生きたいとか、善く生きたいとか、強く豊かでありたいとか願うようになった。こういう人間としての生き方が、いろいろの知恵を生みつづけて現代までやってきた。それが一般にいって「知恵の歴史」である。これらの知恵の中から、すぐれた三つのタイプをとりあげることができると思う。宗教と哲学と科学である。（一頁）

著者のいう「知恵」とは、人間の生き方を問う「知恵」のことであり、それにはとくにすぐれたものとして三つのタイプがあると言われています。なぜその三つなのかについては本文の記述にゆずることにして、次に「知恵」の必要とされる場面について述べたところを引用します。

古代の農業革命、近代の産業革命、数えきれぬ戦争の数々、血なまぐさい殺りくをくりかえす支配・被支配のどんでんがえし、思想的にもフランス大革命がある。しかしこういう革命とか危機にたつ人間を、救ったりふるい立たせたり豊かにするものがあった。それが人間の知恵であり、宗教や哲学や科学などの「生き方の知恵」であった。（二頁）

と。つまり、「知恵」が必要とされるのは、歴史的な危機に直面し、その危機の中で人生観・世界観・人間観が揺さぶられたときなのです。ここではとくに、人間を救うというだけでなく、ふるい立たせ、豊かにすると言われていることにも注目したい。この言い方から著者が「人間の知恵」の可能性に賭けていることがうかがえます。危機に対する書として書かれたにもかかわらず、本書の全体に明るい基調が読みとれるのは、著者のこうした姿勢にあるのかもしれません。では、著者にとっての歴史的な危機とは何だったのでしょうか。

ここで、著者が一九二六年に生まれたということに留意すべきです。この年は元号で言えば大正一五年であり、昭和の元号で言えば元年に当たります。昭和の始まった時代に著者は生まれました。太平洋戦争が終結した昭和二〇年（一九四五年）のとき、著者は何歳だったのでしょう。一九歳の若者です。まさにこの年齢のとき、歴史的な大転換のまっただ中に立たされたことになります。けれども、著者はどこにも自分に迫った危機について書き残すことはしていません。それでも年齢から察するに、その危機とはもはや明白です。この体験は年齢が一つ違えば大きく異なると一般に言われています。同じ年齢であっても、その内容あるいは影響が同じであるということもありません。

いずれにしても、著者は、「二十数年このかた、… 思想家の知恵をたどって … それらの思想を全体として概観してみることにそれなりの力を注いで」きたのだと述べます。そして「その総決算」として生まれたのがこの『人間の知恵の歴史』なのです。したがって、この書は、危機的な時代もしくは現実と向き合った著者が「貧しさ」を自覚し「生きる知恵」を求めた記録であると言うこともできるでしょう。実際、こうした意識が本書の基底にあり、それが教科書としての制約を超えて力強い筆致となって著者の意志が、読む者に迫ってくると思われます。

確かに、私たちの時代においても、凶悪犯罪、東日本大震災、福島原発事故、世界的流行病《パンデミック》など、歴史的に記憶されるべき事件が起きています。それによって人生観・世界観・人間観が揺さぶられた人、再考した人もいるでしょう。また、ネットを含むメディアによる情報の洪水によって画一的な思考に自分が染められてしまっていることに気づいて愕然とした人もいるでしょう。あらゆるものが相対化され、多様な価値観の衝突が随所で起こり、流動する現実に身を委ねるしかなく、常に不安定な状態、激しい競争の中に置かれているのが現代人です。

こうした状況にあって時代や現実の流れに抵抗する人を導くのが「人間の知恵」であり、だから「知恵」

には哲学の知恵だけでなく、宗教の知恵も、科学の知恵も含まれねばなりません。最初は哲学史の教科書として企画された本書が、結果的に宗教・哲学・科学の三つのタイプを含む知恵の歴史として書かれねばならなかったのは、著者が時代と向き合った結果であったとは言えないでしょうか。

ところで、本書には個々の参考文献はあがっていませんが、当時続々と刊行されていた原典からの翻訳、啓蒙書を利用したことが述べられています。著者の大槻は、岩波・中央公論・河出・人文などの各出版社から出された訳書、田中美知太郎、出隆、山本光雄、小川政恭、山田晶、村山勇三諸氏をはじめ、多くの人たちの啓蒙書を参考したことに対して謝意を示しています。ここにあがっている名前は戦後日本の哲学研究の土台を築いた人たちです。

本書が書かれてからおよそ半世紀もの年月が流れました。確かにその間に哲学史研究は大いに進歩もしたし、新しい哲学史像も提出されていますが、本書の提示するテキストの読解、哲学のみならず宗教と科学との関係においても提示された「知恵の歴史」としての哲学史像など、今でも読者諸子を魅了し、刺激するにちがいありません。

出版の経緯について

まずは、本書のもとになった原書房から刊行された『人間の知恵の歴史』について述べます。その「あとがき」に同書の成立について書かれています。それによると、刊行（一九七二年）の四・五年前に四人の哲学をやっている仲間で、古代、中世、近代、現代を各人が担当して哲学の教科書が企画されたらしく、けれども、結果的にひとりで書くことになったようです。他の三人の名前として、森忠重、伴博、堀越知己があがっています。私は、この三人の先生方とは面識はありませんが、学生のころ友人が伴先生と堀越先生の哲学の授業を受けていたので、お二人の名前だけは存じ上げていました。著者の大槻先生については、私は、文学部の上級ギリシア語と上級ラテン語の授業に先生の定年まで参加していました。定年後も仕事でいろいろとご一緒させていただいた関係で遺稿の整理を担当することになった次第です。

次にコスモス・ライブラリーから刊行された本書について。さきにあげた『「サレルノ養生訓」とヒポクラテス』を含む四冊が「ヒーリング錬金術シリーズ」として同社から刊行されたあとに、大野純一社長から、他にも原稿があったらとの、お声をかけていただきました。そのおかげで、本書の出版が実現しました。本書は、雑誌の連載記事を編集した「ヒーリング錬金術シリーズ」とは違って、原書房から刊行された一冊の書籍であったので、復刻に際して、図版を加えたり、必要最小限の校正を加え、読みやすさを考慮して三巻シリーズとしました。原本の図版は数点のみでしたが、ほとんどは平田寛先生の『科学の起源』（岩波書店）と『図説・科学技術の歴史』（上下巻、朝倉書店）から補いました。キャプションも一部、同書から引用したものもあります。索引に関しては原本の索引を踏襲しました。というのも、その索引は周到に準備され、重要語に関して著者が読者に読んでもらいたい箇所の頁《ページ》を指示しているようにも思えたからです。

今回も多くの方々の支援を受けました。今日の困難な出版状況の中、本書の刊行を快諾してくださったコスモス・ライブラリーの大野純一社長には衷心よりお礼申し上げたいと思います。編集に関しては大野社長と棟高光生さんから、校正に関しては高橋邦彦さんから有益なご助言をいただきました。河村誠さんには素敵な装丁に仕上げていただきました。坂本正徳先生（明治薬科大学元学長）、岸本良彦先生（明治薬科大学名誉教授）、大槻マミ太郎先生（自治医科大学教授）、そして大槻真一郎先生を慕う多くの方々から、ご支援の言葉を頂戴しました。この場を借りてお礼を申し上げます。

二〇二〇年三月

澤元　亙

序説—人間の知恵の三つのタイプ：宗教・哲学・科学—

（一）

人間はほかの動物とちがった知恵をもつようになった。いろいろ経験をつんでいくうちに、人間は、できるだけ美しく生きたいとか、善く生きたいとか、強く豊かでありたいとか願うようになった。こういう人間としての生き方が、いろいろの知恵を生みつづけて現代までやってきた。それが一般にいって「知恵の歴史」である。これらの知恵の中から、すぐれた三つのタイプをとりあげることができると思う。宗教と哲学と科学である。

人間の知恵の歴史のはじめに先ず宗教がリードした、次に哲学がリードした、最後に科学がリードするのだ、とある人たちは考える。宗教はもうすっかり過去のものになったと考えるかもしれない。現代が一見キラキラする科学技術万能の時代であり、科学が人間社会をリードしていると思われるから、余計そう考えたくなるのであろう。しかし宗教も哲学も科学も、それぞれが人間の深い「知恵の諸相」であるとするなら、現代や未来を、自分中心に無宗教の時代とか、科学の万能時代と考えることはできないと思う。

現在の人間になるまでこの動物（私たち）は何度も自然の大きな変化にあってきた。これはとても大昔のことであるけれども、氷河時代が何度もくりかえされた。ひとくちに氷河というけれども、これは恐ろしく寒い時代であったであろう。こうした中を古生人類への道、それから現生人類への道と、いくたびかのきびしい自然淘汰の中を生きぬいてきた。ここ一万年ほどにかぎってみると、人びとは、特に人間同士の恐ろしい社会変革にたびたび遭遇せねばならなかった。古代の農業革命、近代の産業革命、数えきれぬ戦争の数々、血なまぐさい殺りくをくりかえす支配・被支配のどんでんがえし、思想的にもフランス大革命がある。しかしこういう革命とか危機にたつ人間を、救ったりふるい立たせたり豊かにするものがあった。それが人間の知恵であり、宗教や哲学や科学などの「生き方の知恵」であった。

宗教は、古代の農耕大河川地域の混乱しやすい状態の中に大きな秩序国家をつくり上げ、農耕・宗教の文化や都市文明をそだてた。一見、宗教はあの世のことにかかわると思うかもしれない。しかし一方的にそう考えてはいけない。かえってその本質は、人間の原生命といえる旺盛な爆発エネルギーであった。ある原始部族はその宗教をうばわれるやたちまち生殖力が激減した、という報告がなされている。生命力が衰退してくると、それをもり返すべく突如として多くの新興宗教が出現してくることも、よくみききすることである。とにかく宗教によって、人間は集団としての活々とした生命力と、秩序・まとまりをかちえてきたのである。この序説（二）でのべるイスラエル人たちの宗教は、他のものによって最も苦しめられつづけたが、かえって最もたくましく生きる力をもってはいなかったか。またそこから分かれたキリスト教は、苦難の虐待劇の末よくローマ帝国の公認宗教となり、その後ヨーロッパにあらわれた猛々しい野蛮人たちを立派に教化した。そして混乱と破壊を秩序と建設へのエネルギーにかえた。さらには近世の宗教改革後の清貧なキリスト者の生き方が、ピューリタン革命を通して資本主義という巨大な生きるエネルギーの核をつくったことを忘れてはならない。哲学・科学の知恵についていえば、これまた古代の若いギリシア人たちに新しく生きる仕方を教えた。その後ギリシア人そのものは衰微した。しかしギリシアの哲学・科学は生きつづける知恵としてローマを征服し、ヨーロッパに生きつづけた。それは近世・現代への生命力を大きく励起し、世界像の拡大と現代の人類の豊かさと飛躍の原動力をつくってきたことはいうまでもない。

宗教・哲学・科学の三つの知恵は、このようにいずれがすぐれた形であらわれるにせよ、あい争うにせよ、協調しあうにしても、陰になり陽になって、共に人間の生き方を深くし豊かにしてきたのである。人間がつづくかぎりこれはかわらないであろう。三つのものはそれぞれが、いわば「賢者の石」の片割れであり、その外観を異にするようでも、結局は同質のものではなかったか、と思う。言葉をかえていうなら、原色の光を、プリズムを通したときに出てくるいろいろな美しい彩色光にたとえることもできる。このような意味でのもとの存在が、人間の歴史のさまざまなプリズムを通して、原色の光を、すぐれた宗教・哲学・科学という知恵の諸相に分かってきたのだ、と考えることができる。この三つの根幹を同じくするものでありながら、それぞれに分かれているが、あい協力してこそ全きものであり最も力強いものになるのだ、ということを忘れてはならない。

では「もとの存在」とか「原色の光」とかをどう考えたらよいであろうか。宗教・哲学・科学をその美しい曙光によって開示する神話の知恵は、ひとしくその原初のものを、混沌とかカオスとかいうことによって、それ以上にはいきどまりを見せている。そしてそこにまた、はかり知れない神とか神秘的なものを、その奥にある神意として想定しているように思われる。

地は混沌としていた。暗黒《やみ》が原始の海の表面にあった。神の霊風が大水の表面に吹きまくっていた。

（『創世記』第一章、二節、「司祭資料の創世記」）

と語る『旧約』の知恵も、

カオス—— B.C.van ヘンペル著『賢者の階梯』（グロニンゲン、1689年）、カオス（Chaos）。中央には卵が見える。

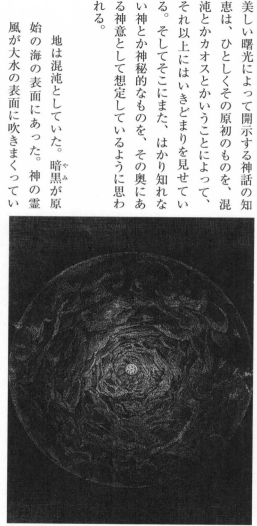

まずはじめに、カオスが生じた。
（ヘシオドス『神統記』一一六）

と語るギリシアの知恵も、一般には、以上のような暗闇から、そこに光がさしてきて、いろいろの形あるものが生じてきたことを語る。それが神の意志による創造であれ、自然の生成であれ。また人間の知恵も、たしかにこういう光にてらされてものを見る。あるいはヤハウェの神によってであれ、あるいはミューズの女神たちによってであれ。そしてそこから光を受けた人間の知恵は、それをたよりに、そのもとのもと、奥の奥をさぐろうとする。そこに神話の知恵も生まれた。その意味では、人間の知恵自身が神の知恵の光のある分身であるともいえる。

これまで幾星霜《いくせいそう》にもわたって検見《けみ》してきた「人間の知恵の歴史」の深みも広さも、そうした知恵の光の光被《こうひ》の深さ・広さによってきまってきた。私たちがさきに触れた「もとの存在」も、「原色の光」も「混沌」も、また以下（二）・（三）・（四）・（五）の叙述において触れる「広大無辺の神」とか「原生命」とか「原物質」とか「全体的な真理」とかも、結局はみな、人間の知恵が諸現象や万物の最深・最奥をさぐったときに開かれるとらえようのないものを実は指示している、と考えなければならないだろう。しかも必死になってそれをとらえようとする。『旧約』の「ヤハウェ神」、ソクラテスにときとして開示された「ダイモニオン」（神霊的なもの）などは、とらえようのないものでありながら、絶対の力をそれぞれにもっている。宗教的な生命力、哲学の知恵の内的な基底ともいえる確信力は、ともにこういう絶対の力に養われている。しかも、そういう神聖な力が自然のものに集約・投射されるときに、それを何とか自然の力としてとらえ、ある元素（原素）に集約しようとする。そこに古代ギリシア自然哲学者たちの知恵があった。これがとりもなおさずまた科学の直接の草分けであったと思う。この知恵によって開示されたもの、それがタレスの「水」、アナクシメネスの「空気」、デモクリトスの「原子」（それ以上分けることのできない「もの」の最小単位、ἄ-τομος アトモス）であったと考えられもしよう。

しかし事実、このような原物質の探求は、ソクラテスもいったように、一向に決め手のないものだったし、諸説紛々としていた。現今の最新理論物理学が、古代ギリシアや近世の知恵である「原子」の考えを破壊し、それをさらに細かく分けた素粒子概念あるいはそれ以上の概念に至ったとしても、この原物質の陰影は依然として未知のまま深まるばかりの現状ですらある。しかしそれらの奥の奥のものは見きわめがつかないにもかかわらず、人間の知恵はその奥のとらえようのない力に養われて、営々としていろいろなものを生みつづけ今日までやってきた。その生命力は依然としてつづき、過去の知恵は今の知恵に、生きるための何らか大きな光を与えている。過去は決して単なる死んだ形骸ではないのである。

そういうわけだから、私は次に過去からの知恵の形成力において最もすぐれた系図や像を、三つの知恵のタイプに応じてそれぞれ選びだし、それぞれの代表系図と代表像の性格を簡単に語っていきたいと思う。結局宗教では、旧約・新約の知恵を、哲学・科学では古代ギリシアの知恵をとりあげた。いずれも最初に神話がくるが、これはただ最初にあってもう今はほとんど用のなくなったものというより、むしろ今なお深い知恵を開示し、何らか生きつづけており、文字通り起源であり根幹である、という意味においてである。宗教の代表的系図としてとりあげたイスラエル人たちの系図は、旧約時代の立派な神話をもっている。またギリシアでそのほんとうの根をおろした哲学・科学も、プロメテウス神話の主人公プロメテウスの革命精神をもっていると思う。では順次にそれぞれを概観していこうと思う。

（二）

「神であり人であるイエス・キリスト」がここでの宗教の代表像である。その系図は、アダム―ノア―アブラハム―モーセ―預言者たち―イエス・キリスト―パウロ―アウグスティヌス―ルター―カルヴァンとつづく。預言者たちまでは『旧約』に、イエス・キリストからは『新約』に属している。序説であつかうのは、主として旧約の人たちの知恵である。新約の人たちについては、古代・中世・近代の各部でそれぞれ触れていきたいと思う。

アダム―ノア―アブラハムの話の背景については、古代メソポタミアの豊かな農耕文化社会（紀元前三五〇〇～一五〇〇年ごろ）があげられる。メソポタミアの豊かさ、その都市文明の利権をのぞんで、この地に興亡の歴史をくりかえしたものは多い。しかしそれらのつわものどもはみんな、この豊かさの中に埋没して姿を消していった。ひとりアブラハムの一族だけは、この地域から出て、今なおその活々とした生命のエネルギーを一貫してもやしつづけている。ユダヤの人びとにとっては「われらの父」としてキリスト者たちにとってはその主「イエス・キリストはアブラハムの裔《えい》」(『マタイ伝』第一章、一節)というように語りつたえられている。このように偉大な指導者、アブラハムにささげられる言葉は、宗教の歴史の中でとりわけ光っている。近世の思想界にあらわれ、今なお私たちの心をふるわせるパスカルの魂に開示された神も、また「アブラハムの神」(パスカル『覚え書《メモリアル》』)であったことは記憶に新しい。それではこのアブラハムのいわゆる「生きる知恵」とは一体何であったのか、という問題がおこってくる。

アブラハムは何よりも神ヤハウェの召命をうけて、ハラン(ユーフラテス河上流)の地からメソポタミア脱出をこころみた人である。ここに、彼の神ひとすじに生きる信仰の賭けがあった。聖なる言葉の導きを、『創世記』は次のように私たちにつたえている。

「さあ君の国、君の親族、君の父の家を離れて、わたしが君に示す国へ行きなさい。わたしは君を一つの大きな民にしよう。わたしは君を祝福し、君の名前を高めよう。君自身が祝福の基となれ」

(『創世記』第一二章、一〜二節)。

と。アブラハムは神の言葉どおりそれを信じてメソポタミアを離れた。しかしなぜこの文明の豊かな土地を離れなければならなかったか、それは直接には語られていない。しかし、他の土地において大きな民にしようと語ったところからすると、それはメソポタミアという土地からの脱出、すなわち、豊かさとその埋没への危機からは脱出した方がよいことを、神が指示したのだとうけとれるであろう。しかもこの神の指示が、現実の歴史の上でも実際に正しかったことは、注目されなければならない。

では神はなぜアブラハムを選んだのか。それは彼が誰よりも「義《ただ》しい人、完《まった》き人」であったからにほかならない。このことはノアの話と関連して考えるとはっきりわかると思う。アブラハムの祖先にノアという人がいた。その人の名前は誰も知っているであろう。ノアの洪水、箱舟の話で有名な人である。『創世記』はこの人のことを次のようにつたえているのである。


ヤハウェは地上に人の悪が増し加わり、その心のはかる想いがいつも悪いことのみであることをごらんになって、ヤハウェは地上にお造りになったことを悔い、心に深く悲しまれた。ヤハウェが言われるには、「わたしはわたしが創造した人を地の面から絶滅しよう。人のみならず、家畜も這うものも空の鳥もみな絶滅してしまおう。わたしはそれらのものを造ったことを悔いている」。しかしノアはヤハウェの前に恵みをうける者となった。

さてノアの系図は次の通りである。ノアは義《ただ》しい人であった。同時代の人びとの中で完《まった》き人であった。神とともにノアは歩いた。ノアは三人の子供を生んだ。それはセム、ハム、ヤペテである。地は神の前に堕落していた。地上に暴行が満ち、神が地をごらんになると、見よ、それは堕落していた。すべて肉をもったものが、この地で滅茶苦茶な生活をしていたのである。

（第六章、五〜一二節）

メソポタミア地方の人びとの悪のために、人間の種族としては結局ノアの一族をのぞいて、みんなヤハウェ神の洪水で滅ぼされてしまうという話がこれにつづく。

この話にはたしかに原型があった。紀元前数千年前に書かれたというシュメールの粘土板文書がそれである。しかし善悪意識の真剣さ・誠実さ・素朴さの点で比較すると、たしかに『旧約・創世記』の方が一段と光っているように思われる。『創世記』のこれらの部分は、粘土板に比べるとずっとあと（前一〇〇〇〜五〇〇〇年）に書かれたものであることは確かである。しかしノアの義人の思想やアブラハムのメソポタミア脱出（前一五〇〇年ごろ）の高潔な思想のエッセンスが、そのままここに結晶したものにほかならないであろう。さらにエデンの楽園やアダムや彼の楽園追放の物語をのせる『ヤハウェ資料の創造記』（『創世記』第二章、四〜二五節、前一〇〇〇年ごろの作）も、実は同様に、前三〇〇〇年ごろまでさかのぼるシュメールの『ギルガメシュ叙事詩』に原型を求めることができる。しかしここでもやはり、『創世記』の場合は、神の命令をめぐっての倫理がとりわけきびしく支配している点ですぐれている。「善悪の知恵の木からは食べてはならない」という神の命令を守れなかったアダム（人間）は、そのために結局「エデンの園」を追われることになったのである。

君のために土地は呪《のろ》われる。
（第三章、一七節）

このように神ヤハウェは決然とアダムに言った。楽園を追放されたアダムは、そののち妻のエバから二人の男の子をえた。エバはカインを生み、それからまたアベルを生んだ、といわれる。

アベルは羊飼いになり、カインは農夫になった。しばらくして、あるときカインが農作物の中から供物《そなえもの》をしたことがあった。アベルはアベルでまたその群の初子《ういご》とその脂身の中から選んで供物した。ヤハウェはアベルとその供物をご照覧になったけれども、カインとその供物はかえりみられなかったので、カインは大いに怒ってその顔を伏せた。

（第四章、二〜五節）

この話は、神ヤハウェがむしろ牧羊者たちに味方する神であったことを示しているかもしれない。結局農夫のカインは羊飼いのアベルを野に呼び出して殺した。そのためにカインは恐ろしい罪にとりつかれる身となる。カインにはさらにエノクが生まれた。この人は都市の建設者になった。このような叙述は、現実の歴史の上ではたしかに、農耕文化・都市文明の勝利を語っているかもしれないが、それらは次々と恐ろしい多くの罪をおかしていくことになっている。しかしだからといって、これらの罪を背負う人間たちを神は決してことごとく見捨てはしなかったのである。『創世記』によると、人間はたしかに地の塵でつくられたものである。しかしまた神の似すがたとしてつくられたものである。そしてこの神性は、祝福されなければならない。それが祝福されるものとすれば、当然また農耕文化・都市文明の罪からはきよめられなければならない。

このようなときに、神の眼にかなったものとしてあらわれたのが、実はノアでありアブラハムであったのだと思う。祝福を与える神は、ノアには箱舟にのるようにといって救ったし、アブラハムにはメソポタミアの土地を離れるようにと命じて彼の一族を救った。これがとりもなおさず、ノアやアブラハムの生命を救う神の配慮であり、そのいのちの発展への道であり、また義《ただ》しい人間への愛でもあった。アブラハムに宿る原生命は、このような神の愛の光に導かれて、メソポタミアにぬきがたく根をはる滅びの原因を深く予感し、神の命ずるままに、決然としてこの滅びの世界からの脱出を敢行したのである。

それでは実際に、この当時のメソポタミア地方は、どんな状態だったのか。アブラハムに宿る原生命の核をはじき出すどのような状況がうまれていたのか。洪水の様子にもふれながら少しそれをみてみようと思う。

ノアの洪水神話をまつまでもなく、事実大洪水は何度となくメソポタミアをおそっていた。それにここでは、エジプトの洪水のように周期的ではなく、これらは突発的におそってくるのである。そのためかもしれないが、メソポタミアの宗教思想には非常に暗いものがみられた。豊かすぎる生命をめぐんでくれるかと思うと、反対に残酷で無慈悲な死を見舞う。このように、この地方には、人間社会の大量の生と死、幸と不幸など、分裂した意識が眠りからはげしく呼びさまされる要因があったのだと思う。またそれに関連して、神の審判、善悪の思想を強く刻みつける要因もそこに深く根づいていた。そればかりでない、ほかにもその要因がたくさんあった。

紀元前三〇〇〇年後のメソポタミア地方では、すでに豊かな農耕によって、人口がいちじるしく増えていた。富や知識も大いに蓄積され、都市文明もおこった。それからのちは、かえってその豊かさゆえに、人間同士の血なまぐさい利権の争いが深まった。前二六〇〇年ごろからステップの遊牧民族が何度となくここへ侵入してきた。人間興亡の歴史、運命の変転が何度となくくりかえされた。最初はわりあい素朴であった神権国家組織も、何百年の年月のくりかえしのうちに、慢性化して活力を失った。そればかりでない、神々にささげられたはずの神聖な供物、公共のものまでが、神官たちや権力者たちによって私物化された。また税のとりたてがきびしく、物欲と悪徳が平気でのし歩いた。全体として、みかけの豊かさの中に、荒廃・頽廃が巣づくり、内部からだけでも崩壊するというような危機にあったのである。しかしこの事態を危機として自覚するかどうかは、人によるであろう。誰にもできるものではない。原生命の一つの核が、きびしい社会や自然の要因にその内奥から振動され、不滅のエネルギーに結集されるかどうか、要は人間次第である。しかし事実この真の結集がアブラハムにおこったということを『創世記』はつたえているのである。

神話化されているとはいっても、とにかくいいつぎ語りつたえられたアブラハムは、イスラエル民族の歴史上、不滅の偉大な族長的存在であったことにかわりはない。アブラハムは、神話と現実とのいわば接点であった。アブラハムに神話的要素があるといっても、そこには、きびしい現実の試練をへた生命のエッセンスが宿っている。キリストに至って最もその時が満ちたとき、人間存在の善悪両極の完全な分裂とまた完全な愛による融合の奇蹟がおこったということも、そのまえに、アブラハムに結集された原生命のエラン・ヴィタール（生の飛躍）がなければ、とてもおこりえなかったことであると思う。その意味では、アブラハムはキリストの立派な祖先であった。周囲の状況が悪く暗くなればなるほどアブラハムは追いつめられていった。こういう暗黒の中でこそ、アブラハム（完全に義しい人格）と「ヤハウェ」に象徴される「絶対的な人格神」との出逢いが、おこることができたのだと考えられるのである。

事実アブラハムの原生命がはじき出すエネルギーの諸要素とその強さは、特に彼が滅びの地メソポタミアを脱出してパレスチナへ移民をはじめた前一五〇〇年ごろにかけて、内外ともにますます増大していったと思われる。前二〇〇〇年以後は北からの民族大移動の駒のひびきも、メソポタミアやほうぼうの地域に特に騒然となってきていた。この騒然とした中でアブラハムはメソポタミアを離れたのである。その後、どれだけ幾多のにがいきびしい試練をうけたことであろうか。しかしそれだからこそ、千五百年余の底練《そこね》りをうけたのちは、イエス・キリストへ、さらに以後はパウロ、アウグスティヌスへ、ルターへとさらに千五百年それ以上にわたり、世界に立派に拡大していくエネルギーをもやしつづけられたのである。

豊かさの文化の中にそだち、それらを伝承しながら、その文化よりもはるかに高貴な召命を身内におぼえ、新天地を求めて放浪するアブラハム旧約の民の歴史は、文字通り苦難の遍歴であった。しかしそのためにこそ豊かさの中に埋没することなく、豊かさに対処する十分な知恵とその洗礼をうけることができたのである。ここに新しい宗教の民イスラエル人たちの「生きる知恵」が生まれた。彼らは半農半遊牧のヤハウェ信仰部族であった。しかしヤハウェ信仰といっても、この部族がはじめからいまの『旧約聖書』に書かれているとおりの信仰をもっていた、と考えることは無理であろう。かえって、アブラハムにあらわれたヤハウェはモーセによってはっきり自覚されたヤハウェ信仰を、そのまま前時代にもさかのぼらせたものだ、とみることができるであろう。しかしこの信仰の原型がアブラハムにあったのだということは、さきから説明したとおり、うたがえぬ事実であると思う。

旧約の民に長い歴史が経過した。しかしこれらの民がエジプトにあって奴隷のくびきにつながれ、その旺盛だった生命力が再び大きな危機に追いこまれたとき（前十三世紀）、突如として祖父（アブラハム）伝来のあつい信仰が、モーセに閃光のようにひらめいたといわれる。エジプトからの奇蹟の脱出を導いたモーセは、この国の圧力のために、すぐにパレスチナにはいることができなかったという。彼らは長い間シナイの荒地にとどまらねばならなかった。しかしこのきびしい貧しい環境の中にあってこそ、モーセの指揮のもとに、強烈にヤハウェ神を信仰できた。このことが、多くの分れ分れになっていた部族と宗教連合にまとめあげることができたのだ、といわれる。イスラエル民族、ユダヤ民族の共同体はこのようにして徐々にでき上がっていった。その意味で、シナイ荒地の峻烈な岩山砂漠のヤハウェ神の要素がその後の宗教展開にはたす役割は、きわめて重要だと思われる。ここでの試練をうけて、さきの「絶対的な人格神」と「完全な義《ただ》しい人格」との出逢いについては、アブラハムのときよりも、いっそう新しい状況のもとで再び深められたのである。『旧約』に書かれたままのモーセの歴史的存在をうたがう向きもあるかもしれないが、あるまったくすぐれた人物によって、宗教の復活と大改革がおこなわれたことは事実であろう。

その後、宗教連合の成立（前十二世紀はじめ）、パレスチナ侵入、王国成立と、矢つぎばやにイスラエル民族の豊かな拡大が実現した。しかし他方では、世俗への埋没を警告する預言者たちの活動もまたはげしさを加えた。貧しさに生きる「生活の知恵」の警告である。その後果たせるかな、前五九八年の亡国とバビロニア捕囚に遭遇し、これを決定的な契機として、ユダヤ民族存亡の最大の危機に直面することになる。このような暗黒な情勢下で、はじめてユダヤ教が成立（前四三〇年ごろ）したことは注目されなければならない。しかし、アブラハムへの旧い契約であったカナンの土地がすでに失われた今となっては、誰の眼にも、新しい生き方を示す「まったく新しい契約」が必要であった。しかし「絶対の人格神」は、どこまでも絶対であり、暗黒をすぐに光明にかえることも光明を暗黒にかえることもできる万能の神でなければならない。アブラハムという人格にしても、真実には、単に外面的な契約で神にしたがったものでは決してなかったはずである。亡国、離散という暗黒は、それがきびしければきびしいほど、暗黒と光明の両極の分裂を通して、かえってますますすぐれた人びとを内面化し深化したのである。貧しさのきわみから豊かさの泉がわき出るというような、死して生きるというようなイエス・キリストの新しい福音の泉の噴出の契機も、このようにしてこそ生まれたものであろう。

心の貧しいものは幸いです。天国はその人のものだからです。

（『マタイ伝』第五章、三節）

というイエスの言葉に集約されるものは、たしかに新しい福音であった。しかしイエスもいうように、彼は古いものを破棄するために来たのではない、成就するために来たのである。イエスに至るまでに、たしかに次から次へと新しい状況が生まれていたことは事実である。バビロニア捕囚（前五八六年）からの帰還（前五三八年ごろ）、その後のヘレニズム異教世界で父祖伝来の信仰を守りながら生きぬく苦しみ、ローマ帝国占領下（前六三年以後）での苦難の数々である。

こういうことによって、さきからくりかえしいってきたように、きわめて暗黒なこれまでは考えられなかった新しい悪い状況が生じていたことは確かであろう。しかし今ははるかに遠くなったとはいっても、ノアやアブラハムのときの状況を考えてみると、その当時もいずれおとらぬきびしい状況下にあったはずなのである。またそこにこそ、それを生きぬく知恵も生まれたのであった。たしかにアブラハムは遠い祖先である。しかしいいつぎ語りつたえられた「義《ただ》しい人格」アブラハムの原生命の核エネルギーは、ますます新しく展開してくる事態に応じて、モーセやその後の多くの預言者たちによって立派に受けつがれた。一族から民族へと、その都度それぞれ全体としての熱度をましながら。しかしその精神・原型がかわったわけでは決してなかったことを注意しなければならない。さきにもいったように、それはついに時みちて、新・旧契約の融合という形をとって、イエスにより成就されたのである。これがなされるためには、古い生命が、イエスによる人と神との融合という一回かぎりの奇蹟にまで高められなければならなかった。ここにおいてのみ、宗教の知恵は新しく最高度に完成されたのである。少なくともパウロをはじめとする人びとは皆そのように信じた。成就されたという新しい状況において、ここに噴出してくる宗教生命がいかにすぐれたものであったかは、やはりその後の歴史が示してくれるであろう。パウロたちは、イエスによって示された新しい福音を、同じように悩み疲れていたひろい世界の人びとに伝道することによって、彼らに生きる本当の知恵を与えようとした。これによって、一族の生きる知恵としての宗教が世界の宗教になる機縁が生じた。これは、そのすばらしさのために、広く開けていくヘレニズム世界、ローマ世界、ヨーロッパ世界の人びとへの「新しく生きる知恵」となった。パウロ、アウグスティヌス、ルターはみな、このような世界宗教化をおしすすめたいずれおとらぬ立派な伝道師たちであった。現代の資本主義精神の生きる道へと橋渡ししたカルヴァンの名もここにつらねておくべきであろう。宗教の系図はこのようにして綿々と後世にまでつづいたのである。

ところで世界宗教としてのキリスト教に発展する過程で、以上のほかにいろいろな要素を注意しなければならないと思う。しかしここでは、特にエジプトの要素に少し触れておかねばならないと思う。三位一体として定着した神人イエス・キリストの宗教には、広いエジプト巨石文化圏の神人合一の宗教思想が相当影響している、と思われるからである。旧約の人びとには、エジプトも、メソポタミアと同じように豊かではあるが滅びの国であると映ったにちがいない。しかし巨石文化の象徴であるピラミッドを生んだエジプトでは、メソポタミアとちがって周囲の状況も比較的平和であった。帝王は人であり神であった。生者と死者は連続していた。こういうところに、永生の思想、神人としての永生帝王観が定着した。これが、あるいは神人キリストとその三位一体宗教の発展にさいして、ある重要な寄与をしたのではないか、というのである。

いずれにしても、以上にあげたいろいろな要素が、結局イスラエル民族に霊肉一体の宗教の沃野をつくったといえる。そして豊かさと悲惨の両極は内面化され、イエス・キリストの神と人という両極の中に融合された。彼は、極悪の世にあって自ら罪人として十字架にかかり、それによって悲惨のきわみを示し、また罪ある人間の極悪を許す愛の神の豊かさを示した。神人キリストの愛の宗教は、このようにして死の粛清をへて、復活し永生を勝ち得たといえるだろう。

原生命は、たしかに無限に引き裂かれた両極にまで満ち満ちる不思議な力であろう。いのちの真理は決して他の端にだけあるのではない。まったく異質的とも思われる両極の神秘の結合の場が愛のいのちであり、悪にきびしく悪を許すキリストの愛も、この境地に立つものにほかならない。人間は誰しも、多かれ少なかれこの愛という不思議な力によって、自分を越え出て原生命に何らか結合するほんとうの喜びを味わうことができた。この生命のはげしいうねり・躍動によってこそ、エデンの園やユートピアへのひたすらな愛も、これまでの歴史に開示されてきた。楽園から遠ざかり、苦難の世界が周囲に深まるばかりであるという意識をもつとき、それだけますます全存在を賭けて聖なる原生命に強く結合したいとあこがれるようになるものである。この愛は深い浅いの別はあるかもしれないが、このような信仰への賭けが宗教の生きる知恵というべきものであろう。この知恵は、どこまでも何らか形を与え規定することによって、その合理を求める哲学・科学の理性を拒否する要素をもってはいる。しかしそれにもかかわらず、宗教も哲学も科学も同根であるということを忘れてはならない。哲学・科学の「知」も、同じく原生命や神性への没入・結合を求めるのである。あくまでも合理性を求めながら、たえずそこからはみ出していくものを追求していくのである。このはみ出す不合理なものへの挑戦とそれへの愛において、哲学・科学の生きる知恵は、たえず不合理なものにかこまれ、そこから活々とした生命力を得ている。いわばそれに養われているのである。こういうことは、この序説だけでなく、本書そのものがいろいろな角度からあつかう問題でもあるから、これはこのへんにしてさきに進みたいと思う。

人間が、生と死、幸と不幸などを契機として、両極端に引き裂かれた不合理な宗教的存在であるために、人間はこの不思議な両極の無限にひき合う力、反発する力によって善を知り悪を知り、善に引かれ悪に引かれ、またそれぞれに反発したりしてきたことは事実であろう。

おれの胸には二つの霊が住んでいる。その一つが他の一つから離れようとしている。一つは荒々しい愛惜の情をもって章魚《たこ》の足めいたからみつく道具で下界にからみついている。今一つは無理に塵を離れて、高い霊どもの世界にのぼろうとしている。ああこの大気の中に、天と地との間に、そこを支配しつつ漂《ただよ》っている霊どもがあるなら、どうか黄金のかすみの中から降りてきて、おれを新しい色彩に富んだ生活へ連れ出してくれい。

（ゲーテ『ファウスト』一一一二〜一一二一）

というファウストの叫びも、結局私たちの中に住む高い星空の神への清らかなあこがれと、下界の快楽への欲望との分裂の悲痛な叫びであったといえる。この分裂は、神と悪魔の分裂でもあった。これはペルシアのゾロアスター教にあった。多かれ少なかれ、こういう分裂は、さまざまの宗教思想や哲学思想の豊かな源泉ともなり、温床ともなった。分裂はただ分裂にとどまらず結合とか融合を求める。プラトンのイデア思想や理想国家建設への熱意、中世キリスト教世界の神の国の思想、近世・現代へとつづくユートピア思想などは、その形がどんなことになり、時代や地域の特有な社会相・性格を反映していても、一貫してはげしく存在の本源生命への融合を求めている。すべての深い知恵がそのようであることは何度も触れたことである。ちなみに、ここで〝Religion〟「宗教」（ラテン語 ligo「結びつける」、re は「反復、強調」をあらわす接頭辞）という語義についてみても、これは大体「神と人を結びつけるもの」であると理解することができる、ということを付言しておきたい。

（三）

私たちは宗教の代表系図を旧約―新約に求めた。旧約の人びとは、文明の発祥の地であるメソポタミアやエジプトからの離別によって、その放浪の生活をはじめた。そしてそこから新しい宗教の生きる道をすすんだ。メソポタミアやエジプトの専制諸王国の生命力は、浮かんでは沈み沈んでは浮かびながら、ついには消えていったものが多い。しかしさきにもみたように、旧約の宗教に生きる知恵をもった生命は、今なお人びとの中に生きつづけているのである。それではこの宗教とならぶ代表的な哲学・科学の知恵は果たしてどうであろうか。

私たちは哲学・科学のおこりを定石どおりギリシアに求めることができると思う。宗教は東方（オリエント）におこった。哲学・科学は西方（オクシダント）におこった、ということができるかもしれない。しかしすでに東方そのものの中に対立の要因があり、オリエントにそだった旧約の知恵は、オリエントの豊かな専制王国と鋭く対立した。しかもまたギリシアの知恵も、旧約と同じように、オリエントの強大な国々との鋭い対立の形で、歴史の舞台にあらわれてきたことは事実である。しかし新しく生きることの知恵を身につけるようになった人たちは、広くメソポタミアやエジプトを旅行して、旧約の人たちがそうであったように、そこから多くの栄養を吸収しいろいろなものを学んだことを忘れてはならない。しかしそれにもかかわらず対立せねばならなかったのである。

専制帝王のオリエントに対立する自主独立の自由なギリシアという自覚は、すでに前五・六世紀ごろには、はっきりギリシアにあらわれている。この自覚の上に立ってはじめて、哲学・科学の知恵の「新しい人間の生き方・在り方」も、この地に強く根をはることができたといえる。だから、この知恵の系図をギリシアの風土とその性格などに求めるならば、自然に哲学・科学の性格もそこからはっきりしてくるのではないかと思う。あとにでてくるタレスやクセノパネスやピタゴラスたちはみな、こういうギリシアの新しい知恵の持ち主であった。

ではこの知恵とはどういうものであろうか。それをのべるのが(三)・(四)の課題である。しかしさきから哲学・科学とならべて書いているけれども、これらはさらにくわしくはそれぞれどんな性格で、お互いにどんなふうに関係しているのか、その系図は宗教のときと比較してどうなのか、という問題がおこってくる。それでここでは誰もよくやるように一本の木にたとえて、便宜的・図式的ではあるけれど、簡単にそれらの系図の関係を説明しておきたいと思う。その幹からすぐ二つの大枝が分れ出る。その一つが宗教で、他が哲学・科学の枝である。しかし哲学・科学の枝はすぐまた二つの枝に分れる。その一つが哲学の枝、他が科学の枝というわけである。それらの共通のところは、ここに示す系図の上では、おおよそプロメテウス―タレス―クセノパネス―ピタゴラス―ソクラテス―プラトン―アリストテレス―デカルト―カント―ヘーゲルとつらなり、その代表像はソクラテスである（しかしこれらの名前はこの（三）にその名を出した重要な人たちとしてあげたにとどまる）。科学は、プロメテウス―タレス―アルキメデス―レオナルド・ダ・ヴィンチ―ガリレイ―ニュートンとつづく線であり、その代表像はアルキメデス、レオナルド・ダ・ヴィンチ、ガリレイ、ニュートンなどの群像である。これをあつかうのは（四）である。（二）の宗教のときと同じように、哲学・科学の場合もまた神話からはじめたいと思う。これらの知恵がここから曙光のようにたちのぼってきているように思われるからである。それではまず、プロメテウス神話に焦点をあわせて、「新しい人間のすぐれた生き方」を象徴的にではあるがとにかくはっきり示した（『縛られたプロメテウス』上演年月日不明）前五世紀の悲劇作家アイスキュロスの紹介からはじめたいと思う。彼は年代的にはタレスやクセノパネスより新しいけれども、プロメテウス起源の古さにおいて、それをあつかった彼を先行させるわけである。

アイスキュロスは多くの古い神話や史実を悲劇の題材にした。彼自身があの栄光のマラトンの戦い（前四九〇年）に出陣して手柄をたてたことを誇りにしていた、ともいわれている。そして実際彼は、この史実をもとにして、『ペルシアの人びと』（前四七二年アテナイで上演）という戯曲を書いた。

アテナイ人は誰の奴隷でもなく、家来でもないとのことですね。

（『ペルシアの人びと』二四二）

と、この戯曲のコロスは誇らしげに話している。自由ギリシアのちっぽけな町アテナイが、大きな富と力をもつ専制大国ペルシアを破った。これはほんとうに驚くべきことであった。しかしこの勝利の上に立ってはじめてアイスキュロスは人間というものの生き方の新しい知恵のタイプを自覚したにちがいない。またそれが彼のプロメテウス神話の精神のとらえ方に見られるのである。神話の上では、プロメテウスは古い巨人族に属している。オリュンポスの神々は、これを征服してあらわれた新しい神族であった。しかしアイスキュロスによってとり上げられたプロメテウスの精神は、そのオリュンポス神をさらに超えた新しい知恵（哲学・科学）の世界を予告しているように思う。その意味で、『縛られたプロメテウス』という彼の悲劇神話の中にキラキラ躍動する哲学・科学の知恵の芽を、それと同時にこれを生み出して成長させていった背景の現実社会をも少しみてみたいと思う。

プロメテウスは、たしかに神への反逆とか、あるいは人間の知恵の自由・解放を大胆に語った。その意味では、人間の知恵である哲学・科学も、神からの何らかの離反を強く示しているといえるかもしれない。しかしこれらは、ある時代や場所にかぎられるせまい宗教神に対する反逆であった。決して広大無辺の神そのものへの反逆ではなかったと思う。まえにみた宗教の場合でも、旧約―新約の神にはこの広大無辺の神の深さ広さがあったのに、メソポタミアやエジプトの神々は、それぞれの時代や場所にかぎられるせまい自然の神々であった。ここに大きな差があった。プロメテウスが反逆するのも、このかぎられた自然の神々としてのオリュンポス神たち、なかでもその権力者・ゼウスに対してであった、と思う。

「考えることのできる人間」、「理性をもった存在としての人間」にするために、プロメテウスは神の知恵をぬすんできた、といわれる。「ぬすむ」ということはたしかに悪いことにちがいなかった。だから人間のために天上から火をぬすみ、知恵や技術をもってくる役目をしたプロメテウスは、罰せられなければならなかった。しかしこれは旧体制側からの判断であり刑罰である。だからこの刑罰を与える大神ゼウスに対して、その体制批判者のプロメテウスは、断乎として自分の正しいと考える信念をつらぬき、反逆した。しかしこういう反逆は、「善悪の知恵の木」からその実をたべてエデンの園を追われたアダムたちからは、神ヤハウェに向かって叫ばれなかったことである。これは、旧約の人びとにとって、ヤハウェ神がどこまでも広大無辺の絶対神である性格を強くもっていたからであろう。いわば、ヤハウェ神は、ゼウス大神をも越えて支配するとプロメテウスがいう絶対の「運命」（モイラ）に通ずる性格をもっていたのだから、といえるかもしれない。しかし知恵をめぐってのそのとらえ方が、旧約の人びととギリシアの人びととで非常にちがっているようにみえることは注意しておかなければならない。これは信仰の知恵と批判的理性の知恵という、それぞれ宗教と哲学・科学の大きな問題に触れることでもある。だからさきにも指摘したように、章をおうごとにとりあげることにして次に進みたい。

何よりもまずプロメテウス神話では、「考えることのできる人間」が大胆に肯定され、変革が肯定される。しかしこれは、人間社会に新しい技術がおこり変革がおこっているという事実を背景にしている。新しい技術で武装された社会が、しっかりした自覚をもって、古い人間社会の神々（例えば青銅文明社会とそのオリュンポスの神々）にとってかわろうとする姿をあらわしている、と思う。

人間どもがどんなにみじめであったか、まず私のいうことをきいてくれ。それまではどんなに子供同様であったか、そんなのを私が考えることのできる人間、理性をもった存在にしてやったのだ。……彼らは眼をもちながら少しも見ることができず、耳をもちながら少しもきくことができなかった。まるで夢の世界のまぼろしのように、その中をさまよいながら、行きあたりばったりに生きていた。そのころは温かい煉瓦づくりの家とても木組みの仕様も知らず、ちっぽけな蟻のように、穴の中に、光の射しこまぬ洞穴の奥に住んでいた。あらしの冬、花咲く春の日、実り豊かな夏、これらの季節を確かな標識で見分ける術を心得ていなかった。私が彼らに星の出没時刻をおぼろげながら教えてやるまで、彼らはただ無考えに何かとやっていた。

（『縛られたプロメテウス』四四二〜四五八）

と、プロメテウスは自ら語っている。さらにつづけて、数の発見や記憶をとどめる文字の組み合わせの術、野獣の飼いならし、それによって人間の労働が軽くなったこと、車輪や船の開発、薬の調合、青銅・鉄・銀・金を地の奥深くからとり出す術など、

一言にしていうと、何もかも一まとめにして、人間のもつ技術は、すべてプロメテウスの手から人間たちにつたえられたのだ。

（五〇五～五〇六）

と語っている。

これらの神話は、さきにもちょっと触れたように、現実の社会が石器時代から青銅器時代へ、それからさらに鉄器時代へと変革していき、文明がだんだん拡大していったことを示している。しかし今ここでは特に、鉄器時代の到来について少し指摘しておく必要があると思う。鉄はメソポタミアなどの農耕地ではなく、もっとかなり北の山地で発見され開発されたといわれる。この金属は、はじめはとても高価なものだったけれども、しばらくして比較的安く大量に出まわるようになった。それは石や青銅よりずっと冷酷な破壊力をもっているし、同時に豊かな生産力をももっている。やがて新しい鉄器の利用や流通によって、多角的な自主独立の自覚をもった若いポリスの多数勢力（民衆勢力）がところどころにおこった。折からギリシア本土の南も含めたオリエントの青銅器文明の王族の世界は、長年の物欲と権力

欲の腐敗・自壊の作用にむしばまれていたのである。折から鉄器文明は北からおこり、これら弱体化された南の青銅器文明を次々と破壊していくのである。

ギリシア人たちの鉄器社会は、オリエントの専制青銅社会に対決するまえに、すでに本土内ミュケナイの青銅文明社会を徹底的に破壊しはじめていた（前一二〇〇年ごろ）。ホメロスが美しい叙事詩『イリアス』や『オデュッセイア』の中でうたったのは、とりもなおさずこの青銅社会文明であった。これが破壊されたのである。この破壊ののち、ギリシアでは長い暗黒時代（前一一五〇年以後約一〇〇年間）がつづいたといわれる。しかしこの間に、内部の変革や外部への進出がすすんだ。破壊と建設が並行してすすんだ。そしてこのような社会の大きな変転が、ギリシアのすぐれた人たちに、「人間そのものの新しい生き方・在り方」の知恵を教えた。自由な新天地を求めて移民していくものもふえた。

もともと農耕によって十分生きていくことのできないギリシア人たちは、だんだん増えていく人口を植民地の開拓でさばかねばならなかった。彼らの生活をのばしていく知恵は、もちろん商業にあった。この知恵が、ギリシア人たちを、彼らの土地にあった農産物・交易工業品を生産することに専念させた。この地の古い中央集権体制は、何といっても拘束的であり自然と固定していったのに対して、その崩壊後の新しい商業の体制は発展的であり流動的であった。したがってある意味では非常に不安定であったともいえる。しかしこのように不安定であったからこそ、さまざまな革新もうまれるわけもあった。そうしているうちに、恵まれた天分やいろいろな要素がうまくかみあって、律動的な秩序・調和がうまれ、この社会は見事に力強く開花し発展することになった。流動の世界に生きるには人並み以上の努力や知恵や才覚が必要である。その知恵のあるなしで存亡がきまる。このような生活の知恵がギリシアの七賢人の知恵をうんだのである。タレスもその賢人の一人であった。彼はすぐあとにものべるように、商工業の盛んなミレトス自由都市（小アジア沿岸のギリシア東方植民地）に前七世紀後半にうまれ、秩序・調和の学である天文学、幾何学のギリシアの開祖ともなった人である。

紀元前六世紀の初めに、タレスは、全イオニアのポリス・グループが一体になり、協調・団結して、オリエント・ペルシアの帝国主義（他を奴隷化する野望）にあたるべきことを説いた、といわれる。それから数十年おくれて、やはりイオニアのコロフォンという町にクセノパネスがあらわれた。彼も生まれ故郷のこの町がペルシア勢力に支配されたことにどうしても服従できなかった。それで彼は町を捨て、遠く西のマグナ・グラエキア（南イタリア、シチリア島などのギリシア植民地）へと流浪の旅を重ねた。しかしこういう苦しい目にあってこそ、彼の自主独立の精神はますます深められ浄《きよ》められたのだ、と思う。この精神をもって、彼は、古い体制への反逆へ、さらに古い不道徳な青銅期オリュンポスの神を描いたホメロスへの痛烈な批判に駆り立てられていったのである。

ひとりの神、神々と人間どものうち、いとも大いなる神、その姿もその思いも、死すべきものどもには似ず。

（DK・二一B二三、ディールス・クランツ編『ソクラテス以前の断片』、以下DKと表示する）

だのに、ホメロスやヘシオドスの神たちはどうであろう。

ホメロスとヘシオドスは、神々の数限りない無道な仕業――盗むこと、姦通すること、互いにだまし合うことを、口にした。

（DK・二一B一二）

クセノパネスが心のよりどころとして求めたものは、もはやオリュンポスの神々ではなかった。主神ゼウスをこえ、他の神々をはるかに超えた、何か神聖なものがある。それには誰もが従わなければならない。この唯ひとりの神をクセノパネスは求めたのである。言葉をかえていうと、彼の知恵は「原理的な神」・「原理的なもの」を求める知恵であった。これは批判し破壊せねばならぬ古いものを当然破壊していく哲学の精神にほかならなかった。そしてこれこそまた、さきのプロメテウスの反抗精神に通ずるものであった。ゼウスに屈服をせまられるこの巨神プロメテウスも、はっきり次のようにいっているのであるから。

そうだ、ゼウスとても運命の定めるところをまぬがれえない。

（『縛られたプロメテウス』五一八）

と。この運命（Μοῖραモイラ）というのは、宇宙全体を支配する「道理・原理」に通ずるものをもっている。これを求めることによって、ギリシアの知恵は、より深く知的・精神的に原生命の結合をはかったのだ、ということができると思う。クセノパネスのあとにはピタゴラスがつづいた。彼もまた専制僭主政治をきらい、故国のサモス島（小アジアのイオニア植民地方）を去って、西ギリシア植民地（南イタリアのクロトン）へ移住した人である。彼もやはり、クセノパネスのように、人間の新しい生き方、在り方を求めた一人であった。

西ギリシアの植民地域は、もともとエジプトの巨石宗教文化の勢力圏にあって、輪廻《りんね》転生観も強いところだった。折からギリシア地域には、暗黒時代以後の危機の意識もあって、断続的に浄化宗教運動がつづいていた。そういう中で、ピタゴラスは人間として生きるための永遠の知恵を求めた。彼はオルフェウス浄化宗教のように精神と肉体という分裂した存在を自覚し、それをエジプトの輪廻の思想に関連づけて一つの宗教思想をつくりあげた、といわれる。精神の方は、神的な原理で不滅なものであるが、肉体は腐敗と滅びの牢獄である。人間は肉体（σῶμα）という牢獄・墓場（σῆμα）の滅びの世界からきよめられねばならない。「きよめ」をうけなければならないのだから、人間は誰しも決して完全なものではない。人間は、神の知恵をもつ賢者ではなく、神の知恵にあこがれ、それを愛し求めるものにほかならない。賢者という言葉は、神にだけささげるべきものである。人間は「神の知恵への愛」（φιλο フィロ「愛」σοφία ソフィア「知恵」）をもつことによって人間なのである。その意味で、人間のうちの知恵あるものを、私たちは「フィロソフォス」（φιλόσοφος 愛知者、哲学者）と呼ぶべきであろう、というのである。この考えは、エジプトの神人としての帝王の考えやミイラにみられる霊肉の考えとは基本的にちがうギリシア的なものといえるであろう。

ピタゴラスのこの「愛知」(哲学)の考えが、ギリシアやヨーロッパに定着できたのは、しかし実際にはプラトンを通してであった。そしてしかもその核はソクラテスであった。ソクラテスはキリストと同じように、私たちに自分の書いた本を残してはいない。そういうことはすべて弟子がしてくれた。ソクラテスの人間知への吟味・検討と、彼の死刑という粛清を通してきよめられた場所に弟子のプラトンはピタゴラスの「きよめ」の精神の実現をみた。そしてそれを深い感動で『パイドン』という対話篇につづった。ソクラテスの場合をキリストと比較してみるとよい。宗教の代表像であるイエス・キリストの愛の宗教と十字架上の刑死という粛清ののち、この宗教が新しい発展をとげたことと関連づけて、哲学の代表像ソクラテスの場合を考えてみると興味深いのである。

ソクラテスがピタゴラスのような宗教の地盤をもっていたとは、まず考えられない。彼に時としてあらわれたダイモニオン(神霊的なもの)は、彼の哲学と宗教との不思議な接点であった。ここに彼の哲学と宗教のきわめて深い関係があったのだが、といって、これはピタゴラスの宗教地盤とは直接に関係はなかった。むしろ、彼の「愛知」、「きよめ」の知恵は、当時のギリシアの中心アテナイに集まってくるいろいろの賢者や学者たちのざっぱくな知識をきよめることにあった。このきよめは、彼らが同じことについてまったくバラバラの知識しかもたず、そのため決して一致せず、諸説紛々として混濁しているところからおこった。知恵で生きることを誇りとするギリシアの人びとにとって、この知の反乱と乱れは一つの大きな危機であった。こういう世相のもとで、ソクラテスの愛知術は、ほんとうの知恵とは何であろうか、また「よく生きる」にはどうしたらよいか、を熱心に求めるものであった。プラトンがつたえるように（『ソクラテスの弁明』二一）、これはギリシア一番のほとんど絶対権威ともいえるデルフォイの神託までも吟味にかける精神であった。しかしこの自覚した批判の精神こそ、とりもなおさず哲学（愛知）の真髄にほかならなかったのだ、と思う。神を吟味にかけるからといって、これを決して不敬呼ばわりなどしてはいけないと思う。広大無辺の神性は、このような批判精神を決しておそれるはずもないし、それでびくともするものではない。かえって哲学は、正真正銘のこの精神をもって、「聖なるもの」にかかわりをもち、その原生命の泉に深く浴することによって、時代時代の創造力となってきたのである。大きな批判を受けるたびに、新しい生命がよみがえった。近世のデカルト、カントたちはみな、この徹底的批判をこころみた人たちである。哲学の系図はこの「批判精神」につらぬかれている。それは、当時の社会の神を殺すことになったかもしれないが、かえってそのいけにえによって、原生命の神性はそのつど新しく躍動する時代をつくり出してきたといえよう。

ソクラテスはすべてを吟味にかけたあとで、結局次のようなまったく単純素朴な知恵をもつようになった――自分こそほんとうの知者だとか、通だとかいってうぬぼれている賢い人たちの知識は、すべて結局は真実のものではない。真実のものは神にだけ属している。人間は何よりも自分の無知を知らなければならない。このようにうぬぼれをとったり、知識の贅肉をとり除いたりすることに、人間の魂のきよめがあり、知恵がある。そしてこのすっかり浄化された魂の内に、はじめて立派な「愛知の木」が芽生えるのである――と。このようにして、「愛知のきよめの精神」がソクラテスの一生を賭けた教育活動の中核になった。そしてこれが、まだあまりよごれを知らない純真な若々しい青年たちの心を引きつけたのである。しかし容赦のない彼の吟味・批判の方法が、よごれた魂をもつ多くの人たちのねたみをかうのは当然であった。彼は、当時(ペロポネソ戦争中)の乱れたアテナイ政治の渦巻の中にまきこまれる結果になり、死刑(前三九九年)という破局においこまれもした。しかし当のソクラテスにとっては、これは破局でも何でもなかった。彼の教育は、すぐあといろいろな弟子たちに受け継がれたのである。そうした中ではプラトンが一番光っていた。彼はのちアカデモスの森にアカデメイアという学校を開いたが、この言葉は今いうアカデミー(学院、学会)という言葉の語源になった。師の処刑後すぐ、彼は、腐敗し混乱した祖国アテナイをしばらく去らなければならなかった。それから南イタリアでピタゴラス教団に接し、その浄化宗教や学問の深い洗礼をうけたといわれる。プラトンのソクラテス教説にピタゴラス的要素が強いというのもおそらくこのためなのであろう。

ところで、プロメテウス神話などにみられる自由な自覚した人間精神は、多くの自主独立の人間たちの均衡の上に立ってはじめて、巨大で古い帝国主義勢力に対抗できた点を、ここで再びとり上げなければならないと思う。この原理をしっかりふまえたギリシア人たちの知恵の系列から、ソクラテスやプラトンなどの哲学者像もうかび上がってきたのだから。そしてソクラテスから縁遠い天上のことにうつつをぬかしているといわれたかもしれぬタレスが、かえってこのような自由均衡の原理の具現者であったことを見逃してはならない、と思う。ゆるぎない斉合・均衡の律動的原理、構成の原理は幾何学的精神である。たしかに、タレスが実際にどういう人であったかは、彼自身の著作、文献の不足などのため、はっきりしないことが多い。しかし彼は、ピラミッドの高さを私たち人間の影との比較で簡単に測定したり、遠方の船までの距離をたやすく測ったりしたすぐれた幾何学の知恵の持ち主としてつたえられている人である。幾何学的精神は、いわば商工業民族ギリシア人たちの知恵のバックボーンであった。これは数百年後にユークリッド（エウクレイデス）の原理として定式化されるが、それよりもこの知恵がギリシアのポリス国家の精神的・社会的構造にまで浸透していた点を注意しなければならない。文化の面で、直接に関係はないとしても、すでにギリシア文化期に澎湃《ほうはい》として現われた幾何学紋様土器の律動的な生への胎動は注目される。幾何学的律動を愛する若々しい天分が、すでに立派にギリシアに根をおろしつつあったことがここにうかがえる。原始幾何学紋様文化は、アテナイを中心とするアッティカ地方や、また海をこえて、のちのタレスを生んだイオニア植民地方（小アジア沿岸）などミレトス市などに、前一〇〇〇年にはみられるものなのである。

もともとギリシア人たちの知恵は、それがどんなに自然に大きな関心が向けられているように見えても、自然現象の観察に実験的に向かう思考であるよりも、むしろポリスの人間存在の生き方に向けられた。さきに少し触れたが、タレスは、イオニアの諸ポリス国家のグループがテオスという中心ポリスのまわりに、均衡のとれた団結をはかり、それによってペルシアの巨大勢力に対すべきだ、と進言したことがつたえられている。幾何学と天文学にたけていたタレスは、ポリス政治にも深い関心を示した、といわれる。人間を含むあらゆるものを、簡単な原理から構成するという幾何学や数学の知恵は、（四）

でのべるように科学の知恵であるけれども、これは、タレスだけでなくピタゴラスやプラトンなどの哲学者にもちろん生きていた。とくに万物を数であらわすというような傾向までがピタゴラス教団にはあった。彼らのあるものは、天体は完全であるので球体でなければならぬと考えたり、宇宙の調和を音楽の和音になぞらえたり、その和音を数比であらわしたりした。プラトンにおいてもその傾向は強く、例えばポリスの最も適当な市民数を、ピタゴラス数学で大切な幸運の数「七」によって、1×2×3×4×5×6×7＝5040（『法律』七三七D～七三八E）と算定したりしている。プラトンの開いた哲学学校・アカデメイアの門には、「幾何学を知らざるものは入るべからず」とかかげてあったというが、有為のポリスの政治家・思想家をそだてあげるには、幾何学や数学が必要不可欠であると考えたのである。もっとも彼自身、この考えでシュラクサイ（西ギリシア植民地シチリア島のポリス国家）の偉大な僭主政治家の息子を哲学教育しようとして失敗した苦い経験があったけれども。

数の原理を人間社会のある原理とする考え方は、とりもなおさずギリシア人たちの合理的な思考方法をあらわしていた。1、2、3、4、……という数はすべて平等ではないけれども、これらは比例し合うし、加・減・乗・除によって均衡化し和合し合う原理である。しかも平明であり、公共性、通約性をもっている。その意味で、ポリスの公共・共和・調和・平等・自由の観念の原理ともなると、この方の知恵のある人たちは考えた。こういう性格は、メソポタミアやエジプトの中央集権化され固定された巨大農耕社会からはなかなか出てこなかった。数計算の術はきわめて精巧であるかもしれないが、自由な律動的な構成の着想はなかなか生み出されなかった。この点で、新興の小さいギリシアの商工業や風土は、この知恵の自由才覚の温床であった。そこからうつぼつとして生み出される自由な着想は、たちまち一つの知的な革命につながっていった点で注目される。あとにつづく知的着想の反乱とその混乱の中から、ソクラテスの例の知の浄化が生まれ、かくして哲学の精神もここに立派に定着できたからである。商工業の中心都市ともいえるミレトスに生まれたタレスが、この知的革命の発端をなした点で、私は彼を哲学者人間像の最初においた。しかもこのような哲学の知恵が、鉄器による旧社会の破壊後の暗黒時代と、その後のペルシア帝国主義からの脅威という危機意識を通して、ゆっくりとエネルギー化され、やがて鳴動し、噴出してきた人間の英知であったことを、ここで忘れずにくりかえし付言しておきたいと思う。

（四）

「知は力である」(Scientia《スキエンティア》 est《エスト》 potentia.《ポテンティア》)

という標語は近代科学の知恵の性格をよくあらわしている。しかし、この言葉はすべての知恵についても言うことができる。宗教の知恵も哲学の知恵もみなそれぞれにある「力」であった。神と結合する力、神の知恵を愛する力は、すべて原生命活動の種々の力であった。そしてこれらが、人間たちをふるい立たせ時代の生命力の創造となったこと、また今後もなるべきものだということは、この序説のはじめからのべてきたことである。これらが歴史の上でどうあらわれたかも、その代表像において少しばかり見ることができた。では一体科学はどうであろうか。私は次に、科学の知恵の性格を歴史の中からごくかいつまんでとり出してみようと思う。

科学を科学として自覚したのは、比較的新しい（十九世紀）ことだ、といわれている。しかし現代科学技術の「もの」にはたらきかける性格に関して、「知は力である」と相当はっきりした自覚をもってスローガンをかかげたのは、近世のフランシス・ベーコンであったといわれる。彼は、たしかに「もの」の発明発見時代の子として、科学技術革新時代の扉を大胆に押し開いた人である。遠大な計画にしたがって、彼は「大革新」（Instauratio magna）というプログラムをいだき、それを四部にわけて説こうとした。その第二部として執筆したのが、その方法論すなわち『新オルガノン』（Novum Organon）であったことは周知である。またここでの重要な一つの標語が、さきの「スキエンティア・エスト・ポテンティア」（Scientia est potentia.）であったことも知られている。scientia《スキエンティア》といわれるものは、英語ではもちろん「サイエンス」（science）にあたる。しかしさきほどものべたような意味でのサイエンスは十九世紀になってから定着した。そのラテン語scio《スキオー》「知る」の名詞形としてのscientiaからもわかるように、ベーコンのころもまだこれはいろいろな知識や学問を示していた。中世以来の文法・論理学・修辞学の三学科、算術・幾何学・天文学・音楽の四学科などのいわゆる自由七芸もすべてサイエンスであった。しかしこれらのサイエンスは、「哲学」（フィロソフィ）の前段階またはその中に組み入れられるべきであったばかりか、フィロソフィそのものが、いわゆる現代の自然科学を含んでいた。ベーコンの思想を受け継いで、一六六二年に設立された「自然の知識を推進するためのロンドン王立協会」、俗に「ロイヤル・ソサイアティ」といわれた英国最高権威の学会組織は、そのうたい文句にも示されるとおり、自然科学部門中心であったが、そこから発行される学会の機関誌に『フィロソフィカル・トランザクションズ』（Philosophical Transactions 哲学報告）という表題をつけていた。近代自然科学の最高権威ニュートンの主著も、内容は力学であるが、その題名は『自然哲学の数学的原理』（Philosophiae naturalis principia mathematica 一六八七）であった。こういうわけだから、サイエンスだとかフィロソフィだからといって、その名前で現代の普通の意味の科学とか哲学を簡単に考えることはできない。しかしベーコンが自分の各著作の中でよく使うscientiaが、現代のいわゆる具体的な実用に役立つ「もの」の開発をすすめる科学技術の意味によく通ずるものであった、ということは確かであろう。

ベーコンは、しかし科学者であったというよりも、むしろこれからの科学技術時代の予告者であり旗手でありラッパ手であった、と思う。彼の時代は、発明発見によって広い世界に大きくうち開かれた時代である。火薬・印刷・羅針盤というような「もの」の技術革新によって、これまでのせまい旧秩序が破壊されて、新しく拡大された地平に大きな夢をいだいて船出のできる躍進時代であった。これは千年にわたった中世封建社会を突き破る新登場のヨーロッパ民衆勢力の野生力のあらわれであった。徐々に蓄えられた知識の蓄積・拡大、技術の実用知識や商業活動などが、息苦しい封建社会の体制をだんだんと内部からくつがえすエネルギーとなっていた。そこへ、かつてからの東洋人の進出とそれに対する積年の危機意識が十字軍遠征へと大きくエネルギー化し、その後の拡大意欲へとつながったわけである。

がそれに対して、かつてのすばらしい創造力をもっていたはずのギリシアの哲学もキリスト教の宗教もあまり活力がなかった。ギリシアの知恵もキリストの知恵も、今なおその深さにおいて不死鳥のような活力をもちつづけているはずである。しかしこれらは、長い間の常用によって固定化され、原生命の活動エネルギーから遠く離れ、ただ形式的なアリストテレス哲学権威主義、ローマ・カトリック宗教権威主義におちていた。

しかしこうしたときに、それとの対抗から生まれてくるものは、大抵いつもはじめはまだ貧しいままの生命力の知恵であったと思う。貧しいけれども新しく力強いこの生命力は、枯渇しかけたものの周辺から澎湃《ほうはい》としておこり、それを新しく潤《うるお》すものである。そして決まってこれは活力の枯渇した権威を突き崩し、新しい活力、その時代の新しい生き方の知恵の実を結ぼうとする。まずそれは権威に対するあるそれなりの反抗からはじまる。

権威を振りかざして論ずるものは才能を用いるにあらず、ただ記憶をもちいるにすぎぬ。

とか、あるいは、

私が学者でないなら、ある威張り屋は、私のことを文字を知らぬ人間だと断ずれば、それだけで私をもっともらしく非難できるとお考えのようであることを私は十分承知している。

ンチや、

ということを、その手記に書きつけたルネサンス時代（十五・十六世紀）の万能の天才レオナルド・ダ・ヴィ

あなた方ヴェネチア市民の、ある有名な造兵廠での日々たえまない活動は、研究者たちの頭に、思索のための広々とした働き場所を与えているように思われます。わけても機械の工作場が一番でしょう。たえず大勢の職工たちが、あらゆる型の器具や機械を運転したり作ったりしていますし、その連中のうちには代々の経験を受け継ぎ、また自分自身でも観察をして、ゆきとどいた知識をもち、おまけにそれを上手に説明する技《わざ》までも心得ているものがおります。

（ガリレイ『新科学対話』第一日）

と語る力学と数学の教師ガリレオ・ガリレイなどは、卑しいとされたものの中からたくましく育ってくるものの立派な代弁者であった。それは、すっかりかたまって生気の抜けたように思われたアリストテレスの哲学やローマ・カトリック教義の権威の殻を突き破って、うつぼつと下から盛り上がってくる力をあらわしていた。これらの先覚者たちは、野性的な「民衆の声」（Vox populi）の代表であった。しかもその「民の声」はそのまま「神の声」（Vox Dei）でもあった。それこそ大きな科学と技術の知恵であったのである。しかし果たしてこれはこの時代だけのものであっただろうか。いや過去にもいくたびかあったと思う。しかし私たちは、最も典型的なものとして、これとかなり類似した時代を古代ギリシアの鉄

器時代に求めることができると思う。この時代のことは前にものべたが、科学の方からも今少しみてみることにしたい。

ソクラテスは、前にも触れたように、タレス以来のいわゆる自然哲学者たちの自然観を、縁遠い実りの浅いものとして遠ざけた、とつたえられている。すなわち、混迷の世相を映《うつ》し、彼は何よりも人間の魂そのものを問題とし、天上への関心を手近な人間社会そのものの方へひきずりおろした。人間を問題の核心に据え、その在り方、その徳としてあるものが、真実には何であるのか、という原理を追求した、とされている。しかしソクラテスにとって縁遠いことをやったと目されるかもしれぬタレスにも、その生きた幾何学精神において、また「度をすごしてはならぬ」という七賢人的なきびしい処世の知恵などによって、ピタゴラス、ソクラテス、プラトンなどの哲学への十分な萌芽を含んでいた。その意味で、私はタレスを哲学系図の人間像として最初においたのである。しかし同じタレスから、科学の精神も同時にほとばしり出たことを注目しなければならない。さきにもみたように、哲学と科学はそのプロメテウス精神において双生児であったように、タレスその人の知恵の中でも双生児として育ったように思われるのである。

古代ギリシアを断続的におそった激動期の中で、哲学は人間の在り方を真剣に求めた。そしてその高貴な精神の素性をやはり神的な源泉（原理）に求め、人間の自覚と神性への高まり、浄化という「精神の動的な緊張状態」を問題にした。しかし科学の思考は、むしろ人間も含めた「自然そのものの動的な緊張状態」、そのメカニズムを知ろうという方向に向かった。「よく生きる」ためにはポリスの中でどうすればよいか、というようなことを中心の課題とするよりも、人間も含めた自然の体系全体を「もの」として知り、その原理となる「もの」（元素）を探究し、そこに客観的な「法則」をさぐろうとする思索に向かった。

多分に象徴されたものとはいえ、タレスは、とにかく「水」という原初物質（原理としての「もの」）によって万物の生成を考えた、という。いろんな民族神話の中で語られる個々別々の水の神ではなく、それらの原理となる「水」という「もの」を端的に求めたのである。元素という「もの」によって、しかも単純にして神的な「力」の原理（例えば濃縮力とか希薄力という力学原理）を通して万物を構成することに、タレスなどの知恵が向かった。これらの力学的な考え方を、（五）で触れるニュートンの力学の書『プリンキピア』の言葉とくらべてみると興味深い。またタレスはミレトスに生まれたが、ここが、当時の技術革新時代の商工業の非常に盛んなところであったことは申すまでもない。さきにのべたガリレイのヴェネチア市民への言葉を思い出すとよい。近世初頭のヴェネチア（今のイタリアのヴェニス）も同じように当時の商工業の中心であった。ミレトス派と呼ばれる知恵者たち（タレス、アナクシマンドロス、アナクシメネス）も、近代のガリレイがヴェネチア市民から学んだと同じように、多くのものをミレトス市民から学んだことであろう。アナクシメネスが、空気を元素とし、これらの濃縮化・希薄化という「もの」の「動的な緊張状態」から宇宙万物の成り立ちを考えたことは有名である。

アナクシメネスは、「宇宙の原理は空気であり、そしてこれは量の上では無限であるが、その性質の上では、限定されている。万物はこのものある種の濃縮化（πύκνωσις ピュクノーシス）と希薄化（ἀραίωσις アライオーシス）によって生じる。もちろん運動は永遠より存在する」と言ったという。そして空気が凝縮することによって最初に生じたのは大地で、これは非常に平たいものだ、と彼は言う。それだから、また当然空気の上にのっている、そして太陽や月やその他の恒星はその生成の原理を土に負っている、と言う。なぜなら、太陽は土であるが、高速度の運動のために、その土が非常に熱くなって燃焼するにいたった、というのが彼の意見であったから。

（DK・一三A六）

こういう考え方は、当時のギリシアの生命であった産業技術社会の生きる知恵から生まれたはずだし、その意味ではポリス構成の生命と密接に関係していた。その点では哲学原理とも密接につながっていたのである。

ところでさらに同じイオニア派の流れをくむ自然哲学者アナクサゴラスは、人間が手をもって「もの」をいろいろとつくるということに重要な意味をみた。彼は、ペルシア帝国主義によって独立を失ったイオニア地方から、かつての光輝ある科学思想の余燼《よじん》をあたためながらアテナイにやってきた一人である。ギリシア栄光の都アテナイの全盛時代を背負った政治家ペリクレスの頭脳《ブレーン》として三十年間（前四八〇〜四五〇年ごろ）その都市づくりに取り組んだといわれる人である。十分な農業生産をあげることができないアテナイの「よく生きる道」は、その農工商などの産業技術をおこすことになったと思う。こうした中で、アナクサゴラスが人間を何よりもホモ・ファベル（工人、技術人）としてとらえた点で注目しなければならない。

ところでアナクサゴラスは、人間は手をもつがゆえに、すべての動物のうちで、一番賢いと主張する。（DK・五九A一〇二）

人間はたしかにこれまで手を使い自然に働きかけることによって実にさまざまの道具を発明してきた。このようにして、考えるもの、理性あるもの、「知恵をもった人間」（ホモ・サピエンス）が成長してきたのである。人間は、このようにして自然への動物・植物への支配権を徐々に拡大するようになった。そしてこの技術自体が、自然のメカニズムを知るという科学知性をいっそう高めた。

しかしプロメテウス神話にもあるように、技術者は自分で科学技術の秘法を会得したのではなかった。この意味において、科学技術的な発想は深い神の配慮に根ざしており神話的性格をもっていた。しかし現に、この技術の進歩は、前にものべたように、古い体制を次々に変革していく力をもっていた。青銅器で武装したものが、石の武装者よりもずっと強力であるように、比較的安くて堅牢な鉄器で武装したポリス大衆の勢力は、高価な青銅器武装の少数先鋭の王侯貴族の勢力よりも、その質量両面に圧倒的な強みをみせた。このようにして、古い組織の守り神は新しい組織の守り神によって駆逐された。これらの変革の中には必然の運命が厳然として支配しており、これには権力者であるオリュンポスの主神ゼウスも従わなければならなかった。言葉をかえていうと、前にもみたように、この運命は、宇宙全体の「ことわり、道理」としてしっかり自覚されるようになった。そしてこういう道理をみていくプロセスが、技術革新を通して、古代ギリシアの鉄器時代に、名もない貧しいギリシア・ポリスの大衆の力とその代表者たちによっておしすすめられた。これはとりもなおさず彼らの「生きる知恵」であった。そして古いプロメテウス神話をさらにほりさげ新しい時代に再生させるものであった。古代ギリシアの技術革新の鉄器時代に生きるこの知恵が、近代の「知は力」の技術革新時代にかなり類似しているというのである。しかしこのあとの発展過程で古代ギリシア世界は相当ちがった観念（想像）的な道をとることになった。

ギリシア人たちに多くのものを与えたはずの「もの」への知恵は、自然のメカニズムを知り、原理を抽象的にひき出していくものであった。しかしこの律動的な抽象化へのすばらしい能力が、精神の激動期にあって、肉体から精神を分裂させた。それが、精神による抽象化によって、宇宙の観念的構築をはじめる方向に向かったのである。クセノパネスやピタゴラス、ソクラテス、プラトンをおそった精神の危機と、その中できたえられた理想主義が、その後不幸にも実際の建設地盤を失った。ポリスの生命には限界があり、その嫉妬深い相互ポリスは協調を忘れて争いあい、だんだん衰運に向かっていた。こうした中で、いやこのような中であったからこそ余計に、プラトンの観念は理想ポリスを求めたし、現実から離れた精神だけの高揚がますます強まった。これは過去のギリシアの知恵の遺産を観念的に総合し、プラトンのイデア思想やアリストテレスの大哲学思想体系へと発展していった。ここでは当然、理想的観念はすべての事物にはるかに優先した。すべての事物を事物であらしめ、すべての技術を技術であらしめている「真の学問知」（ἐπιστήμη エピステーメー）を求める考え方に立ち、どんどん飛躍していった。形のうちの完全なものは円球であらねばならないという幾何学図形の理念に立って、現実の月やその他の星などの天体も、完全であるかぎり、完全球体であらねばならぬ、というように、いろんな面で観念性が先行した。

このようにしてこれを徹底していくと、実験とか観察によって、自然の実体をそのものに則して考察していく立場から遠ざかることになる。天体の運行が、現実には大体楕円軌道であったり、天体（星）が完全球でなかったりする実状を理解しようとする努力を中断することになる。ただ幾何学だけの観念に頼ってしまおうとする。こうして、「もの」の現実の把握、その力学法則にせまろうとする科学思考が衰退していった。さらに中世のキリスト教の宗教観念があまりに優越していた事情、実験器具その他の不備も多々あったため、人びとはこの分野での観念の桎梏から千数百年間以上どうしても解放されぬままになった。ガリレイ、ニュートンが出るころになって、科学知的エネルギーの蓄積、噴出、さらに自然に向かって忠実にアプローチしていく技術などの助けもあって、やっとこの古代観念の権威を退けるに至った。そしてそれ以後は、数学という観念に密接に結合した「力学」という実証科学へ発展していく道が開かれたのである。

ピタゴラスやプラトンの哲学は、「神の知恵の愛」（フィロソフィアー、フィロソフィ）によってたしかに数学を発展させた。しかし自然の探求に向かわず、そのため自然に働きかける力学も技術も発展しなかった。科学が「もの」への普遍的な真の知であり法則探究であろうとするならば、その知による技術を通して、自然に実際によく合うように働きかける「力」とならねばならない。しかしプラトン哲学においては、観念世界に思いめぐらせる観想生活の方がずっと高貴だとされた。実際に手を使って自然に働きかけることは、かえって卑しいこととしてさげすまれる傾向が強かった。手仕事は多く奴隷にまかされていた。人間の精神の力が強調されるあまり、第一級の知恵あるものに、精神の力と「もの」の力との密接な交渉がなおざりにされる傾向が強かったのである。

しかし科学は、この宇宙を構築した神の秘法に参与しようとするものであり、この宇宙の中にたゆまず働きつづけている「力」を少しなりとも知りたいと願う人間の知恵である。「知は力なり」の知恵である。イオニアの自然哲学者たちもこの「力」を求めた。プラトンにおいても、対話篇（例えば『ティマイオス』）の中で、この力を用いる「工人、技術人」（デミウルゴス）としての創造神のことが語られている。「もの」の価値をひくめ、精神の高貴さを強調するにしても、その現実の「もの」の力（例えば鉄器）の変革によって、実はギリシアの鉄器文明社会も形成された。また人間精神の高揚、知性の向上もつちかわれたのである。現実のこの「力」でありえないものは、何としてもこの自然とか宇宙を動かす力をもつ神の知恵に十分あずかれないであろう。しかし誰かが事物への真の知である「法則」を獲得するならば、そのものを最も適した仕方で自由に支配し動かすことができるはずである。それがいかにも巨大なものであっても。このような考えが、われに支点を与えよ、さればわれ地球を動かさん。

とつたえられたアルキメデスの豪語に象徴的に表現されるものであった。そしてこれはとりもなおさず、科学者・科学技術家のいわゆるシンボリックな表現形式ではなかったか、とも思う。アルキメデスは、ヘレニズム時代とはいってもまだ技術蔑視の世界（前三世紀）にあって、どちらかといえば、天上の学問（数学、天文学など）を静かに考えることの中に、最上の喜びを感じたかもしれない。

しかしあとにあらわれるタイプのいわゆる科学らしい科学は、単にそれにとどまらず、現実の「もの」に最も効果的に立派に働きかける「力」、「もの」の原理・客観法則の樹立をめざすものであった。それは、数学の原理が実験・観察を通して現実に実証され、実用化される有益なものであるということである。それは当然、力学でなければならなかった。事実、この単純明解な科学知は、その当時としてはさまざまの神技のような技術を開発できたのである。彼によって（このほかにも人はいるが）この力学を利用した種々の機械が発明された、といわれる。しかし残念なことに、このアルキメデス流の科学は、それを立派に受け入れ発展させる土壌をもたなかった。結果的には一時の花火に終わり、長い断層ができてしまった。

しかし千数百年たってやっと、近世のレオナルド・ダ・ヴィンチとかガリレオ・ガリレイとかニュートンなどにより立派に接ぎ木がなされた。これらの科学者たちは、自然の力学的メカニズムを知りたいという意欲を、あるいは人からみれば「われ地球を動かさん」という言葉によって傲慢そうにいいあらわしたかもしれない。しかし事実はまるきり反対であったと思う。アルキメデスを含めてみんな、彼らは、謙虚に神の知恵をこの自然の中に図形として力学的原理として読みとることにより、神々の力に少しでもあずかりたいという願いをこめていたのだと思う。そしてその知恵とともに、彼らの哲学や宗教の知恵も同時に奥深くそこに根づき、原生命に深く浴する天才の存在もそこにあったのだ、と思う。さきに科学的人間像の代表に、アルキメデス、レオナルド・ダ・ヴィンチ、ガリレイ、ニュートンなどを群像としてとりあげた。しかしこれらの人びとにさきほどからの科学の知恵が顕著にあらわれている、と考えたからである。しかしそれは、これらの人びとが謙虚に敬虔に自然の秘法をさぐろうとする知恵の持ち主だったからである。「知は力なり」というスローガンをかかげたフランシス・ベーコンその人は、アルキメデスのような科学者とはいえないけれども、その彼も技術革新の科学が理想的に行われているユートピア島をえがきながら、そこのソロモン学院の「啓示の神」への敬虔さを語ることを決して忘れなかった点は、注目されなければならない。

ところで科学技術を利用した近代の発見は、これまでは考えられもしなかった地球全体をまもなく一つの視野におくことになった。科学はその実験・実証・実用という方法や実践の武器をもってどんどん未知の世界にいどみ、そのかぎりない可能性を求めて進んだ。まもなくイギリスに産業革命がおこり、それは次々と全世界におよんだ。全世界をまきこみ世界市場化するにつれて、それは巨大なエネルギーをもつことになった。産業革命以後の技術の特にめざましい発展がくりひろげてくれるものは、とにかく人間のこれまでの夢の実現であった。汽車・汽船・飛行機などにみられるように、願っていた夢が神技のように次々に人間の手で実現されるのをまのあたりにみて、多くの人びとはやがて人間科学万能の妄想をいだくようになった。折からイギリスの産業革命につづいて、すでにフランス大革命がおこってきた。これら一連の社会の大変革は、ますます一般大衆をどっと歴史のひのき舞台にかり出した。これら大衆の規模は、これまでのギリシア・ポリスの大衆参加の場合とはまったくくらべものにならない。このように大量に解放されていく一般大衆によって、科学の知恵に結集する力はますますふくれあがった。これまでのほとんど科学的に未開の国々、アメリカやソヴィエトやアジアの日本などがみるみるうちにこれらの戦列に加わった。地平を拡大した産業技術は改良が重ねられ大規模化した。そしてこの方での量的発展は、無限にどこまでも可能であるように見えた。またフランス革命は、人間すべてがもつ理性の決定的大勝利を確信づけたように思われた。神から独立して、すべてを人間理性を駆使することによって推し進めることができる、という考えを多くの人びとにおこさせたのである。人間の理性によって、人類全体の理想の天地が構築できるかのようなバラ色の人類教などの出現もみられた。人間の知への無限の信頼・期待は、サン・シモンやコントの実証科学万能の時代へと大きく科学空想の翼をはばたかせた。空想社会主義が、また人間社会のユートピアの実現を手近なこととして求めた。しかし現実におこってくるものは、決してユートピアどころではなく、きわめて貪欲などす黒い支配社会であった。貧しい労働階級を駆り立て搾取して、その奴隷にしようとする資本家社会または国家である。哲学者マルクスがそれをみてとり、はげしい反逆の起爆剤をつくった。しかし人間疎外が恐ろしいまでに進んでいた。そしてそこには、もはや神の原生命は死んでしまったかのように見えたのである。

「神の死」を予告・宣告して幕あけされたニヒリスティックな二十世紀を実証するように、二度にわたってつづけざまに世界戦争がおこった。何百万、何千万の大量の人が、わけもなく塵芥《ちりあくた》のように葬り去られたり、手足をもぎとられたりした。あくことを知らないむごい欲望が、恐ろしい癌細胞のように増殖をつづけた。資本主義、民族国家主義、産業機械文明の中で、反自然反人間性の思いあがった独善のエゴがひしめきあった。利益志向、支配志向のどす黒い欲望が法外な浪費、戦争をくりかえした。第二次世界大戦後も、依然として朝鮮戦争から中東戦争、ベトナム戦争などの局地の血なまぐさい戦いがくりかえされてきた。一見非常に豊かである科学機械文明の中にありながら、尊厳であるはずの人間はかえってあらぬ方にまったくひきさかれてしまっている。神々しい活動の場である本来の源泉は荒廃しかけているように見える。科学者たちは、これまで自分たちの好きな「もの」への研究にうちこむことによって、自然の秘法に参与しようと努力してきたものが多かったのに、このあくことを知らぬ利益社会の中にはまりこむものが増えはじめた。ある人たちは資本主義によこしまに利用される結果になったり、またある人たちは自らすすんでえせ科学者になる傾向が強まった。他方、現代革命の原子の火の力を発見してからの、ここ二十数年間の第一線級の科学者たちの恐れは、特に高まっている。この恐れは、自分たちの魔法で打ち出した魔性が、全人類を食いつくし破滅させてしまうかもしれぬという恐怖にかわってきた。彼らは、決然として戦争の絶滅、原子力の平和利用を叫ぶようになった。それは、科学者たちの過去からの神聖なものへの畏怖や内なる良心の声にふるいたたされてのことである、と思う。

しかし数十年とそれ以前の過去との断層はおおうべくもないといわれる。巨大化する技術力によって、巨視のあるいは極微の世界の解明がすすんで、ついに十九世紀後半から二十世紀前期までにもみられたニュートン流の古典的世界像が、今はまったくたちゆかなくなるほどの断層ができてしまった、といわれる。原子エネルギーの革命がいろいろの面で過去のすべてを古いものとして葬り去ろうとしていると考えられている。古典物理学の世界像は、現代の原子物理学の世界像とくらべると、何という狭小な世界に見えることだろうか、と人々はいう。生物学も化学も物理学も医学もすべては過去とはくらべものにならぬ進歩をとげた、と思われている。また人間の生活も段違いに便利になった、といわれている。しかし例えば巨視的世界について、月の世界、火星の世界と人間の探検がすすみ、その知識が増えたとしても、この広大な宇宙にくらべてそれがどれほどのものであるというのだろうか。それがどこまでいっても人間の知識はちっぽけなものにすぎないであろう。

それにひきくらべ、自然の秩序の知恵を忘れた私たちの周囲には、人間の欲と結びついた傲慢の科学知識が放った火が、黒々と燃え広がろうとしている。足元から火がつきはじめているのである。技術の進歩がつくり出す物理・化学物質（薬、農薬、人工洗剤、排気ガスなどすべて含む有機・無機の人工物質）による大気・大地・河川海洋全領域の汚染は人間の生きる道をふさごうとしている。これらの汚染によって、動植物の病気・変型化・死滅化から人間の弱体化・病気・死滅化が徐々にではあるが恐るべき様相で進行してきている。この汚染にさらに原子力による汚染が今後加わるなら、原子戦争による破壊がなくなっても、やがて人類は自らの首をくくることになるだろう。原子戦争がおこればもちろん全人類の滅亡はまたたくまのことになる。このような自ら招いた人類の危機をのりきり、よく生きぬいていくにはどうすればよいだろうか。

今静かに耳をすましてみると、やっと一般大衆、住民たちの戦争絶滅への声や自覚が深い奥底からおこりはじめてきたように思われる。産業公害絶滅への広い真剣な住民運動が各所におこりはじめた。このような「民の声」を代表する知恵ある人びとも結集しはじめている。そして豊かさの中にあって、貧しさときびしさに生きぬく「古くて新しい知恵」を、率先して深い眠りから呼びさまそうとしている。科学・哲学・宗教などすべての生きる知恵を、今その歴史にわたってみつめ、謙虚に敬虔に神の声をきくように努めはじめている。しかし地域から地域へと各自自らの強い自覚の上に立ち、この知恵を民衆の力として結集していくことが必要である。自然をあらゆる汚染物質から守るために、専門家は良識と勇気をもって民衆を啓蒙しなければならない。またこうした民衆自身が、地域地域に自分たちの手で厳格な管理体制をしき、自然に無害で還元される物質の開発を待ち、自然の秩序をできるだけ早く回復するように努めなければならない。このようにしてこそ、下からの創造的な力は、すでに指導力を失った古い産業社会の肥え太った政治家や指導者たちをやがてその座から追うことになるのだ、と確信する。今は貧しくて取るに足らない力でも、これまでの歴史が実証しているように、必ずこれは新しい創造力となるであろう。今はただたしかに周囲は暗いけれども、深い知恵を予告する民衆の声は、必ずその知恵の代弁者たちを次々獲得していくことになるであろう。もしそうならないならば、人類は自ら破壊への道を急ぐことになるし、また国民は衰亡するであろう。

ところで一見この物質的なあまりの豊かさ、学問上の知識の豊かさを、貧しい過去とひきくらべて、そこに大きな誇らしさを感じたくなることもたしかにあると思う。しかしたびたび触れているように、広大無辺の神の知恵とくらべると、こんなものが何になろうか。かりにいま、ニュートンのもった知識との間の深い断層を語ったとしても、彼の次の言葉の知恵が今は通じなくなるほどに、私たちはすばらしい知恵をもっているといえるだろうか。彼は死ぬ少し前に次のようにいった、とつたえられている。誰も知っているであろうあの有名な言葉である。

私が世間からどのように見られているか、私は知らない。しかし私自身の目には、私は、真理の大海原がまったく未知のままに横たわっているのに、その岸辺でたわむれながら、ときたま、ふつうよりもすべすべした小石やきれいな貝殻を見つけてよろこんでいる子供にすぎないように思われる。

（ジョセフ・スペンス『逸話集』）

今現在、この科学者の知恵がなお立派に生きていることを認めないような真の科学者が一体いるだろうか。真理の深みをみようとする謙虚な科学者なら、それを認めないほどに傲慢であることは決してありえないと思う。現代科学の革命をつくり出したアインシュタインは偉大な科学者であった。彼は、「もの」の「力」の探究が自然の秘法を探る道からはずれて、自然を破壊するまちがった道にすすむことを恐れた。彼はすぐれた科学者であると同時に、宗教や哲学の知恵の立派な持ち主でもあった、と思う。その彼もやはり死ぬ前に次のようにいったとつたえられているのである。しかし同じ偉大な科学者が、功なり名とげたニュートンの楽天的な十八世紀はじめと、人類絶滅の危機に直面した暗い今世紀とでは、その言葉の色合いをこんなにも異にしているかということが、何か印象に深く残るのである。

もし自分が生まれかわってきたならば、科学者にならないで、行商人か鉛管工になりたい。

アインシュタインのこの言葉には、底知れぬ嘆息とともに、彼の無欲な深い知恵の「神に対する畏怖」が息づいていることを忘れてはならないと思う。

(五)

(二)、(三)、(四)を通して、私たちはそれぞれ宗教・哲学・科学の代表像を求めることによって、人間の知恵の三つのタイプを概観した。広大無辺の神というか、原生命、原物質、真理というか、とにかくそういうものの追求は、全体的にはとてもできるものではない。個人としても人類社会全体としてもできるものではない。そこにそれぞれ、信仰に生きる宗教者、批判精神に生きる哲学者、原物質の力への探究に身をささげる科学者として、あるいはそれ以外の道をとる人間として、きわめて大きな限界があることは事実であろう。しかしそれはそれなりに、立派な生命の中には、三つの知恵が何らか共存してまとまりをもっているように思われる。このようにして何らか原生命の泉に深く浴するところに、そのものの立派な生命があるように思われるのである。それは個人であろうと、部族であろうと民族であろうと同じである。今ある人の中に、どれか一つのタイプがすぐれた形であらわれるとしても、それ以外の知恵も立派に深くそこに根づいているのが見られると思う。

例えばニュートンにおいては、彼の力学の知恵は、そのまま彼の哲学や宗教の知恵を含んでいた。そのことは『プリンキピア』(前掲 Philosophiae naturalis principia mathematica) という彼の科学の主著が彼の哲学書でもあり宗教の書でもあるということからもよくうかがえると思う。この本の中で彼は、

神は永久に存続し、またいたるところに存在する。……私たちは神の属性の観念をもってはいるけれども、何が真の物質であるかわからない。物体について私たちはただそれらの形と色を見るだけであり、ただ音をきくだけであり、その外面に触れるだけであり、そのにおいをかぐだけであり、その味を味わうだけである。しかしその内なる本質は、われわれの感覚によっても、われわれの精神の内省作用によっても知ることはできない。ましてや神の本質については何も知らない。

と謙虚に語り、自然科学者として、また神のしもべとして、

私たちは自然現象という神の最も賢明ですぐれた趣向と、最終原因によって神を知るだけである。私

たちはその完全さのゆえに神を賛美し、その優勢ゆえに神を敬いあがめる。しもべとしてあがめる。

とのべ、自然哲学者として、

事物の現象（自然現象）から神について研究することはたしかに自然哲学の仕事である。

というように、科学と哲学と宗教の知恵を、彼の専門の力学的な自然研究に結集しているのである。そしてここに全体としてはきわめてつつましい彼の科学者の態度がうかがわれるのである。

「生きる仕方」としての知恵は、ニュートンのような科学者の場合もそうであるが、人間の謙虚さ・貧しさ・きびしさなどの自覚からそのはげしいエネルギーを得ている。そういうことを歴史は教えている。イエス・キリストの宗教の知恵は、「心の貧しいものは幸せなり」（前掲）と教えた。創造力のたくましかった時代の古代ギリシア人たちの哲学の知恵も、「決して度をすごしてはならぬ」ことを教えた。プラトンはこの知恵をギリシア七賢人たちの共通の言葉として、「ミレトスのタレス」「わが国のソロン」などと七人の名をあげたのち次のようにのべている。

この人たちはまた一緒にデルフォイの神託に参詣し、万人の口ずさむ「汝自身を知れ」と「度をすごしてはならぬ」とを書いて、その知恵の初穂としてアポロンにささげました。

（『プロタゴラス』三四三B）

貧しい哲学者ソクラテスが身をささげたのもこのアポロンであったことは、プラトンがその対話篇（『ソクラテスの弁明』、『パイドン』など）のところどころでのべていることである。ギリシアの知恵は、総じて人間のおごり（ヒュブリス）をきびしくいましめた。アテナイの栄光のもとをつくった改革者ソロン（七賢人の一人）は、そのために絶対権力をもつ僭主の座につくことを自ら拒否した。帝王もまたおごりの象徴である。帝国主義もそうである。ペルシア帝国との戦争で勝利をしめたのは、小さくて貧しくはあったが自主独立の自覚をもったまとまりのあるポリス・アテナイであった。

しかしこのアテナイがギリシアでの栄光の座を無残にひきおろされたのも、そのあわれな末路は、このポリス自体の帝国主義化に大きな一因があった。たしかに帝国主義はそのガムシャラな力で地平を拡大していく。しかしその帝国主義の拡大を可能にする力も、多くは貧しさの中にあって貯えたエネルギーであったことを忘れてはならない。豊かさの中にあって貧しさを忘れぬ知恵は長い生命をもつ立派な知恵である。そういうことを、歴史は教えている。今かりに、現代のあまりに豊かな物質世界をリードしている大国アメリカを考えてみても、それはよくあてはまることである。この国の富をつくりあげた力は、かつてヨーロッパ世界からはじき出された小さな生命であった。それは清い信仰に生きた貧しいピューリタンの一団の、いわば核エネルギーであったといえよう。この一団のつつましいしかし自由独立に目覚めたものたちが、アメリカという新天地で、彼らの宗教・哲学・科学などの知恵を一つにして営々として築きあげたものが現在の大をなすに至ったことは申すまでもない。この国の盛衰も、その帝国主義のおごりの道を選ぶか、豊かさの中で貧しさを忘れず生きぬいていくか、によって大きく左右されることは必然であろう。

かつて幾多の戦争ののち、ついに大をなして帝国主義化し、豊かさの中に頽廃《たいはい》して衰微の道をたどったものに、メソポタミア、エジプトの諸国、ギリシアのアテナイ、マケドニア帝国、ローマ帝国などいろいろとその名をあげることができる。同様のことは、科学や哲学や宗教の生きる知恵についてもいえると思う。科学技術が、怠惰な物質的な豊かさに奉仕するのみで高いその使命を忘れるとき、それは滅びるであろう。現代はまさしくその大きな危機の中にあるといえよう。このことは科学にばかりでなく、宗教についても顕著である。中世末のローマ・カトリック教会の物欲世界への頽廃が示すとおりである。哲学精神の盛衰も同様であり、おごりの環境の中からは、真に高貴な哲学はあらわれてこない。現在の私たちの豊かさもこのような点から真剣に考えてみなければならないと思う。

このようなときに再び私たちはますます悪のはびこってくる地球上を考え、かつての『旧約』のノアの洪水神話に想いをはせるのも意味あることだと思う。私はキリスト教徒でもユダヤ教徒でもないけれども、『旧約』の言葉はなぜか現代の世に深くひびくものを感ずる。いいことは何度くりかえしてもよいと思う。ここで私たちは、宗教のはじめの方でのべた『旧約』のヤハウェの嘆息を、もう一度くりかえしのべてこの序説を終わりにしたいと思う。

ヤハウェは地上に人の悪が増し加わり、その心のはかる思いがいつも悪いことのみであることをごらんになって、ヤハウェは地上に人をおつくりになったことを悔い、心に深く悲しまれた。ヤハウェがいわれるには、「わたしはわたしが創造した人を地の面から絶滅しよう。人のみならず、家畜も這うものも、空の鳥もみな滅ぼしてしまおう。わたしはそれらのものをつくったことを悔いている」と。

第一部　古代篇

――古代概観――

人間の知恵の歴史を通して、私はこの広い舞台にくりひろげられるドラマの中に一貫して流れる何かを把握しようとこころみた。歴史は歴史のものを通して語らしめよ、と人はいう。たしかにその通りであり、私も多く歴史そのものをして語らしめたつもりである。しかし知恵の歴史は人間の一つの大きな叙事詩である。そしてそれはあまりにも多彩な叙事詩である。多彩とは豊かさであり、綾であり、文であり、文化・文明をあらわす。人間は豊かさを求めて今日までやってきた。しかしその豊かさゆえに、多くの人間はその中に埋没し滅んでいった。黎明、朝、夜の闇がときはなたれようとするとき、ものみな多彩に豊かに輝きはじめる。人間の活動が色とりどりにはじまっていく。その活動の中で喜び悲しみ、苦闘、勝利と敗北、また豊穣と貧困が交錯する。こういう交錯の中で最も美しく善く生きる知恵とは何であったのか。

人間の知恵にはじまり、豊かさのはじまりを、『旧約』は人間の堕罪と結びつけている。エデンの園の禁断の樹の実を食べて人間の眼は開けたというが、そのエデンの土地に、実り豊かなメソポタミアの沃野が想定されていることは事実であろう。こういうわけであるから、私たち人間の知恵の歴史も、このメソポタミアからはじめるのがよいと思った。

「光は東から」という言葉が示すように、ヨーロッパから考えると、文明の光は東の方、すなわちメソポタミアからのぼってきたと考えることができる。オリエント（ラテン語 orior「（日が）のぼる」）という言葉自体が、このことを象徴的に語ってくれている。メソポタミア、エジプトに開けたオリエント文明は、それを受け継いだユダヤ、ギリシア、ローマにとっては、まことにすばらしい豊かな先進文明であった。それは文字通り彼らの新文明の光であり母胎であった。

世界文化史を位置づけるときは、これらユダヤ、ギリシアの文化は、オリエントからその豊かさを吸収して成長し、それが若々しい自律の精神をもつようになると、オリエントの豊かさとその頽廃に鋭く対立・抗争し、そこから立派に独自の文化をつくりあげていった、ということができる。こうしてできあがっていくヨーロッパ文化の二つの潮流、すなわちユダヤの宗教文化とギリシアの哲学・科学精神文化が、いわばローマ大帝国の地中海に流れこみ、ここで混合し融合した。

私たちは、古代篇では、主としてオリエント文化、ギリシア・ローマ文化をあつかった。イスラエル・ユダヤを源流とするキリスト教の深い宗教精神については、それが人間の魂に浸透し、花を開いた時代が中世であったので、これはもちろん中世であつかうことにした。しかし、オリエントが文字通りの文明の起源であり、その農耕文明社会が強い宗教的性格をもったこと、さらに古代ギリシアにおいて人間の美しい他の知恵、すなわち哲学・科学の知恵がいかにして芽生えて成長していったのかを、ここにのべることができたと思う。では歴史は歴史をして語らしめようという最初の言葉どおり、実際の歴史をとおしながら、そのあとをたどっていくことにしたい。

第一章　宗教・哲学・科学的思想の発生

第一節　古代オリエント文明
―文明の起源と農耕・宗教文明社会の性格―

偉大なメソポタミア文明の発見は、一八九九年バビロンの発掘とともに本格化し、その後メソポタミアの土砂にうずもれていた都市への認識が高まった。発掘が相次ぎ、神殿・宝殿の発見、また何層にもまたがる古層の発掘は、次々に新しい史実を加えていった。特に旧約聖書に語られていたメソポタミア文化が、次第に単なる物語ではなく史実として浮き彫りにされるようになった。これまでは、バビロニア、アッシリアの文化ぐらいを知っていたが、一九一九年以後には、さらに深い下層の発掘作業によって、シュメール文化（前三一〇〇～二四〇〇年）、アッカド文化（前二四〇〇～二一七〇年）など先行の文化が闇の中から輝きはじめた。しかも発掘されたおびただしい粘土文書は、「文字」という書かれた資料を深い地層の眠りから呼びさますことによって、新石器時代人・青銅器時代人の文化の実情を追求する意欲をますますかきたてた。古文献は、巨大なシュメールの神権政治の様子をまざまざとわれわれの前に示してくれた。この当時の高度に発達した経済組織は神殿経済であり、文字をもつ相当観念性の高い都市経済でもあることを示した。重要な記録・神話・物語の数々は、すべて神聖な宗教の響きをもっており、その後のバビロニアの帝王の学ぶべき神聖な言葉となり、文化人の言葉ともなって相続された。シュメールやアッカドの言葉の解読は難事であったけれども、古い崇高な文化の生きた霊がこれらの古典語には秘められていると考えられたのである。

メソポタミア研究そのものは、十九世紀のはじめに楔形文字の解読からにわかに脚光を浴びた。その前のナポレオンのエジプト遠征（一七九八～九九年）のとき『ロゼッタ石』の発見とその後数十年の努力の研究成果（解読の成功）が、大きな刺激になったことは事実である。古代文化への再認識は近世ルネサンス期のギリシア・ローマ文化発見へとどんどんさかのぼりはじめたといえる。文化起源へこういうようにさかのぼった結果、バビロニア以前の文化がつきとめられ、さらに新石器時代文化へ氷河時代文

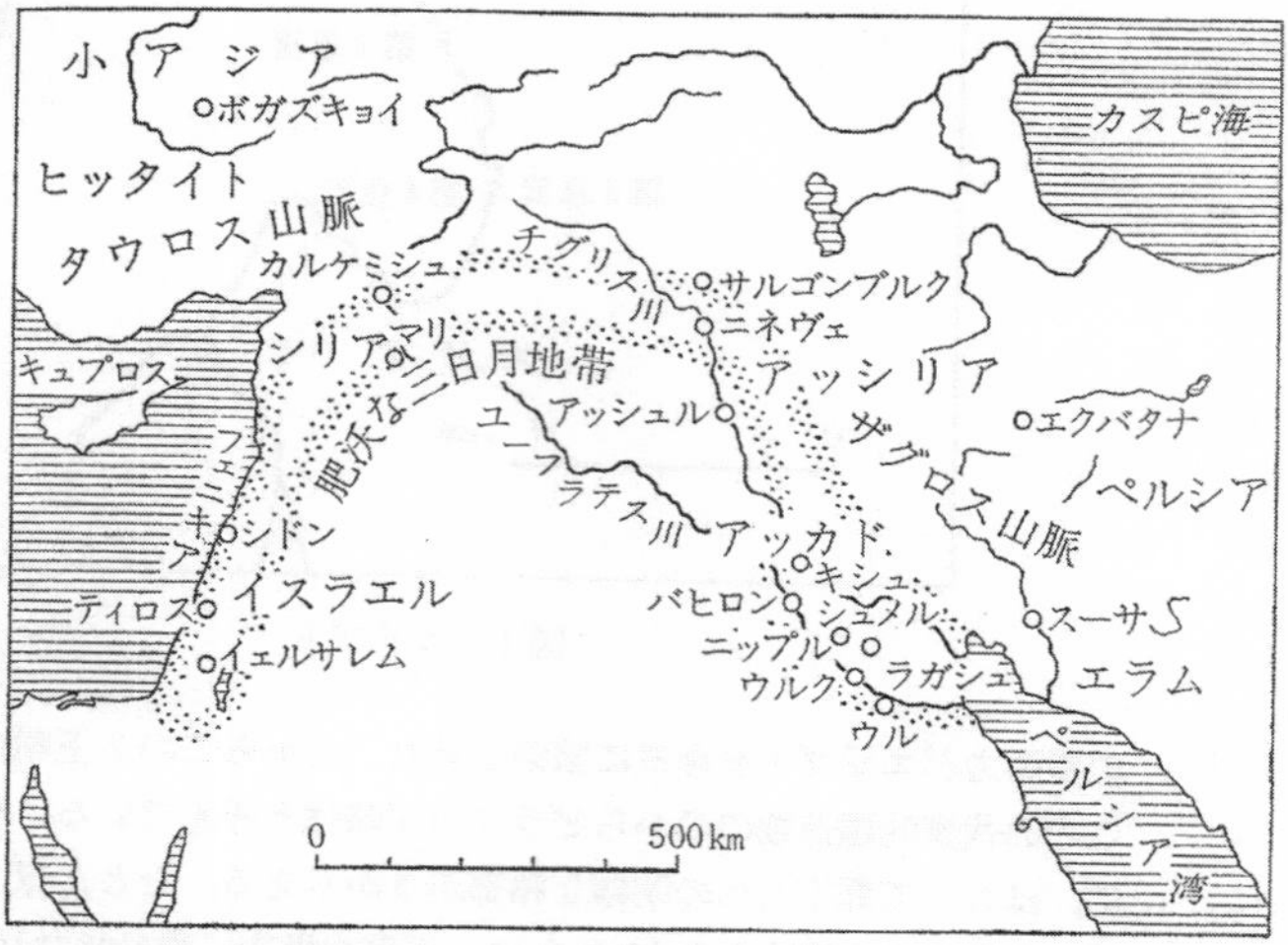

メソポタミア地方――ギリシア語のmeso（中間）とpotamos（川）から、「二つの川の間」の意。（地図は平田寛著『科学の起源』より）

化へとわれわれの眼はいっそう開かれたのである。

新しい発掘結果によると、狩猟文化から農耕文化への移り行きは、イラク・シリアなどのアジアの相当広い地域でなされたようである。前五〇〇〇年から約二〇〇〇年間にわたって自然の理解・利用がすすみ、肥沃なメソポタミア南部への定着、村落の形成、都市文化への著しい進展がみられたと考えられる。そして『旧約聖書』の伝承も、バビロンをこえてこれらの時代に深い示唆を投げた。近世イギリスにおこった産業革命にも似た農耕革命がおこった事実を、『旧約聖書』は農耕者カインの遊牧者アベル殺害の物語として意味深長に語ってくれる。

社会変革と知能の飛躍的進展とはちょうど車の両輪のように並行して進み、空間の四分法、一年を十二ヶ月に、一時間を六〇分に、また円を三六〇度にするという数区分法から、さらに小麦・大麦などよりすぐれた品種の栽培、また織物の数々、馬を除く家畜の飼育、車や船など輸送機関の開発、神殿構築技術などに至るまで、この当時の文化はその後長い間の模範として受け継がれ、現代にまで大きな影響を与えたものが多かった。これらの文化へさかのぼること、さらに根源の文化要因へ探究の歩を進めること、このような研究に示される情熱と執念は、反面われわれ人類の故郷への憧憬を示すものである。とりもなおさずこれは、文化起源をさぐり掘り当てることによって、人間存在の根源を把握していこうとする人間の深い英知をあらわすものにほかならなかったのである。

悠久の宇宙、さらに小さく地球、さらにごく小さく人間と限ってみても、これらの過去をあとづけることはなかなかできないし、ましてや正確にはとてもその発生の時間設定などできるものではない。しかし類人種（アウストラロピテクス）があらわれたのは、洪積世のはじめ第一氷河期の今からおよそ六・七十万年前ごろだとされている。きびしい気候と生存競争に打ち勝ってあらわれたこれら荒削りの原人たちは、直立し、手を働かせ、道具をつくる能力のあるものとして、他の動物群と区別された。ジャワ原人（ピテカントロプス・エレクトス）やペキン原人（シナントロプス・ペキネンシス）などがその背高いやや大きな秀でた頭脳を輝かせてジャワや中国に登場するのは大体、五・六十万年ごろだったといわれる。その後黙としてそれらの消息はとだえてしまう。われわれは書かれたものをもとにしてこの時代をあとづけることはできない。この時代は、考古学的発掘によるごく少ない遺跡・遺物・化石資料などから、現代の科学的調査方法を動員して探り当てることができるにすぎない。

ほぼ二十万年前ごろからの第三間氷期、第四氷河期にヨーロッパにあらわれた古生人類と思われる種族にネアンデルタール人がいるが、これとてわれわれの直接の祖先ではないようであり、その後は絶滅したと考えられる。しかしこの北方のネアンデルタール人たちをその洞窟から追い出し、ほとんどを殺戮したか一部は混血したとも考えられる人類が出現した。これは南方または東方からの到来者で、「新人」（現生人類）といわれるわれわれの直接の祖先（クロマニヨン人）

ネアンデルタール人の復元図——人間は、他の動物にはない独自の特性のおかげで社会生活を営み、多彩な文化を生み出した。その特性とは、「知恵の人」(homo sapiens)、「ものをつくる人（工人）」(homo faber)、「遊ぶ人」（homo ludens）などであるが、その反面では、「互いに殺し合う人」(homo caedens mutuo）という恐ろしい特性も見られる。

であったと考えられる。彼らの体格は、その頭蓋骨容積平均約一四五〇ＣＣ（類人猿四五〇ＣＣ、アウストラロピクス平均五五〇ＣＣ、ピテカントロプス九〇〇ＣＣ、シナントロプス一〇〇〇ＣＣ、ネアンデルタール人一二〇〇ＣＣ）が示すように、その最も重要な部分において、解剖学的にはわれわれと同じであった。クロマニヨン人のヨーロッパへの出現は、今から数万年の昔といわれている。フランス、スペインの洞窟を美しく飾ったマンモスとかトナカイの絵画・彫刻で知られる文明人とは、このクロマニヨン人であった。寒いヨーロッパの気候もやがて少しずつ温かになりはじめたころである。氷河はヨーロッパでもだんだん後退しつつあった。

いわゆる第四氷河後期になってこの氷河の後退とともに、現生人類の上に文明の新しい曙光がさしはじめたと考えることができる。まさに人類の新しい夜明けであった。一部トナカイなどの寒冷動物は北へ移動する。それを追って狩猟生活者たちは北へ移動していったであろう。しかしだんだん去っていく氷河のあとには草が生え森林が繁茂し川や湖ができた。温かさを一層増した南の大地には、大雨が幾日となく降り、それは広い土地を洪水となって流れくだり、平地には肥沃な土が運びこまれた。そこに繁茂してくる穀草やその他いろいろの果実、野草、それを食べる動物の群れ、それらを追ってくる人間たちの群れ。こうして人びとは、北に南に西に東にとさまざまな移動や集まりをくりかえした。その動きはますます活発になっていったにちがいない。まだ自然のメカニズムをほとんど知らなかった彼らは、時として襲う天候異変、食糧危機、飢餓の苦しみ、大洪水の破壊的暴威などに戸惑いつづけて幾千年を過ごしたことであろう。

しかし食糧不足、生命の危機にひんするたびに、死にものぐるいで動物の捕獲や植物の収集を願う。しかもあのときああだったからこうすればこうなる、という人間の頭脳の神経系統は、このような原因・結果に対する目覚めからだんだんと分化し発達した。そこに知恵の芽がはぐくまれた。人間は原因・結果の系列をいろいろと模索した。生きんとする熾烈な本能のまわりにめまぐるしい試行錯誤がくりかえされた。そうしているうちに、突如としてごく微かに知恵の光が本能的なものから自己意識的に分化し目覚めさせるきっかけが与えられたのであろう。手や足の筋肉や内臓筋が使えば使うほど強くなり厚みを増してくるように、自らの肉体的不足をおぎなう人間の頭脳、特に大脳の新皮質は、ますます加重する刺激に適応するよう厚みを増し分化しつづけた。それは、あるいは発火点に達して突如火がつくように、徐々に出てきたものが、あるとき突如として分化・発達したものかもしれない。

すでに手は足の働きから分化した。自由になった手は頭にいろいろのことを教え、頭は手にまたいろいろのことを教える。手と頭の連動、手と道具の分化、人間の意識の諸分化の結果、自己と自己ならぬものや自己をはるかに越えた能力のあるものを意識するようになる。こうした一連の進化が、また人間の集団社会の中にも連鎖的にしかも大規模に深刻におこってきた。それがメソポタミアでの農業革命につながったのだ、と思う。どこにおけるよりも突発的な大洪水の破壊行為があるかと思うと、思いもよらぬ豊穣にめぐまれるというメソポタミアの分断状況の中で、鋭く深い人間生存の分裂状況がうまれ、人間をはるかに越えた力への意識が宗教意識への起爆剤となったことが考えられる。メソポタミアの神権政治はかようにしておこり、またアダムやイヴ、ノア、アブラハムなど旧約の人びとの熾烈な宗教意識もこういう状況からおこったのであろう。

人間の生存の知恵は具体的には呪術や魔術を通して、さまざまの願望や生活の中に開示された。野獣への呪縛、その飼いならし、いわゆる牧畜がおこなわれ、農耕においては、同じように耕地の豊作への祈願などが盛んにおこなわれた。豊作への期待は、それをさずける母なる大地への祈りとなった。天にあっては、まかりまちがえば大きな破壊をもたらすけれども、反面思いもかけぬ豊穣をめぐんでもくれる大洪水の神への真剣な祈りとなってあらわれた。きわめて深刻なこの分裂の状況から生まれる新しい観念の世界は、無限に広がる自由想像の領域であった。そして世界をこの無限な神的な観念の世界によって構築し組織化しようとした。こうして神権組織の宗教国家がつくり出される機縁が生じた。経験の上でも増大してくる環境への適応能力は、はじめはごく受動的に自己の一小家族や部族の自給自足で満足する小さな欲に甘んじていた。しかし今度は能動的に自然に働きかけることによって、自然を大がかりに加工する知恵へと進んだ。そしてそこからたまたまあげることのできた数百倍もの収穫高は、いよいよこの意欲を高めさせたのである。

氷河時代の洞窟の中に見られた動物写実画の発想法から、豊穣というようなまったく新しい抽象概念が、観念の世界に

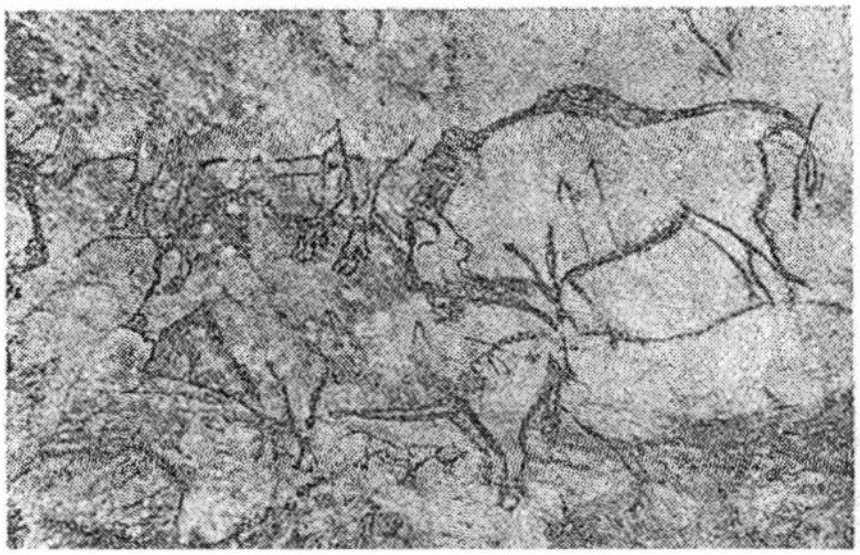

ラスコーの洞窟画――「右の野ウシのわき腹の矢印は、呪術的な意味があるらしいし、この絵は食糧を得るために野ウシを狩猟したこと、また動物たちを正確に画こうと努力したことなどがよくあらわれている」（平田寛著『文化史』３頁より）。

あらわれてきた。抽象観念が新しく目覚めた人間たちの大きな関心の的になった。象徴の観念が発達し、神話を自覚的に生み出してきた。生と死は神格化された。女人像が生命を生み出す生産的なものとして登場してくる。生命は春に大地から芽を吹きかえすが、これは聖なる結婚がおこなわれたのだと考えられた。牧畜の神格としてあらわれる男神と、農耕の神格としてあらわれる大地の女神・大母神との結婚の例などにそれをみることができる。秋には死の国へ共に行くが、また春になると復活するのである。この復活のよろこびが春のよろこびであった。この生命の躍動との一体感が復活秘儀となって、キリスト教の復活思想やギリシア宗教文化のエレウシス祭に永遠の生命を与えるのである。復活思想こそ永遠の生への讃歌であり、この死と復活が生命の本質というべきものなのであろう。キリスト教の復活祭、聖霊降臨節、祝賀の春などの季節祭は、すべてキリスト教やユダヤ教本来のものというより、メソポタミア農耕地盤のものなのである。

女性とか蛇とかという豊穣の象徴は、死や再生をめぐって生み出されたものである。月のみちかけ、牡牛の角《つの》（その三日月形からくる）、角をおとしそれをまた再生させる牡鹿などが、大母神や蛇神とともにシンボル化された。春夏秋冬のような季節交代とそれをかたどる十字の空間四分法（東西南北）と天文学的発想（太陰暦、太陽暦などの）は、時間の概念を発達させた。このようにして人間の知識は、どんどん広くなっていったのである。こういうことをひきおこした農業革命は、『旧約聖書』にも決定的に強い刻印をおしつけた。『創世記』は、人間のこういう知恵の木の実を食べたことにより、人間の「眼が開けた」と語り、「神のごとくなって善悪を知るに至った」ことを告げている。

生と死、幸と不幸、善と悪のような分裂が、人間の「眼の開け」として象徴的に語られた。農耕者カインの弟殺害にはじまる罪の歴史は、農業革命後の血なまぐさい人間同士のたたかいの不幸・悲惨を告げている。農業生産から得られる莫大な余剰、富をめぐるたたかいがはじまる。本来は神に属するとされながら、その富の私有獲得をめぐって、人間たちの分裂のきびしい時代に突入する。富者と貧者、支配と被支配、帝国主義的帝王専制支配と奴隷的被支配の闘争の歴史、楽園喪失と回復の闘争などの舞台が、ここにきっておとされたのである。農業革命の成功は、農耕者カインが羊飼いの弟アベルを殺害し勝利したとして『旧約聖書』に示されているが、神がカインにいうように、その罪はカインを追い求めるのである。

遊牧者の侵入をはねかえしながら、メソポタミアの地に農業神権国家をつくりあげた種族は、その営々辛苦の末やっと獲得した洪水支配の知恵によって目をみはるような富を手に入れることができた。膨大な余剰の食糧で養われるいろいろの職人たち、戦士たち、官僚・神官たち、それら分業化され管理組織化された人たちの居住する都市、それを外敵から守る城壁、またためぐみの神であるとともにきわめて恐ろしいねたみと怒りの神にささげる神殿と宝物殿の建造などは、この文明世界を維持していくためのいろいろな知恵を与えた。

シュメール人の都市文明は前三〇〇〇年ごろからメソポタミアにつくられた。そのほかの種族によっても、エジプト、インドなどに次々に都市文明がつくりあげられていったものと考えられる。メソポタミアでは、長い歴史のうちには神殿はいろいろとその規模を拡大した。過去の神殿趾には、さらに幾層にもわたって神殿がつくりあげられていった。そこからの出土品はおびただしい黄金の品やフレスコ画、モザイク、粘土文書などの数々におよんでいる。しかも文字通り国土は神々のものであり、神殿にささげられ納入されたあらゆる種類の収穫物、奉納物の管理は神官にまかされていた。しかもこの広い洪水地域を守りぬくには、並大抵の努力では為《な》しおおせるものではない。大規模な灌漑工事、運河構築、その他の大建築などは、きわめて大がかりな共同作業を必要とした。そして全地域を集約的に一つにまとめる組織力は、神権を代表する神官なり神官王によって、神権国家管理のもとに分業体制が確立された。管理事務機構として、土地の区分、作物の収穫予定・収穫量などいちいち記載する書記階級が生まれた。彼らは複雑な文字を駆使して天文・数学・測地などの管理部門をうけもった。またその豊かな余剰の富の結果、物々交換経済、貨幣経済まで発達し、この農耕地にはない珍重な品をいろいろ買い求めたり、また外敵に対しては、この土地を守る戦士たちを常備するなどのことが次々に生じた。種々の面でこの神権政治体制は分化し多様化し発達した。

このようにして法律が前二〇〇〇年少し前に成文として制定され、官僚体制は固定化される傾向が強くなった。おびただしい記録の数々、職業の分化とそれらの人びとを養う食料品、さらに宗教上・儀式上の呪文・讃歌・訓《おし》えや神殿造営資料の詳細、貿易に関するこまごました記録・プランに至るまで微にいり細にいっている。多くの文書を入れる古文書館、図書館、さらにはいろんな訴訟事件のことなど、あらゆることが処理され記録される膨大な管理機構が整備された。しかしこのような都市管理も、ここに押し寄せる幾星霜にわたる強力な異種族の侵入から、長く守りとおせるものではなかった。いや、何よりも内部からの崩壊が進んでいった。というのも神権政治の物量化とその所有は、それを管理するはずの神官、神官王たちの権力、物欲を刺激し、彼らはこれら多くの財産を私有しようとしたのである。監督者はいたるところで人びとから重税をとりたてた。神殿財産はこれら個人の私的利用の具とされ、不正はたえまなく、不平不満の声も絶えなかった。時には賢明な国王があらわれ、これらの不正をとりしまり、不正監督者をやめさせ、綱紀の粛正をはかることもあったが、このようにしてふくらんだ神権財産は、結局力のあるものに握られてしまうのがおちであった。このようにして力あるものがこの神権政治の絶対の代表者となった、この権力、物欲の無限に広がろうとする力、支配力は、あの貪欲な威圧的洪水のように狂おしくこのメソポタミアを席捲した。さらにそれはこの地域の垣根を越え、帝国主義的版図へと拡大していった。神権が物権に転化したのである。しかも神権の無限の力は富や権力のあくことのない無限の追求となって広がった。この狂奔の結果、権力・世代のめまぐるしい交代がおこった。

そしてこういう帝国主義の代表者は何といってもアッカドの絶大な支配者サルゴン王であった。彼は頽廃したシュメール国を征服し、前二三五〇年からおよそ六十年間この国を支配したばかりか、その勢力は小アジアにまでおよんだ。彼はそれまでの誰にもできなかった最大のアッカド大王国をつくりあげることに成功した。しかしやがてまたアッカド王国も再びシュメール人たちのまきかえしにあって滅ぼされた。シュメールは再建されたが、また数代の王の統治の後カナーン人たちによって再び打ち破られてしまう。破壊の旋風は吹き荒れるまま、美しい秩序は崩壊し掟《おきて》は次々とかわり、この変革の嵐におとろえゆくシュメールの国人たちは何のなすべもなかった。シュメール、アッカド、さらにカナーン、アモルの勢力交代がつづいた。さらにアッシリアの鉄拳政治、新バビロニア、ペルシアなどへの勢力交代はたえまなく、これはそのまま旧約ユダヤの苦難の歴史にもところどころに刻印された。

エジプトにおいては事情はどうであったか。この地でも、メソポタミアをうるおすチグリス・ユーフラテス両大河文明と同じように、大河ナイルを擁する豊穣の文明が農業国家、中央集権の帝王神権国家として出現した。しかもメソポタミアにおけるような山間民族・砂漠民族・遊牧民族たちの略奪の危険は割合少なかった。この初期文明には周囲を城壁でめぐらした趾がほとんど見うけられない。征服・被征服の起伏や有為転変は、そう激しくなかったと思われる。メソポタミアと少し事情がちがって、シリウス星の出現とともに定期的に襲ってくる自然の洪水は、エジプト人たちにある絶大な秩序の観念を与えた。

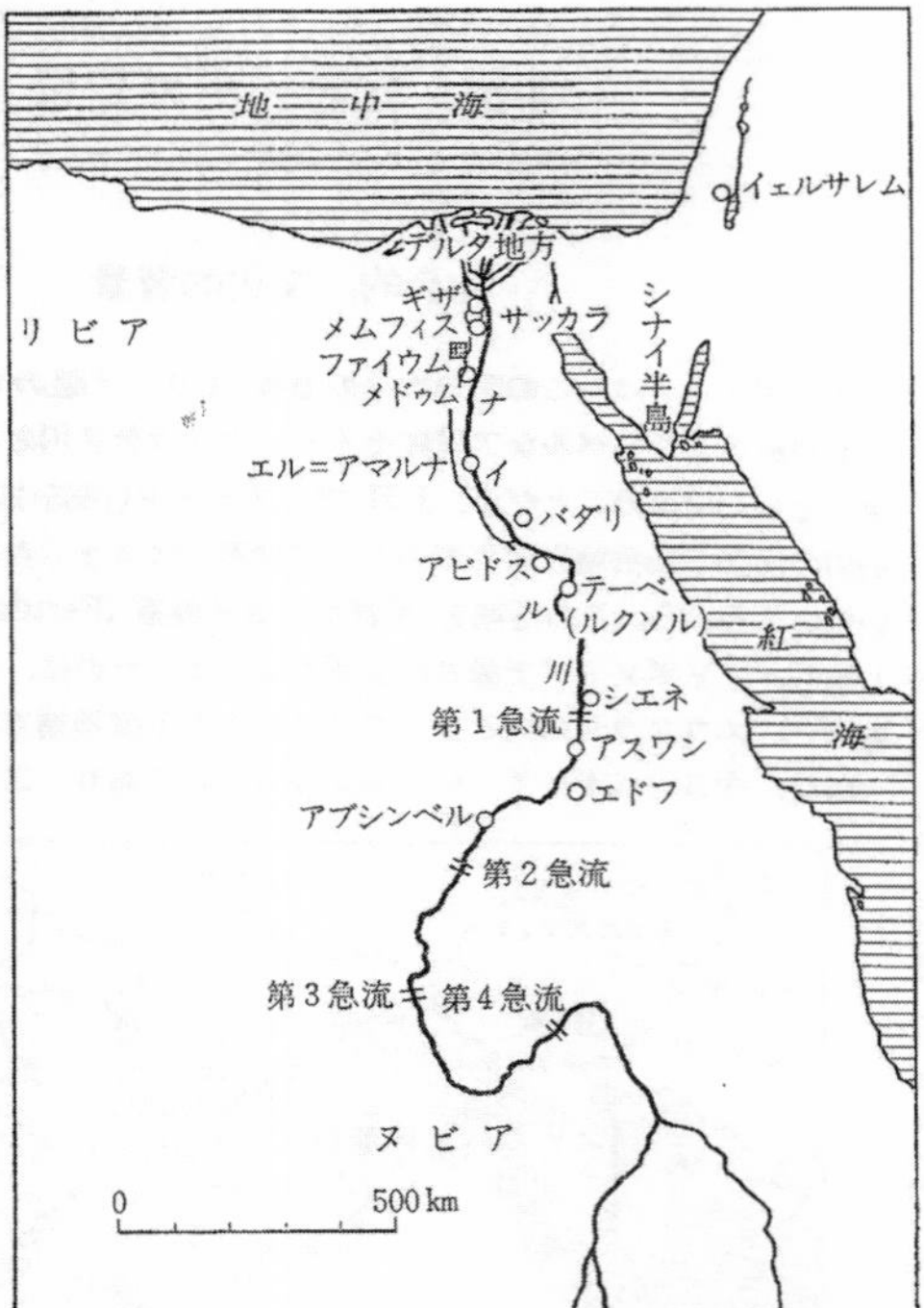

エジプト——その国土は東西に砂漠地帯、南に山岳地帯、北には海があり、閉ざされ孤立した国だったので、孤立主義、伝統重視の傾向を生んだ。（地図は平田寛著『科学の起源』より）

「出水」「播種」「渇水」という三つの季節の回帰は、メソポタミアにおけるよりもかなり平板で、現世との断層感も深刻でなく、メソポタミアにおけるように、暗い不気味なものではなかったかのように思われる。同じ農耕生活でありながら、エジプトにおいては、死は死後の生存といういわば氷河時代の単純素朴な生命観の延長上にあったように思われる。メソポタミアでは、突発的大洪水や激しい社会の変動や戦乱の試練を受けとめたためか、生と死の断絶、死後の無条件で不合理な悲惨、悪い神々の跳梁などを物語ったものが多かった。その永遠の生命観にしてもどうも抽象的にならざるを得なかった。それに対して、エジプトでは、比較的条件がおだやかだったためか、死後の生存と現世の生存との断絶もなく、これらは連続して考えられたのである。ここには無条件的な悲惨や不合理はほとんどなかった。

しかしここでは当然現世の延長としての死後の応報が行われる世界があった。そしてまた悪しきものは罰せられ、善きものは救済されるという倫理的宗教思想が生まれた。さらに神や人間その他の動物生命の結合の一体感があり、ここから三位一体の思想が生まれる素地も生じてきた。こうした思想が、ギリシア宗教・哲学思想やキリスト教の宗教思想に相当の影響を与えたことは否めないと思う。エジプトのピラミッド建築を生む原動力は死後の生存思想であると考えられるが、このいわば巨石文化ともいうべきものは、特に北アフリカからスペイン、北ヨーロッパへ伝播している。そしてこの巨石文化は、また小麦・大麦中心の農業経済文化をこれらの地方に広めた文化であることを忘れてはならない。

ところで大いなる現世思想にあふれるエジプトでは、国王はそのまま絶対の神人であり、ナイル川もこの国王につかえ、国王は、月、星、日時を支配するといわれた。国王には魔術的な力が備わっており、豊穣を自らの祭事によってもたらすことができた。国家機構はこの神人の国王のもとに秩序整然とした官僚機構化をたどった。この中央集権体制の中で個人経済・土地私有化もあるにはあったが、何よりも大切な義務は社会秩序の維持にあり、これが正義であった。この国家秩序という正義の具現者・国王は、神の心を体してそれを行う神人で、人民たちはまたこの国王の心を体する。それからはずれることが罪なのである。このような考え方はもちろん国王の専制組織を主体としており、死後はこの神人が神に合一するのだという考え方から、そのために巨大なピラミッドがその神となったものにささげられた。大空へのぼるその稜線は、明確な幾何図形の統一的徴表であり、安定のシンボルである。莫大な費用のかかるところから、これはそのときどきのエジプト王朝の富の力を示すものであった。

また、これの建造技術は当然幾何図形技術の発達をうながした。その方位は天文学的知識を刺激して暦の作成をうながした。ピラミッド墓室の入口は北極星の南中の際の光を受けるべく傾斜しており、天の極みを死後の神王は体現するのである。ピラミッドをめぐっては、さまざまな幾何・天文技術の明晰な知恵がそこに結集されなければならない。例えばピラミッドの基底面積の四六五二四・二ピラミッド・インチに配する三六五・二四二日の太陽年をもってするというように、幾何と天文とは符合するのである。

宇宙規模にまで拡大されたエジプト王朝の宗教の秩序体系はまったくゆるぎのないようにみえたけれども、この偉大な王朝にも幾変遷をへるうちに瓦壊のあらしが吹き荒れることになった。古王朝は第六王朝までつづいたが、前三〇〇〇年紀のおわりに瓦壊した。メソポタミアのところでもみたように、国王の膨大な経済組織の中に、人間の利己心、物欲が巣食った。これが秩序を破壊し、これまでの精神生活は行われなくなり、財産の簒奪が各所で行われ、革命・反乱がひどい流血の惨事をまきおこした。全国家組織が混乱し、瓦壊時代がきた。が、やっと第十一王朝時代になって国家は再建された（前一九九一年）。昔の思想が復活するが、しかしこの混乱の試練期数百年を通して再建されたエジプトには、旧王国の集団組織・中央集権意識が後退して、個人中心主義が優勢になった。反面精神生活が深められたことから、これまではその名を知られていなかった深遠な哲学的神格が、エジプトの精神世界に登場してくるのである。これを通してエジプトの精神界は宗教・哲学思想の上で試練と浄化を受けた。このようにして深められた精神風土が、後のギリシア哲学、とくにピタゴラス、プラトンなどに深い影響を与えていくのであろう。しかしエジプト国土は、その後、前一七八〇年をすぎるころから再び内乱とあわせて外敵の侵入と試練を受けた。それをくりかえしているうちに、結局前一〇〇〇年紀のおわりには急速に国力が衰退していき、やがてアレクサンドロス大王の支配を受けたり、ローマ帝国の属国になったり、さらにのちにはアラビアの回教徒に占領されたりして独立を失っていくのである。

メソポタミア、エジプトの豊かさがそこに巨大な富をつくりあげ、それを集約した中央集権国家が都市文明をつくりあげたことはさきにのべた。これらの国家は、その富を利用して貿易をすすめ、この交易の規模は年々に増大していったが、特に外敵に侵入を多く受けがちであったメソポタミアでは、好戦的な外敵の脅威にさらされたことから、かえって余計に試練を受けて、その帝国主義的野望も大きく成長したといえよう。帝国主義支配の地盤となったメソポタミアでは、平和的であるべき交易はますます略奪化し戦略化されてついにアッカド帝国のサルゴン王に象徴されるような一つの帝国主義が確立されたのである。しかしこのようなことから、かえって道路は四周にのび、その陸上交通の便利になるのと並行して、海上交流の技術も着々とすすんでいった。

都市文明の生命はその商業活動にあり、この活動を通して文字もだんだん簡素化された。特にあとにあらわれる海洋商業民族であるフェニキア人たちは、そこの良材による船舶建造技術や良港や地形をいかして海上交通をリードし、メソポタミアやエジプトが必要とするものを中継貿易によって仕入れたのである。彼らは、その商業の便宜上やはり交易文字の簡略化が必要になり、エジプト、メソポタミアの言語からアルファベット式文字開発への重要な手がかりをつかんだ。また青銅の王権・都市文明に必要な銅や錫、その他王威を誇示するきらびやかな黄金・銀などの金属品の数々、さらに、宝石などを求めて、彼らは遠く海をヨーロッパ北部へ向かって北上した。スペイン、イギリス、北ドイツまで、あるいは海上であるいは陸路で足をのばすことにより文明の伝播役をもつとめた。商業欲は、本来与えられた空間をその無限の追求をめざして、どんな危険もいとわず広げられていくものであり、それはきわめて貪欲である。農業基盤には富の収奪はやはり限りがあるが、商業の規模は、着実・地味・安定な農業にくらべて、はるかにスリルにとんだ無限の富を追求する冒険行為を必要とする。そのためきわめて危険で不安定であるが、その需給のアンバランスを利用して法外な利益をあげることができる。たしかにこれら商業は強大な中央集権をバックにはしていたが、一つの知恵と才覚・勇気が勝負する個人的性格を強くもっている。遠隔地への探索は、誰かれとなく力あるものの冒険心をそそり、征服欲をかきたてる。農業は依然としてこれの交易の安定した資源であったし、農業中心の神話や神への崇拝は依然根強かったにちがいない。

しかし欲望をむき出しの利潤追求の魔の手は、富を権力のしるしとみなし、これまでの誠実な神官・王侯たちや力あり才覚あるものたちの心に狂おしく巣食った。今や純朴な祈りの生活、全体的な農業協力体制がすっかりこわれて、黄金・宝石などへの個人所有欲が高められ、中央集権体制が内部から崩壊しはじめた。それは、突如として全体をまったく無視して異常にしかもエゴイスティックに自分勝手に増殖をはじめ、全体のバランスをすっかりくずしてしまう癌細胞にも似ていた。物欲は各個人を全体からひきはなし、ところどころで異常増殖をはじめた。このようにして、さしも安定した神権政治を維持したシュメール王国も、エジプト古王国も、神官・監督組織の物欲から不正行為が頻発した。物欲のとりこになった彼らは一変して多くの良民たちから重税をとりたてて圧迫したため、各地で不正の横行が目にあまるようになった。その弱体化した体制はかえって外敵の侵攻にも一層の拍車をかけた。堅実な良民である農耕者たちをただ搾取の収奪要因とみなすような組織は、どんなに一時は強大・絶大を誇っても、きわめてもろく崩壊するということを多くの歴史は教えてきた。オリエントの多くの国々がそうであったし、ローマ大帝国の歴史もこの事実を示してくれるであろう。

しかしそれはとにかくとして、商業的性格は、中央集権的土地という安定した農業基盤から離れることによって、この思考形式も呪術・神話の性格を離れ、通約可能な利潤・貨幣経済観念を招き、そこに合理的思考を生み、全体から離れて抽象されていく個人という考えが植えつけられてきた。これまでの全体の融合状態の生が各個バラバラに分割されてくる。全体生命そのものに合一していた神話要因がくずれ、個人的傾向が強まるのである。しかしこの個体という人間そのものの精神は、これによってより強く把握され、全体の宗教が個々人の魂を救う宗教へと変貌していく傾向が強められる。目覚めた個人の精神が全体の生命からあまりにも離れた自分をそこに見出すとき、そこに個として自覚した精神の苦闘がはじまり、その悩みの救済を求める動きが深刻におこるにつれて、人間精神の土塊はさらに深く耕されていくのである。

ふりかえってみると、氷河時代はたしかに素朴であったといえよう。一つその死者の埋葬を考えてみても、死後の生活が決して超越的なものではなかった。冷たい体を温めるために炉辺に葬ったり、赤い土をふりかけて生気を当てたりした。人間の生死に関してのきびしい分裂はまだおきていなかった。このような氷河時代の単純性がこわれてきびしい分裂意識が生じた。生と死、正と不正の分裂意識、富者・貧者の社会分裂などに寸断されると、この氷河時代への思いがつのり、生命本来の自然な安らかな世界への没入にあこがれるようになる。自覚した個人の精神は、かつての融合した素朴な人間社会を理想化し、楽園としてあこがれるようになる。これはつぎの節でみるギリシアの詩人ヘシオドスにもはっきりあらわれた思想である。すでに分裂を知ったものは、それが全体社会のであれ個人のであれ、いずれにしても生命本然への結合をはたそうとする。宗教によってであれ、その他の知恵によってであれ。

宗教も哲学も科学も、結局は人間の原生命への帰一を求める知恵の様相である、とはすでに序説でのべたとおりであるが、これは古代・中世・近代にも一貫してみられる知恵であるし、現代をちょっと覗いてみてもそれははっきりしてくるのではないかと思う。現代哲学の知とか理性とかの偏重を矯正して、本来の直観を基盤とする論理を展開するフッサールの現象学の動きもその一環である。生命の深層・人間存在の深層を新しい形而上学の立場からつきとめていこうとする種々の現代哲学思潮も、神話的思惟とか無意識の精神活動とか深層心理への洞察へと向かってきている。人間の思惟形式をただ氷山の一角とか、ただ噴火山の一形成として、その底に隠れている膨大な生きた社会の実態、活々として潜在エネルギーとして燃えている生命への洞察を、社会学的に唯物弁証法的にみていこうとする動きもみられる。これらはすべて一連の活動であると考えられる。自然科学の一環として、先史時代への研究がオリエント古代発掘から次々と熱心な作業がすすめられているのも、人間存在の起源をさぐる熱望の一つであろう。新しい変革社会における神の不在、宗教の衰微がうんぬんされるが、これは一にかかってこの変動期に安住できる新しい神の不在である。まだこの神は隠れて存在するにほかならないであろう。社会主義運動によってめざされている理想人間社会、愛の共同体社会の建設も、よく古代社会を源泉としてそのプランがたてられているが、新しい包括的な神話はまだ残念ながら隠されたままになっており、今はまだ創造への陣痛期にあると考えられるのではなかろうか。

第二節　ギリシア人の進出とホメロス、ヘシオドスの英雄時代前後

古代ギリシアの二大詩人であるホメロスとヘシオドスは、オリュンポスの神々の神話がなまなましく

生きていた時代に生活し、それをうたった。しかしそれによって彼らは決して夢物語を語ったのではない。かえって前の時代と自分たちの生活する現実の世界を背景として、それらの社会情勢をうたっているのである。ホメロスは主として英雄時代をうたった。これはおそらくシュリーマンたちのトロイアその他の発掘によって明るみに出された世界（ホメロスの生きた前の十五・六・七世紀のギリシア青銅器時代）を背景にしている。ヘシオドスは主として、自分の生活した苦労多い現実の社会（鉄器時代、前七・八世紀ごろ）に立ち、それとともに、今はかえって美しい過去となった時代をいっそうなつかしみながら、それを黄金時代としてうたった。

ヘシオドスは、例えば彼の生きていた時代を次のように悪い時代だとうたった。

彼らは互いに戦いで町を略奪しあっている。
真実を誓ったものや、正しく善良なものが一つとして尊重されない。
悪業を行うものや暴漢がずっと高い尊敬を受けている。
腕力が支配し、畏敬とか羞恥心は
存在しない。悪人はいつわりの言葉で
気高い人をきずつけ、誓言でもってそれをうらづける。

（『労働と日々』一八九～一九四）

と。彼は、悲惨な悪意に満ちた鉄の時代に転落してきたという意識と自覚・反省の上にたって、黄金時代を夢み、それにますますあこがれた。弱肉強食あらわな鉄器時代を一種の楽園喪失としてとらえ、はるかにひきはなされた対極の楽園をこの上なく美しいものとして回想するのである。

かくして彼らは神々のように暮らしていた。心に憂いというものなく、
骨折りの仕事の悩み悲しみからもときはなたれて。
老いの悩みもなかった。手や足の萎えることもなく、
宴を楽しみ、禍にも煩わされなかった。
野は家畜に満ち、神々は愛してくれた。
死は眠りと同じだった。すべての宝がさずけられた。
豊かな大地は惜しみなく限りなく木の実を結んだ。

（一一二〜一一八）

と。また同じ詩の中でヘシオドスは、人間に五つの時代（金、銀、銅、英雄、鉄の時代）があることを告げ、人間は堕落の道をたどっているが、金、銀、銅と下降してきた人間が、銅の次に一時輝かしい英雄時代を迎えたのだ、と語る。この時代の人間は銅の時代人たちよりすぐれた半神たちであったが、むごい戦いが彼らを滅ぼしてしまったのだ、と嘆《なげ》く。このヘシオドスによって嘆かれた英雄時代こそ、まぎれも

なくホメロスがうたう『イリアス』と『オデュッセイア』の時代、ギリシア本土軍のトロイア攻めの青銅器時代と考えられる。

この当時がどうであったかということは、考古学などのすばらしい成果によって以前よりずっとよくその史実が解明された。それによると、前一二〇〇年ごろに、ギリシア本土ばかりでなく、エジプト、メソポタミア、地中海地域、クレタから小アジアなど相当広い地域にわたって大動乱を迎えたという。この地域には大火による根絶的破壊のあとをとどめる深い地層が各地にあることが、発掘の結果はっきりした。この前後の時代は、メソポタミア、エジプト、クレタ、ミュケナイとつづく王宮・王権時代が、北から騎馬・鉄器使用民族によって重大な脅威を受けたり、破壊的打撃を受けたときである。

北からの民族大移動は前二〇〇〇年前後から目立ちはじめていた。これはギリシア本土に小アジア地方に、さらにインドにと都市破壊の旋風をまきおこした。これは、一連のインド・ヨーロッパ系諸部族（アーリア人）の南下であったと考えられる。彼らはバビロニア人によってもエジプト人によっても、その平和な農耕生活を打ち破る侵略の異民族として恐れられていた。彼らは白色碧眼の北方人種、アーリア人である。彼らはすでに

オルヴィエト出土の前6世紀のアッティカの壺。鉄には溶融点の高いという難点があったが、これが克服されると、貨幣、武器、農具をはじめとする、あらゆる道具や器具が安価に製造された。

鉄の製錬を知り、ウマをしたがえて精悍《せいかん》な民族としてあらわれた。戦闘部隊の強い気性がそれをよくあらわしている。彼らは指揮者を中心とした家父長制の規律ある小集団を組んでいた。各グループは独立の気概が強く、その性質は陽性で吟唱を好んだ。文字はまだもっていなかったが、彼らは生活を楽しませる宴の席をはっては武勇を語り草にした。それは詩の形をとって部族民たちの胸に共有のものとして残ったといわれる。この部族が、鉄とウマで武装をかため、太陽と文化の豊かな肥沃な土地を求めて南下してきたのである。ギリシア、イタリア、スペインへと順次に。またようやく温暖になった暖流の洗うイギリスやフランス、ドイツの北部地域まで駒をすすめた。彼らは征服民族としてそれらの各地に侵入したばかりではない。文化的にもそれを受けいれるすぐれた素質をもち、数々の美しい文化をもつ先住民族に同化もしたし混血もした。

バビロニア、エジプトなどの大王国は、これらの民族の戦車突撃の前になすすべもなく一時は屈服したといわれる。大王国の内部崩壊も手伝って、かつての大国はまったく不安定な時代を迎えなければならなかった。しかし一連の動乱が何とかおさまった後は、また再び文化の興隆期を迎えたといわれる。それらの文化はきわめて流動的になり他に伝播して、クレタやミュケナイの文化興隆のきっかけをつくった。ミュケナイでは、貿易は拡大し、組織化された王権体制は、集約的な交易手段によって各種金属・鉱石・宝石その他戦略・非戦略物資等々の流通を盛んにした。

この交易は北ドイツ、イングランドにまで拡大した。すでにホメロスにも北ドイツのコハクは珍重・霊妙の石としてうたわれた（『オデュッセイア』一五巻、四六〇～四六四）。これとの交換ではじめて青銅がつたえられたといわれている。このようにして前一五〇〇年前後には北ドイツ地域にも青銅器文化が広がった。いずれにしてもこれらの経済は、王宮組織を中心として行われたのである。そして黄金などの金属財宝は、王権のシンボルとしても、メソポタミア時代から東方神権政治の色彩をおびる王権政治を飾るものの一環であった。

ところでこれらミュケナイ文化をつくった部族はどういう部族であったのだろうか。一九五一年以後のミュケナイ古墳の発掘によって明るみに出された人骨に関して、ミュケナイを支配した部族は一・七〇～一・八五メートルの長身などから推して、どうもこれはインド・ヨーロッパ系であると考えられるに至った。またその古墳は前十六世紀の、やはり北方からの移住者たちのものといわれた。この部族は線文字Aから導き出された線文字Bを使っており、非インド・ヨーロッパ系の線文字Aとは系統を異にしたものとされた。そしてこの線文字Bの解読に成功すると、この時代の状態が以前とはくらべものにならぬほど鮮明にかすみの中から浮き彫りにされた。しかし線文字Bは前十五世紀のものと考えられ、これらの文字はそれより約六〇〇年後（前九世紀ごろ）にあらわれたアルファベット文字にくらべると、はるかに難しく、とても民衆のものとなるような性格のものではなかった。アルファベット文字とは、いうまでもなく民主的ギリシア人たち（ミュケナイ王権時代を破壊したギリシア人たち）がフェニキア人たちから学び取った文字のことである。

文字は、ミュケナイにおいても、王宮組織の中では特に神秘的ヴェールにつつまれているものであった。これは非常に難解なものであり、したがって特別専門化された書記階級の専有物でしかなかった、といわれる。しかし巨大化する王宮経済の記載その他の記録に果たす文字の役割は、非常に重要であった。文字の数は、中国におけるように増加せず、だんだん減少していった（約二〇〇〇から八〇〇～六〇〇へというように）とはいえ、まだまだ多いものだった。だから文字の革命児アルファベットにくらべると、まだはるかに非民主的であり民衆のものとはなりえなかった。依然としてその難解さは難解なるがゆえに権威をもち、専制的王宮組織のシンボルであったといえる。だからごく簡単な二十数個の表音文字による組み合わせの発見は、これまでの文字の神秘性をまったく剥奪したと同時に、王宮組織そのものをも脅かすものであったといえよう。

しかし、鉄器で武装されたたくましい自主独立の多角化新勢力が爆発的に押しこんでくるまでは、さきほどものべたようにギリシア本土は依然としてミュケナイ体制にあった。ミュケナイ文化は前十六世紀前半から約五〇〇年ほどつづいた文化である。クレタ文化の影響を強く受けているが、その文字も線文字Bのようにインド・ヨーロッパ語を何とか文字化したものである。すなわち、新興ミュケナイ王制のインド・ヨーロッパ系の話し言葉を、この王宮にやとわれたクレタ人の書記たちが線文字Aを変形してつくったものにほかならず、と考えられている。ミュケナイ王宮組織に組み入れられた先進クレタ文化は、いろんなミュケナイ文書を通してみることができる。が何といっても、民族性とか言語や思考形式の上からみても、ミュケナイ人たちは非クレタ、非メソポタミア、非エジプト的であったといえる。ただその王宮経済組織文化において、クレタ、メソポタミア、エジプトなどの強い影響を受けていたのだと考えるべきである。

しかしミュケナイの建築様式（いわゆる「メガロン様式」）にいたっては、クレタのものとははっきりちがっている。その他の土器についても、いろいろの基本的な相違点をみることができる。さきにものべたように、前二〇〇〇年以後に北からの大きな民族移動がおこり、インドもまきこむ異常な嵐に吹きまくられたというが、ミュケナイ文化をつくった部族たちも実はおそらくこの北からの勢力であったにちがいない。この旋風のような南下とほぼ時を同じくして、ギリシアの中・南部地方には新しい土器があらわれた。またかなり大きな火災による破壊行為のあとが地層にあらわれている。これらのことは、また小アジアの遺跡にも種々みられるし、土器はホメロスがその叙事詩の大舞台としたトロイアのものとも共通している。これらのことからこれら広い地域は、断続的に動乱の共通の舞台となっていることがわかる。すでに中近東アジアには、前一九〇〇年ごろからインド・ヨーロッパ系の強力なヒッタイト族が新勢力としてあらわれ、エジプト、バビロニアの旧勢力に脅威を与えていた。しかしこの動乱を通じて、メソポタミアのすぐれたシュメール神権政治組織の文化遺産は、依然としていろんな形で征服民族に影響を与えたし、継承されていった。文化的にはずっとすぐれていたから、征服民族たちを逆に精神的には征服したのであろう。

ギリシアに侵攻した勢力も、最初ミュケナイ文化にもみられるように、その王宮経済組織に強い東方の影響があった。しかしその後このミュケナイを征服した後続のドーリア人勢力は、帝王主権的組織を徹底破壊し、複数合議的あるいは民主的革命期へのきっかけをもたらしたことは注目される。そしてこのような破壊のあとに生まれた新勢力こそ、前七〇〇年以後の基も重要な古典期ギリシア文化をつくりあげる原動力となったものである。そして数千年にわたったメソポタミア・エジプト的中央集権絶対王政に決定的に対立する勢力となり、その後のヨーロッパ文化をリードすることになったものである。この勢力のいわばギリシアでの地ならしをしたものとして、ミュケナイ民族の歴史的な意義を大きく評価できると思う。

ホメロスがうたった英雄時代は歴史的にはこのミュケナイ時代であったと考えられる。しかし実際にはミュケナイ勢力も凋落期に向かい、恐ろしい変革の時代を迎えていた。シュリーマンが発掘したトロイアの遺跡は、神々とともに生きた英雄時代を燦然たる黄金などの装飾品発掘とともに、活々とわれわれの前にあらわれた。彼の掘り当てたホメロス遺跡はトロヤ第二都市であった。しかしその後の調査研究から明らかになったところでは、トロイア第Ⅰ層から第Ⅷ層まである遺跡のうち、『イリアス』のトロイア戦争の舞台となったものはおそらく割合貧弱な第Ⅶ層都市であり、その下に埋まっていた壮大・華麗な第Ⅵ層ではなかった。しかしその第Ⅵ層時代の記憶が第Ⅶ層（前一五〇〇年以後）へと投影されたのではないかといわれている。

系統を同じくするこれら小アジアからギリシア本土にわたって散在した戦闘的王族たちは、それぞれ平地を見下ろす地点に王城を築き、その支配権をほしいままにしていた。また新しい土地を求める植民活動もそれぞれに活発であったが、中でもトロイアは、黒海沿岸の実り豊かな黒土の穀倉地帯をひかえ、眼下の海峡を見張り、税をとりたてるというきわめて重要な地位にあった。こんなふうで当時の王宮組織は大なり小なり貿易と海上略奪と植民などによってその富を築きあげていたのである。しかしこれらの富は、多く生産的なものではなく、略奪物であったので、それだけその経済基盤も弱く、栄華の交代も激しかったといえるのである。

　ところでまたホメロスの生きていた時代は、彼がうたう前時代の青銅と黄金とコハクなどのつややかな光に照り映える宮殿などとてない、ただその時代の幻影をなつかしむだけの時代であったといえるかもしれない。ヘシオドスの時代よりかなりふるいといっても、相当に暗い時代であったと思われる。しかしそれだけに前時代はキラキラとまぶしく映ったことであろう。そういう光輝ある時代とは前にもいったように多分に理想化されたミュケナイ時代であった。トロイアでも、その燦然たる王宮が次々と破壊の上に築城されていった時代であった。天変地災（地震など）による破壊であれ、城攻めの破壊であれ、いずれにしてもこの当時の王宮組織は、その経済力が王宮を中心として統一され、巨利を一手に引き受けることができた時代だったのである。

　青銅時代のギリシア人たちが、どんな理由で大同団結してはるばる海を渡り、トロイアに攻め入り、ここで十年にもわたる死闘をくりかえしたのか。こういうことの正確な原因は、（シュリーマンのトロイア、ミュケナイ遺跡の発掘やアーサー・ジョン・エヴァンズのクレタ遺跡の発掘などによって、ホメロス伝承の事実根拠が、いろいろ確証されているとはいっても）依然としてはっきりしないものがある。がとにかく、これだけ多くのギリシア人たちが共通の敵にほぼ利害を同じくして団結しえたことには、大きな意味があった。そしてあとのホメロスの詩が全ギリシアの共通財産となったように、他のアーリア人と同じく、吟唱詩家たちのギリシア共同社会連結に果たした意味は大きかった。ホメロスという依然として謎に包まれた吟唱詩人が輩出するには、それなりの幅広い地盤がなければならない。一朝一夕にこのような詩人（詩人群？）がうまれるわけもないし、『イリアス』・『オデュッセイア』という二大長篇の叙事詩（エポス）がうまれるわけもないからである。これら叙事詩を読むならば、当時のギリシア人たちは青銅族であって、まだポリス生活をしていたとは思えない。彼らは、個々別々の領主のもとに、かなり独立意欲の強い各集団生活をしていたが、勇気その他の徳義の点で共通の理想をもっていたことが注目される。

本土のギリシア人たちはお互い同士盛んに争いあったが、自分たちが共通の起源から分れたものであるという強い共同意識をもっていた。共通の敵に対しては初期の彼らは容易に団結できたのである。共通の神話の中に生きてきた彼らは、共通の祭典・音楽・運動競技をもっていた。オリンピア競技では、オリュンポス神たちの前で、神々の庇護を受ける者たちが、競技により美しい勇ましい人間の力を競い合い披露しあった。こうして神々の心を喜ばせ、またこのような競い合いにより、部族の中で勇者、指導者の指導性を実証した。それは、武芸の一つ、平和な武勇演技であった。これは最初はミュケナイ人のものであったといわれるが、この競技そのもののはじめの公式な記録は、前七七六年とされている。その後、四年目ごとに開く競技年を「オリンピア記」（オリンピアド）として年号をはかるしるしとした。この競技はその名にちなんだペロポネソス半島西中央部のオリュンピア町で行われた。これはもちろん、オリュンポス山に住み給う主神ゼウスをまつる町であり、競技はこの神を主神とするオリュンポスの神々にささげられた。

ホメロスの主たる対象は、前時代の青銅族たち、中でもオリュンポスの神々とほとんど直接に交わる英雄たちであり、それだけに一般大衆の影はうすかった。トロイアの戦場で武将と武将の一騎打ちを眺める味方・敵方の一般兵士たちの光景からも、その事情はうかがえる。ホメロスが語るギリシア本土には、ミュケナイばかりでなくテュリンス、ピュロスなどにそれぞれ立派な宮殿をもつ「バシレウス」（一国の主権者）たちがいた。これは古い時代の「王」を指す「アナックス」とちがい、一つの多角的勢力であったと考えられる。ここに旧時代と新時代の交錯がみられるのである。アナックスは神を指すか、また総大将的な存在（ホメロスではギリシア本土方のアガメムノン）であった。

が、それはともあれ、アガメムノンも含めてこれら王族・貴族たちは、田舎に大きな所領をもち、統括中心地には立派な館をかまえて生活していた。地所と家畜と奴隷、さらに金銀財宝などをもち、かなり豪勢な暮らしをすることができた。しかもこれらの経済的豊かさの源は、さきにものべたように巨利を博することのできる貿易と略奪行為がなんといっても顕著であった。奪ったのは品物ばかりではない。奪った男奴隷は大いに働かせたし、若い女奴隷はもちろん主人の夜のなぐさみともした。

この当時の道徳は強者の道徳であり、ホメロスのうたう叙事詩中の英雄たちのなまの姿は、オリュンポス神たちも同様、このような強者の略奪経済の痕跡を色濃くとどめている。この点がホメロス以後いくばくもなくしておこった人間性の自覚期に当たり、それに目覚めた人びとのひんしゅくをかうみだらな道徳として批判されるものであった。

ところで、蔵には黄金と青銅が積まれ、酒倉にはかぐわしい香りのブドウ酒が豊かに貯えられ、古い甘い酒の大がめの中に混じり気のない神酒をたたえている、とうたい、牛の群れ、羊の群れ、豚や山羊の群れを飼いならす武将オデュッセウスの財産をいろいろ数えあげ、青銅時代の英雄の豪勢ぶりを披露するけれども、ホメロスの詩をよく読んでみると、そこにはかなりの錯綜と断層があることに気づくであろう。輝かしい神・英雄の青銅時代に見はてぬ夢を託すホメロスの中に、ごく少々ではあるが鉄器の語られているのを見出すのである。斧、鎌、矢じり、戦車の車軸などにつかわれる鉄はホメロスの語る英雄時代（ミュケナイ期）のものではなく、その文明の滅亡のあとに出てくるものではないか。そればかりでない。ミュケナイ時代の東方的影響の強い王宮組織下ではとても考えられないような自由な雰囲気が、各所にうかがわれるのである。一般の声をきく権力者の性格はミュケナイのものではなく、この崩壊後のポリス共和的共同社会の性格を強くにおわせている。しかし、このポリス市民意識をもつ非専制・非王権の社会が、どのようにどんな理由でギリシア本土やその植民市にうまれたか、そして自由独立の気風が古典ギリシア時代を形成していったかなどの問題は次にあつかう課題である。

ところでオリュンポスの神々の中においてゼウス大神は絶対的権力者ではなく、弟分の海の支配者・ポセイドンは十分にゼウスにたてついているし、ゼウス大神の族長的存在も、旧い勢力と新しい勢力の調整にはまったく手こずっているあとがうかがわれる。それに、これらの神々もすべて（ゼウスも含めて）必然的「モイラ」（運命）の命令には従わねばならないという発想法も、知的醗酵を醸成した哲学・科学の夜明け時代を形成する重要な要素であっただけに見逃してはならないと思う。ホメロスは、ヘシオドスのように自分の生きていたミュケナイ文化崩壊後の社会生活を暗黒化することはなかったとしても、彼の描く壮麗な英雄時代は、一つのユートピアを求める思いにつながってはいないだろうか。神々とともに善美なる人間生活を憧憬する気持ちを十分にうかがうことができはしないか。

ホメロスとちがいヘシオドスの心性は、もっとはるかに現実的に、しかもその反面ますます非現実的に楽園生活を思い焦がれている。彼は声を限りに現状の暗澹たる生活を忌み憎むのである。両者ともその思いは現実世界からのがれ過去に遊ぶ性格をもっているが、われわれとしては、彼らとは対照的に、当時のギリシア社会の破壊と混乱と、その廃墟からめざましく誕生してくる新社会の秩序形成の方に大きな関心を向けなければならないのである。

第三節　イオニアの夜明けとミレトス自由都市国家

―哲学・科学的精神の噴出―

銅器や青銅器の石器に対する優位によって青銅器使用族が出現した。この少量で高価な金属はそれを利用できる少数の支配、すなわち王族支配を可能にしたといえる。しかし鉄という強い金属があらわれ、それがまた冶金技術の発達で比較的安く手に入れることができるようになって、多角的な新勢力がおこる情勢がつくられた。これら感覚の新しい人たちは、これまでの少数の貴族・王族支配にはっきり対立する勢力として、安価な鉄をいちはやく武器として使い、旧態依然の青銅王権の座をゆるがした。

このように下から突きあげる勢力が既成のものを破壊していく下剋上的な動乱の時代が、ギリシア本土にやってきたのである。古い土地貴族が次々と崩れていった。そして新しい技術、新しい産業、商業資本と結んだ勢力（僭主勢力）が、自主独立の気概をもってあらわれてきた。ここには力による自由があり、各自の強い自覚があり、多数者の政治、民主体制が自然と助長された。ときの新しい僭主たちは新興都市の市民たちに迎合した。利害の関係を大体同じくするものたちは、集まってそれぞれにグループをつくりはじめた。

そして多数派の新勢力は、新しいやり方で生産をのばし商業をし富を獲得し、自分たちの生活を守る市（ポリス）を、東は小アジア各地に、西はマグナ・グラエキア地方（イタリア南部、シチリア島など）にどんどん植民建設した。そしてそれぞれの市民たちは、たえまない戦いに対して、町ぐるみが軍隊となって外敵にあたったり、大挙して他の土地に移住したりした。彼らは、はげしい戦いや混乱ののちに、妥協することを覚え、連合、離反をくりかえす、きわめて「政策的・政治的」（ポリティック↑ポリティコス↑ポリス）な人間に成長したのである。

以上のことは、過去の絶対王制の因襲にとらわれない比較的自由なギリシア人たちの間で、特に効果をあげたのである。これは、ギリシアという自然環境とその中でゆっくり形づくられていく社会構造に原因するところが多い。もちろん鉄器という安くてしかも非常に有用な、破壊力も抜群という道具を用いることができたという点も忘れてはならない。これらの鉄器を使用する北からの侵入部族によって、青銅文化のミュケナイ王国体制が徹底的に破壊されたことは、さきにも触れたとおりである。この侵入者はたくましいポリス都市国家市民の自主独立の共和体制をしく諸部族だった。

それ以前にギリシア本土にミュケナイ文化をつくりあげたのは、以上のポリス国家をつくりあげた種族と民族的には同じインド・ヨーロッパ系であったにちがいないが、ミュケナイ人が範とした王宮体制は、青銅文化をつくりあげたメソポタミアやエジプトやクレタの先進中央集権の一頭体制であった。しかしこれはギリシアの自然には異質的なものだったので、結局この地特有の創造的な文化の直接の母胎とはなりえなかったのである。もともとメソポタミア、エジプトの文明は大河を擁する大農業国家のものであり、洪水という自然の猛威さえ静める知恵さえあれば、その広い沃野は驚くような農業生産をあげることができる穀倉地帯だった。ギリシアの歴史家ヘロドトスを驚かせたバビロニア地方の土地の収穫高は、実にはかり知れないものがあった。強力な中央集権をもって灌漑工事に精出すならば、一粒の小麦・大麦が二〇〇粒、三〇〇粒にもなってみのるというほどに豊かだったのである。これは神の知恵にあずかれるもののすばらしい報いであった。しかもこれは大がかりな集中労働によってやっと獲得できる天与の収穫であり、うるおいであった。当時この農業生産を集約化できる神官または帝王は、神権をさずかったものとして、代表して神殿を構築し、自然のめぐみをこの神殿にささげることによって神権政治をとりしきることができた。しかしギリシアにおいてはその農耕生活、自然環境がまったくちがっていたのである。

ギリシア本土に侵入した部族たちは、多くははじめは遊牧民、のち農耕生活に馴化した部族制的共同組織であって、ずっとのちに（紀元後四～五世紀）大移動を開始したインド・ヨーロッパ系のゲルマン民族と、ほぼ同じような家父長制の団体をつくっていた。しかもこれらの団体は、オリエントの専制国家体制のように、決して巨大な官僚と専門戦闘兵団を擁することはなかった。彼らは、それぞれの限られた土地・畜群を守りながら、一部族共通の危急存亡をみんなが協力して守りぬくという、きわめて全人間的能力を必要とする集団であった。

オリエント世界におけるように、都市文明の徹底した分業体制が、人間をそれぞれ各分業に寸断することもなかった。一人の者が直接に政治家となり農民・軍人・職人にもなりうる全人間的能力が要求されたのである。もちろん、これらの部族も順次に分業化の道をたどる。けれども、オリエントにみられるよりははるかに平等の協力社会であった。これは専制王族を育てあげやすい環境ではなかった。このような部族の共同体が、各個にギリシアという地形の上に、それぞれ分散して配置させられたのである。これらの各個集団は、厳密には成年男子を真のポリス構成員とするこじんまりした集団（女、子供、奴隷その他在留外国人を含む）だった。そして原則として守護神の神殿を中心とし、聖なる火のかまどを共有したが、各成員は独立してそれぞれ比較的自由に自分の才覚に応じて私有地を広げ、生産をあげることができた。農業の生産をあげるためには、各自の努力にまかせ、作付け、作物への配慮をかかすことなく個別生産を高めさせ、自由裁量を喚起するのが、一番よい方法であることを彼らはよく知っていた。例えば農業用水を雨水にたより泉の水にたよっていたこの乏しいギリシア本土では、これをいかにして確保し、人工溝を通して耕作地をうるおすようにするかは、大きな集団ではなく各家族・村落別に配慮することで十分であった。大集団的労働であるには、ギリシアの土地は、各個別家族・村落にとってあまりに小さすぎたのである。

しかもこの体制が軌道にのってくると、専制支配を受けることを一層嫌う自由な風潮が主流をしめた。もともとこの自由の風潮は、その政治体制に時により所によって、貴族・寡頭・僭主・民主の種々の相を生じさせはした。しかしこれら種々の相がギリシアの小さな土地に共存すること自体、この国土の自由を象徴するものにほかならなかった。しかもさきにものべたように多くの新興ポリスでは、僭主制という世襲王制でない自由才覚政治・産業振興政治が大きな効果をあげえた。どんぐりの背くらべのような各成員またはポリスの間には、混乱期の試練をへただけに特に秩序が尊ばれた。秩序を重んじたといっても、それは決して無理に強制されたものではなく、自分の生存はポリスの存続にかかっており、小さなギリシア本土の各ポリスの存続も、その協調にかかっているかぎり、そこからおのずからくる生き方の知恵であった。

共同意識の高まったところがさかえた。またこのようにしてホメロス、ヘシオドスの詩にもあるように、各部族団の守護神はオリュンポス神という血縁の関係で結ばれていった。それがギリシア全体の共同意識になって時に応じてふるい立ったということは史実が証明してくれる。もっとも新鮮に若々しく力強く発揚されたのは、まさにのぼり坂にあった若年ギリシアがペルシアの大専制国家という敵の脅威・攻撃を意識したときであった。しかし普通は、各部族団はその単位なりに、自由に自主独立の自活を信条として、自給自足の経済体制をたて前としていた。もともと土地の肥えていないギリシアのことであり、海に向かって開かれたこの土地状況からも、貿易経済による度合いが毎年増大していったことは事実である。ギリシア人の勢力の伸びに平行した人口増加は、旺盛な植民政策にたよる以外解決の方法はなかったのである。

ギリシア人たちの海外遠征の一端はホメロスもつたえているが、とにかく波静かな多島の地中海は、自由なのびやかな気風を強くギリシア人たちに与えていた。それに、やせた本土では十分多くのギリシア人が生活していけなかった。新天地におもむく者たちには（近世でいえば、イギリス、フランスから新しくアメリカへ渡っていった人々のように）、古い土地にありがちな因襲もなく、自由に彼らの腕一つ知恵一つで栄えることができた。こういうわけで自由な自主独立の気風は、ギリシア本土でよりずっと多く養われた。彼らはそこに、自由の腕をあげ、知恵で勝負する場所を求めた。

異郷で生きのびていくには、当然処世の術が必要である。現にいま残っているいわゆる「ギリシアの七賢人たち」の言葉をみて、素朴に堅実に彼らの処世の知恵をうたっているものが多い。例えば「決して度をすごしてはいけない」というように。しかし何はともあれ、彼らは自分たち自身で見たり聞いたりしたことを特に重んじたのである。そして多くの異国人と交わったことから、知恵ある彼らはいろいろのちがった風習とか言葉、考え方に接し、ものを見る眼が自由にしかも批判的になっていった。いろいろの難点に直面するごとに、知恵を試されつづけた彼らは、また人一倍「知恵を愛した」（φιλοσοφεῖν ピロソペインした）のである。

歴史家ヘロドトス（BC. c.484-425）もいうように、ギリシアの知恵者たちは何よりも旅を愛し、いろいろのことをみききして見聞をひろめた。その意味で、彼らは「知恵を愛するもの者」（愛智家、哲学者、φιλόσοφος ピロソポス、英語 philosopher）であった。イオニア植民地において活躍したギリシア人たちも

南イタリア

イオニア地方

哲学者とその出身地

同様で、彼らは母国と他国との接点にあってますます見聞をひろめることができた。栄枯盛衰のはげしい世の中において幸せである者とはいかなる人びとであるか。彼らこそ独立独歩を信条として生きてきた人びとであり、何ものにもとらわれない眼をもって世界を見、自分たちの周囲に山積する知識の山を見、神を見る人たちであった。ヘロドトス自身、旅をこの上なく愛し、驚くべきものをたくさんみききして自由な知恵者の一人となった体験者であった。この時代が驚嘆すべき知的エネルギーの爆破期にあったし、また新しい若々しい精神は、そのいかんともすることのできない知恵のエネルギー爆発によって、過去の因襲を破る自由、革新、高揚を求めていた。

前五〜六世紀という時代は、それ以前の千年あまりからおこりつつあったはげしい社会の変革が、原生命というか原精神というものにまで深く浸透して、その存在の根底を大きく揺るがし、躍動へと駆り立てた時代であったといえる。思想、思索の歴史の上で、この上なく広範なしかも強い噴出期に当っていた。洋の東西をとわず、この地球上に突如としてはげしい思想の発酵がおこった時代であった。これはさきほどものべたように、長い準備の地下のエネルギー蓄積があってのことである。

しかし一地方でおこった爆発ははげしい連鎖反応をおこすものである。農業革命、金属器革命、民族移動などは、前五〇〇〇年ごろからその都度ほとんど全地球陸地の四半分をその激動の渦中にまきこんでいた。もちろん、現代のように一国におこる出来事が、すぐに電波にのって地球の隅々にまでつたえられるような時代ではなかった。しかし、連鎖反応は、何十・何百年の間には広大な地域をスッポリと同じ革命へ投げ入れるものである。それが人間存在の根源に深く根ざすものであるならば、余計にそうである。

まさに、史実はそれを見事に証明している。前五・六・七・八世紀のこの思想の爆破期に、シナでは孔子、インドではシャカ、パレスチナでもすぐれた預言者たちが期せずして同じような知的、精神的高揚のエネルギーをもって活動した。しかもこの時代は鉄器革命の浸透期であった。そしてこの混乱期はヘシオドスが嫌悪するような憎むべき暗黒時代とそれにつづく時期であったかもしれない。しかしこの栄枯盛衰のはげしい時代をのりきっていくには、すぐれた知恵の光が何よりも大切なときであった。七賢人の知恵にシンボライズされるあの知恵である。

さきにあげたヘロドトスの『ヒストリアイ』(『歴史』第一巻、三〇)の中に、その当時栄えていたリディアの王様クロイソスが、彼の宮殿をたずねたアテナイの賢人ソロン(前六世紀後半活躍)に向かって、

アテナイの客人よ、あなたが知恵を愛する(ピロソペインする)気持ちから、いろいろと見聞するために多くの国を御通過になったというわさは、もうここまでひろがっています。知恵もすぐれていらっしゃるし、御旅行もお広いものですから。

といっているところがある。このクロイソスは、

だからこの世の中で一番幸せであるのは誰だと思いますか。

という質問をしたことになっている。彼の考えでは、おそらくソロンほどの見聞豊かな人ならばクロイソスの並びなき栄光を見て、もちろん、

クロイソスよ、あなたこそこの世で一番幸せものである。

というだろうと期待したにちがいない。しかし賢者ソロンは、そのクロイソスの意に反して、思いもよらない自由アテナイの勇敢なポリス人の名をあげたというのである。しかもこの当のクロイソスこそ、のちのペルシア帝国のキュロス王と戦うことになり、敗れて結局不幸になった人であった。このとき彼はギリシア人の植民都市に援軍を求めたが、ミレトスだけは賢者タレスの知恵で援軍を出さず、その共同災厄をまぬがれたという話がのこっている。クロイソスがキュロスに敗れ、リディアの都サルディスが陥落し（前五四六～五年）、他のギリシア植民都市群がペルシア帝国の属国になったときも、ミレトスはかろうじてしばらく自由独立を保ちえたといわれている。

栄枯盛衰の起伏の多いこの世の中にあって、人間の知恵は、非常に大きく運命を左右するきっかけをつくった。この変転の世にあってそれらに左右されずに自由であり幸福でありえたのは、強大な富でも権力でもなく、小さなポリスに生きるつつましい人間の知恵であったのである。幸福は、一にかかって人間の知恵、自由への勇気、度をすごさない心の持ち方・在り方にあったということを、ギリシアの知恵ははっきり教えているのである。この知恵の持ち主がさきのソロンであり、またタレス（前六世紀前半

活躍）であり、これらの人たちは等しく七賢人の中にその名を連ねている人びとであった。

自由であるためには知恵がいる。動乱のはてしない世の中にあって、きのうの栄光は今日の悲嘆の身の上になる。こういう運命の交錯するこの時代に、ギリシア人たちの信条ともいのちともいうべき自由・自主独立を維持することは、なかなか容易ではなかった。小アジアのギリシア植民都市は、東の帝国主義諸国の野望の毒牙から自らを何とか守りぬかねばならなかったが、本国ギリシアとくらべてそれは至難のわざであった。小さなポリスの都市国家が、それぞれに才覚を働かせてこの難局をきりぬけようとしたことは当然である。

技術革新の鉄器時代の、しかも商工業の盛んな交易文化の集中都市ともいえるミレトスも、その栄ある商業自由都市を守っていくには、人並みならぬそれだけの知恵・才覚が必要であった。母国と他国の接点にあるこの地方で、多くの土地を旅し多くの見聞・知識をもった人たちの間に、あらゆるものを支配する力としての知の発酵がおこったのもそれなりのわけがあった。とにかく、ミレトスにははげしい知の発酵がおこったのである。例えば、海流における暖流と寒流の合流地域に豊富に魚類が生息する例のように、新興の自由ギリシアと旧世界的東方（エジプトとメソポタミア）との接点にあった商業の中心都市、ミレトスに、知恵のエネルギーが最も多く蓄積されたといえようか。例えば、近世の新興国家オランダ、またその中心都市アムステルダムのように、自由精神、例えばデカルト、スピノザなど、ものにとらわれない自由な思索の英雄たちがあらわれたこと自体、歴史の不思議というにしては、何か必然的なわけがあったように思う。

鉄器の意味するものは、革新であり、動乱であり、はてしもない激変の世相でもある。多角的な勢力のひしめきあう鉄器時代、それはヘシオドスのうたうまことに嘆かわしい時代であったかもしれない。当時の階級闘争の例をあげてみても、それは、文字通り血で血を洗うなまぐさいものであった。繁栄都市であればあるほどに、そこに巣くう凶悪・残酷・悪徳は執拗であった。民衆が勝利をしめて貴族階級の妻や子供までも殺害したかと思うと、今度はまた貴族が勝利をしめて民衆たちの反乱者を火あぶりにして大量に殺すというようなことが相ついだのである。時はちょうど新勢力を告げる僭主政治のおこなわれた時代であった。

時流にのって民衆の不平不満をうまく利用し、さまざまの啓蒙をなしとげ、繁栄の町づくりをうまくやってのけたトラシュブロス（前六一〇年ごろのミレトスの支配者）は、いち早くこのミレトスに僭主として立ちあらわれた。七賢人の一人ピッタコスも、混乱していたレスボス島の主要都市であるミュティレネをうまく支配した僭主だった。ソロンも同じ七賢人の一人であり、危殆《きたい》に瀕していたアテナイを救った決断力のある政治家であったので、僭主になろうと思えばなりえた人であったが、彼はこの座を拒否したといわれる。僭主そのものの評価はいろいろあり、のちには「残忍な独裁者」という意味の悪い代名詞にさえなってしまったが、はじめは決してそんな意味はなかったはずである。ただ、その支配者の座を親からの相続によって得たのではない新型の支配者を指していた。それだけに因襲にとらわれず、新しい制度をどんどん採用できる自由が、この啓蒙的改革者にはあったのである。

ソロンが僭主の座を拒否したといっても、彼のやった大改造はまさに僭主的であったし、タレスだとて、この意味では当時の大いなる啓蒙期にあって知識・知恵の僭主的存在であったかもしれない。もちろん、僭主を非常にすぐれた啓蒙者として理解するならばの話であるが。僭主はあくまでも一種の支配者であり政治家であったとすれば、タレスもミレトスの政治にその人並みはずれた知恵をもって参画したはずだし、このことはさきのヘロドトスも『ヒストリアイ』の中で、

イオニアが没落する以前にも、フェニキア人の血統をひくミレトス人タレスの有益な提案がおこなわれたのであって、彼はイオニア人が一つの共同の政庁をもち、（テオスがイオニアの中心にあたるから）それをテオスにおき、その他の都市（ポリス）は今までどおりの地にありながら、あたかも区であるかのように考えるべきことをすすめたのである。

（第一巻、一七〇）

と語ったことなどから、そのごく一端を知ることができよう。

また当時の啓蒙僭主たちが技術プランをもって都市改造（例えば新鮮な水を運ぶ水道の建設工事など）をおこなったように、タレス自身も技術の面ですぐれた才能の片鱗をのぞかせている。『断片』（DK・一一A一）は次のようにつたえている。

タレス（N. Y, Pub. Lib）

タレスはクロイソスと同時代人であって、このクロイソスを助けて、ハリュス河の流れをわきに転じ、橋をかけずにそれをわたらせた。

と。また彼は、天文の知恵を利用しオリーブの豊作を予言して大儲けすることもできた、というエピソードの主でもあった。ただ同じ『断片』（DK・一一A一）がつたえる、

彼は政治活動のあとで自然の探究に従事した。

というくだりが、何を具体的にしかも正確に告げるものであるかは知る由もない。

しかしこの当時の技術革新、社会変動が激しい世の中であったからこそ、それだけ存在の真理の基底が深く掘り下げられたことから、すべての表層のものをそれとして成り立たせている基底というか原初のものというか、そういうものへの探究・開示が、タレスにあったと考えることができよう。種々の変化するものの基底にあって、それらを成り立たせている不変の元素への開示が彼におこったのであろうか。

農業革命による深い存在の亀裂から宗教のエネルギーが噴出したように、鉄器による公共的な大衆社会の構造変革の亀裂から、不変のより公共的・一般的な原理を純粋ひたむきに求める哲学・科学の知恵のエネルギーが、噴出してきたといえるかもしれない。ホメロスやヘシオドスがうたう神々は実際には

うつろいやすい神々であり、これは存在の最も深い永遠の純粋な神性に反するものである。噴出した哲学・科学精神は、こういう中途半端な古代神話の神々を過去の因襲にとらわれることなく自由に批判したのである。哲学・科学の知恵の本性はこの自由な批判精神にある。これが序説でものべた原生命の深みに隠れて住まう神の知恵を愛する哲学精神にほかならなかった。「知恵を愛する者たち」(φιλο・σοφοι ピロ・ソポイ)の系譜は以後イオニアの自然哲学者たち(タレス、アナクシマンドロス、アナクシメネスたち)にも一貫してつながっている。

ところですべてのものを成り立たせる原初のもの、必然的なもの、そのものは変わらずに変化の万物をつくる「もの」へと考えをすすめていく神的なロゴス(ロジック、論理)の道は、幾何学者でもあった科学思想家タレスをとらえてまったく離さなかった。いろいろな三角形のかたちをしたものから三角形一般というものを抽象し、それの一般性質を考えていく論理は、ピタゴラスでは非常に観念的なものにはしり、現実世界からずっと遊離してしまう危険をもっていた。

しかしタレスの思想は、どこまでも基体が「もの」としての性格を失っていなかった。精神的なものになりきらないで、「もの」が「もの」でありつづけたのである。そこに技術革新のより深い精神が息づいている。そこにはまた恒久性、一般性がつらぬかれている。より尊いとか、よりすぐれたとかのこの世的な序列はきわめて後退している。学問の性格そのものは、本来が一般民主性・公共性・公開性をもつものである。ここに自然科学がそれとして生きる真の場があり、人間の知恵としてのとらわれない性格がある。またすぐにワクにはめようとする人間社会の封鎖性を打ち破る革命的要素もある。

タレスが万物の元《もと》と語ったといわれる水（ὕδωρ ヒュドール）も、そんな性格を象徴的にもつものだったと思う。ホメロスは、万物がオケアノス（水の神）からうまれてきた、とうたう。エジプト人はまた一切の始原はヌン（水の神）であるという。バビロニア人たちもこの世界は母なるティアマット（大きな深み）から生じたという。こんな神話がそれぞれ因襲的な宗教のヴェールをかなぐり捨てるとき、そこには「水」というごく身近な一般的なものが捨象されてくる。反面、「水というもの」に神的な力が集約され、しかも不思議な物理的生命が新しい「力」として知的革新のシンボルとしてあらわれるのである。「青い鳥」のたとえではないが、真理はごく身近にあるのではないか。

はいり給え、ここにも神々がおられる。

というヘラクレイトスの言葉もそれを示唆している。旧時代の神の末裔といばってきた者たちも、またどんな下卑なものだって、水という神的なものからつくられているのであれば、すべてが神的であるということができるだろう。特定のものだけが神的であるのではない。

万物は神にみちている。

という言葉はこういう考えから生まれたのかもしれない。天文学（日蝕の予言者としてのタレスであるが、これはエジプトから得たもの）などに長けていたタレスの知見の中で、「水」を「万物のもと」といったこと（ある意味では最もたわいない考えともとれるだろう）が、それ以後の科学思想の発端となる名誉を担う発言になろうとは。これはまったく不思議と思われるかもしれない。しかし本来、真実とはきわめて単純なことであるのであろう。しかし何はともあれ、きわめて単純な命題・原理を起点として、まずは科学思考の記念すべき第一歩が踏み出されたのである。因襲的な動乱の渦中にまきこまれるような変化の諸物・諸相（多くの神々もこの中に含まれる）は、すべて「もの」の原理とはなりえない。原理とは、エジプトの神でもギリシアの神でもバビロニアの神でもない。原理とは特殊なものであってはならない。ある場所、ある時代の制約のあるものであってはならない。ものの原理となる「もの」、「水」が一たび宇宙の説明として語られるや、それは、当時の知恵ある哲学・科学的思考人たちに、「存在」の深みに思索をほしいままにするよう、知恵者たちに連鎖反応を呼びおこした。

アナクシマンドロス（BC. 610-547）はすでに、おそらくタレスのあとで、はげしくゆれ動く世相にふさわしい託宣をのべた。

もろもろの存在者にとって、その生成がそれらから来たるところのそれらへ、その消滅もまたそれぞれの負目によって到るのである。なぜならそれら存在者は時の指令に従ってま

アナクシマンドロス（Mus. Nat, Rom）

た相互にその不正の償いをなすものゆえに。
（DK・一二A九）

と。そしてもろもろの存在者の「もとのもの」は、これだとかあれだとかいうように限定できない「無限定なもの」（τὸ ἄπειρον ト・アペイロン）である、と考えた。これはタレスの考えを最も徹底させたものであろう。しかし、人間の知恵としてあまりに抽象的でありすぎることをきらった、おそらく民衆啓蒙家アナクシメネス（BC. 525†）は、どこまでも「もの」の具体的観念に立って、

われわれの魂が空気であって、われわれを統括しているように、気息、すなわち空気こそが世界全体を抱擁している。
（DK・一三B二）

とのべた。空気は、民間信仰の上でも、生命現象の原動力とも考えられ、生命の気息として一般に定着していたものと思われる。アナクシメネスはこういう民間信仰をふまえ、さらに技術革新時代の人としてふさわしく、空気の希薄化・濃縮化という力学的観察によって物性の原理を説明した。その報告は次の通りである。

アナクシメネスはアナクシマンドロスの仲間であったが、彼自身もこの人と同じように、基体として存する「原質」（φύσις ピュシス）を一にして無限である、と主張している。しかしこの人のように、それを「無限定なるもの」（ἀόριστον アオリストン）ではなくて、限定されたものだ、と主張している。というのはそれを空気だというのだから。この空気は、「存在」（οὐσία ウシア）によって希薄さと濃厚さの相異がある。そうしてこれは薄くなると火になるが、濃くなると風になり、それから雲になり、さらにもっと濃くなると水になり、その次に土、またその次に石になって、残りのものはこれらのものから生ずる。さて、この人もまた運動を永遠なりとし、これによって変化も生ずるとしている。

（DK・一三A五）

と。さらにまたこの永遠より存在する運動は、例えば、土である太陽がその高速度の運動のために土が非常に熱くなって燃焼するに至った結果のものである、と説明するあたり、彼の力学的な機械説明の中には、単に生気のない唯物論というより、生気あふれる技術時代の合理精神の透徹した存在論が光っていると思う。ここにはまやかしや想像の神話の世界からの雄々しい脱皮・脱却があり、一なる原理を求めて肉迫し人間精神の浄化を求めたクセノパネスの唯一神論と共通したものがある。ともに存在開示の深みへのひたむきな投入が、ここにあるのである。

この存在開示においては、宗教も哲学も科学も、その精神基盤をまったく同じくしているといえよう。人間精神というプリズムを通すならば、無色の光線がさまざまの美しい色の光に分れるように、本源の存在が宗教へ哲学へ科学へと分れていくことは序説でものべたとおりである。クセノパネスの唯一神論の見解も、タレスやアナクシメネスの唯一物活論見解も、相分れ相克しあうように見えるけれども、それは事物の現象面のみにとらわれた見方であると思う。これらには、共通して神的な必然のロゴスが息づいており、神性につらぬかれているからである。彼らが、ともに権力や富などから自由になり、まことに敬虔な立場から、それぞれある人間の使命感をもって発言し行為したことが注目されるのである。

第四節　クセノパネス、ピタゴラス、パルメニデス、エンペドクレスの知恵
―哲学・科学精神と宗教精神の接点―

ものを批判する精神は自由の精神から生まれる。その批判にはやはり一定の動かぬ基準が必要である。時々は栄え、時々は衰えるもの、時には強大であり、時には弱小になるものなどは、到底その基準にはならない。

イオニアの自由都市国家の一つにコロポンがあった。そこの出身であるクセノパネス（前六世紀ごろ活躍）という哲学的詩人は、自分の町がペルシア系メディア人たちに隷属させられたとき、自由を求めて町を去り、南イタリアへ旅立ったといわれる。自作の詩を口ずさみながら、彼は放浪の旅をつづけた。彼はヘラス（ギリシア）中をさまよいながら、かつて自分と同じように、ヘラスをさまよい歩いた吟遊詩

人ホメロスの詩を嘲ったことで有名である。その当時はすでに、ホメロスの『イリアス』、『オデュッセイア』は詩の模範としてギリシアに君臨していたはずである。しかしその詩をクセノパネスはこっぴどく批判したのである。ホメロスでは、ぬすみとか姦通とか騙しあいとかの悪徳が、おおっぴらに神々に帰せられている。神とは、本来あらゆる善いもの・美しいもの・真実なものの権化でなければならぬのに、ホメロスでは、さげすむべき人間どもとまったく同じように振舞っている。このように描くホメロスはまったくばかげているではないか、というのである。

しかしもし牛や馬やライオンが手をもっていたり
あるいは人間たちのように手で絵をかいたり作品をつくったりできれば、
馬は馬に、牛は牛に似た神々の姿を描くし、
……
（DK・二一B一五）

また

エチオピア人たちは自分たちの神々が獅子鼻で真黒だと主張し、
トラキア人たちは碧眼で赤毛だと主張する。

（DK・二一B一六）

と皮肉り、ホメロスの神々はあまりに人間化された勝手な神々であると批判するのである。
このように勝手にそのときそのところでちがうような神は、ほんとうの神ではありえない。神そのものは、これらの種々雑多な想像の産物から離れて、厳然としてそれ自体で存在するものである。感覚的にうつし出されるものは、神のいわば似像であって、神そのものの認識ではなく、ほんとうの神はただ一つ、非物体的なものである、とうたう。すなわち、クセノパネスの信ずる神は、詩聖とうたわれるホメロスのオリュンポスの神々などではなく、序説でも引用した「ひとりなる神」である。

ゼウスの神域がピサの泉のほとりにあるところ、オリュンピアにおいて、
誰かがあるいは足の速さで、あるいは五種目競技で、
あるいはレスリングで勝利を得たならば、あるいはまた痛い拳闘をしたり、
パンクラティオンと人の呼ぶ
恐ろしい闘技をしたりして勝ったなら、
都市の人びとには今までより栄光にみちたものに見え、
競技場では人目につく名誉席を与えられ、
国の公費で食事を供され、

彼にとっては家宝となるような賜り物を授けられるであろう。
あるいはまた戦車競技で勝利を得てすらやはりそうだろう。
しかしその人びとは、私ほどにはそれらすべてを受けるに値しないだろう、
われわれの知恵（σοφίη ソピエー）は、人や馬の体力にまさるもの故。
それだのに、まことといわれなき人の世のならわし。
力を善き知恵よりまされりとすることは正しいことではない。
なぜなら、すぐれた拳闘家が国民の間にいたとしても、
あるいは五種目競技の名人、レスリングの達人がいたとしても、
あるいは足のひときわ速い人がいたとしても、
……
そのために国はその秩序が立派なものにはならぬであろう。
……
そして誰かがピサの泉のほとりで競技に勝ったからとして、
そのことで国が受ける恩恵は大したことではないだろう。
そんなことで国の財庫が肥えるわけではないのだから。

と強い自負をもって「知恵」をほめ、その善き知恵は、富や権力よりもはるかにすぐれたもの、否、そ

れらを生み出し支配するもの、と彼は考えたのである。

クセノパネスのこの考えは、エレアのパルメニデス（前五〇〇年ごろ活躍）の純有の原理、ピタゴラス（前六世紀ごろ活躍）の宗教運動などと著しい共通精神をもっている。舞台は、東のイオニア地方を遠く離れて、西の彼方イタリア地方（マグナ・グラエキア）へと移ってきた。ここには、イオニアの自然科学とか技術革新の合理的な実証精神がもちこまれたものの、それとは対照的な宗教改革的理想主義の風潮が主流をしめていった。クセノパネスは、小アジア沿岸（イオニア地方）コロポン市の出身であり、ピタゴラスは、その沿岸の島の一つサモス島の出身であった。クセノパネスが、メディア人の侵略を受けてそれに隷属された生地を去ったのに対して、ピタゴラスは、当時（前五三五年）非常に有力になった僭主ポリュクラテスの専制下に生活するのを拒否してその故郷を去った。

両者とも東からの移民であった。ポリス社会の存亡をかけた激動下にあっては、ときとして、人間存在の根底が極度に刺激され、情熱的な生々しいエネルギーが煮えたぎり噴出することがある。そういうときにこそ、生命の存在の深淵は開示され、その存在の深淵が直視・直観され、根底へと身を投げるひたむきな情熱が突如として芽生えるものである。しかもこの根源への情熱は、多く宗教的感情となってほとばしり出る。こういう人たちにとっては、オリエント政治はもとよりのこと、その宗教もホメロスの宗教さえも、また啓蒙的な革新政治も、みんなせまくるしい因襲、現実的なまやかしとしか映じなかったであろう。これまでのどんなものにも満足できないことで、生存の安定した基盤を失った彼らの危機意識は、当然生と死のきびしい分裂とその融合へのはげしい情熱となってほとばしり出た。

エンペドクレス（BC. c.490-c.430）の「愛」と「憎しみ」の原理も、このような情況からうまれたものだと思う。西方ギリシア植民地のシチリア島アグリゲントゥムの哲学者エンペドクレスの最期《さいご》として語りつたえられているエトナ火山への投身自殺も、この哲学者の「神聖な四大元素」（地、水、火、風）にかえる神性への融合、原初の生命根源への没入の精神を象徴するものにほかならないであろう。まぎれもなく、この哲学者もまた、ピタゴラスのあとにつづいて浄化宗教による人間革命を志した一人であった。しかし、エンペドクレスについては、都合上次節においてふれるので、このへんにしてさきに進みたいと思う。

クセノパネス、ピタゴラス、パルメニデス、エンペドクレスなどの巨人を生んだ西方ギリシア（マグナ・グラエキア）は、実はエジプトの巨石文化の影響の強いところであった。これら巨石文化圏は、いろいろの社会・宗教変動の試練をへて深められた輪廻の思想が根強い土壌であった。エジプトという土地は、善かれ悪しかれ、宗教が死後の生活というものをめぐって激しく燃えたところである。さきにもみたように、ピラミッドのような巨石墳墓も、エジプトの地盤からうまれたものにほかならなかった。現世意識の強いエジプト人には、現世の延長としての死後の生命観が強く、人びとはこの世での善きもの、悪しきもののほんとうの審判は、当然あの世で行われるのだと信じた。それに関する無数の祈祷詩文がこの地で見出されているし、またヨーロッパ近世のはじめルターの宗教改革の発端となった悪名高い免罪符の雛型もすでにこの地にあったのである。人びとは、この世で犯した罪を免れるために、金銭でこれらの免罪符を買いあさったのである。

こういうことが日常のこととしてまかり通る宗教社会が、堕落していることはいうまでもないし、もちろんこれに対するきびしい反対・反省もあったであろうが、とにかく死後の生活への関心がこの地にいかに強かったかをこの免罪符の一件は物語っているのである。こうした宗教に強い魔圏の中に移民してきたピタゴラスたちが、どれほど深い影響を受けたかは想像にかたくない。また東方において危機意識そのものが、生命の存在開示をその深みに露呈していただけに、この地でおこった宗教運動もかなり熾烈であったと想像できる。宗教というものが、人間生存にいかに深い関係をもっているかは、現在の未開人たちについてのいろんな報告からも知ることができる。ある部族が、奇怪な宗教的行為であれ、それを突如放棄するように強制されると、その部族の生殖力までが激減させられた、という場合は序説でもすでにのべた。

今ここにポリス生命の変革と存亡に際して、まったく新しい理想ポリス建設を新天地に志そうとしたピタゴラスにとって、また生地のポリスを捨てたクセノパネスにとって、原始的生命源である宗教の意義が強く作用したことは、大いにうなずけることである。当時はところどころのポリス社会に、その存亡をかけた宗教運動が、社会の激変によって励起されていた。階級闘争があいつぎ、下から突き上げる下剋上の風潮も深いものがあり、ところどころに、ポカリと口を開ける亀裂を通して、原生命のマグマの噴出があいついでおこっていた。ホメロス時代には重要でなかったディオニュソスの酒神が、今ではゼウスにならぶ大きな勢力をもってのし上がってきていた。この熱狂的な宗教は、下部から上部をつきくずすあなどりがたい勢力になった。この新勢力は、新しい支配者である僭主たちに利用されて、古いポリスの英雄たちを次々に葬り去っていった。

とどまることを知らぬこの情熱のディオニュソス神信仰のために、アテナイの僭主ペイシストラトスは、エレウシスに新しい礼拝堂を建てなければならなかった。おそらくずっと前に、メソポタミアの農耕・宗教の秘儀（生殖の秘儀）が、シリアから猛然とバルカンへ北上する大きな流れとなって定着していたが、この混乱期に再び励起されたのであろう。いわゆるディオニュソス教、オルフェウス教、エレウシスの秘儀宗教という大きな流れがすっぽりとギリシア世界（イタリア地方西方植民地も含めて）をその魔圏につつみこみつつあった。西方に移住したクセノパネスもピタゴラスも、同様にこの何らかの魔圏の中にあったのである。鉄器社会の変革、ペルシア帝国主義の巨大なキバによる危機意識の高まりなどが、おそらくこれら一連の宗教運動に密接に関係していたにちがいない。

以上のことはしかし、ギリシア世界においては、その生命ともいうべき独創力にみちたポリス、自由と独立を信条とするポリスをめぐって展開されたことを忘れてはならない。オリエントの宗教、原生命力をもつ秘儀宗教に深く影響を受けたといっても、これらのポリス精神は、オリエントや古いギリシアにはほとんどなかったものである。さきにもいったように、ポリス社会の変革は思想の変革、自覚した者たちの思想の変革であった。

ところでクセノパネスが、ホメロス的吟遊詩人の姿をかえながら、その内容においてホメロスに挑戦し、ホメロスの神々をそれよりはるかに純粋な形に深める精神であったと同じことが、今度はまたパルメニデスにもそのまま当てはまると思うのである。パルメニデスとヘシオドスを比較してみると、パルメニデスは、ヘシオドスがその『神統記』の知恵をミューズ（ムーサイ）の女神たちからの霊感によって得たように、彼の真存在の知恵を得たのは、やはり女神からであった。ヘシオドスは『神統記』の中でうたう。

（わたし）ヘシオドスにうるわしい歌を教えてくれたのは彼女たち。
（二二）
ようこそゼウスの娘らよ、さあうるわしの歌をめぐみたまえ。

（一〇四）

オリュンポスに宮居する歌女神《ムーサ》たちよ、はじめからわたしに物語れ、それらのうちで最初にうまれたものは何かを。

（一一四〜一一五）

と。そして神々の生成を、

まずはじめにカオスが生じた。
（一一六）

とうたう。神々は生じたのであって、永遠の存在をもつものではなかった。ここに原存在の神性と深い矛盾というか不整合があった。ヘシオドスにあっては、そもそものはじめから、本来の神聖な永遠性・無限性・恒久性という深い存在がないがしろにされていた。生々流転の中に神も投げこまれている。しかしすっかりめざめ自覚した人間精神は、クセノパネスがそうであったように、パルメニデスにおいても、このような神には到底満足できなかった。

パルメニデスは彼の『自然について』（DK・二八B）という詩（第一部「真理の道」）の中で、ある女神が彼を親しく受け入れたことをつたえる。すばらしい名馬に運ばれて、真理への道をやってきた女神が迎えいれていうには、

おお若者よ、手綱《たづな》とる不死の馭者《ぎょしゃ》たちにともなわれ
馬たちに運ばれてわれらの館《やかた》に到り着かれた汝よ、
ようこそこの道を来るよう汝を送り出したのは、けっして悪しき運命ではない。
―まことにこの道こそ、人間の踏み歩く道のとどかぬところ―
これぞ掟と正義のなせること、汝はここですべてを聞き学ぶがよい。

（DK・二八B一）

と。こうして彼は、「真理の道」を女神自身から聞くことになった。たしかにこの形式だけはヘシオドス的である。しかし第二部に至って語られる「非真理の道」（B八―一九）の中に、実はヘシオドスの語る

ような神話の考え方は押しこめられてしまうのである。ヘシオドスの中で重要な役割を占めるエロスの女神も、パルメニデスではこの非真理の第二部の中に入れられてしまう。こういう虚構の道の中に入れているところに、パルメニデスが、クセノパネスと同じように、ホメロスやヘシオドスの神観をきびしく批判しているあとを、十分にうかがい知ることができるのである。

クセノパネス、パルメニデスに共通してみられることは、ときの社会の激変、生存の危機意識に触発されたより深い真理を、ホメロスやヘシオドスよりもはるかにきびしく自覚してとらえようとした態度である。開示された真理をおおうヴェールを一枚一枚とりはずすようにしてのぞきこむ真理性、それが、クセノパネスの唯一神であり、パルメニデスの真理の道である。このようにして、真理はそのより深い底が開示された。ここへパルメニデスをみちびくよう「日の御子なる乙女ごら」もいたのである。パルメニデスはこれをさきの第一部「真理の道」の中で、

日の御子なる乙女ごらは「夜」の館《やかた》をうしろにして
光の彼方へ私を送ろうとひたすら急ぎにいそいで、

とうたっている。この存在の光の開示が永遠の神を啓示的に示したこと、しかもそれをパルメニデスが、ホメロスやヘシオドスのときのように、人間的な神々の姿においてとらえることなく、「存在」というしかもただ「ある」という厳然とした啓示の神性においてとらえたこと、しかもそれを、イオニア哲学・

科学精神以来伝統的になっていたギリシア的理性の幾何学の明証さによって象徴的に「まろき球」としてとらえたこと、ここに私たちは、ギリシア知性（哲学・科学精神）の論理性が、深い宗教地盤の神性とからみあって構築されているのを見る。これこそギリシアの知恵が人間の知恵の歴史においてなしえた快挙なのである。

西は東と決して分離はしていない。東方イオニアの哲学・科学の「もの」は、西方イタリア地方の深い宗教地盤の上で「真存在」の神的な光としてあらわれたのである。東方イオニアにおこった危機意識が宗教という最も活々とした生存意識を東方からの西方への移住民にうえつけたのが、西方で開花したのであると考えたい。ここに私たちは、宗教と連動する哲学・科学精神のはげしい動きをみるのである。ここに、宗教と哲学・科学精神の光輝ある接合点があると思う。さきにもみたように、パルメニデスによって開かれた存在の世界は、東においてみたようなギリシア知性共通の幾何学的証明の世界であった点を見逃してはならないと思う。これがまた、東からの移住民とピタゴラスにも受け継がれているからである。

オリエント世界の凋落に対して、それとはっきり対峙《たいじ》した形で出てきたギリシア世界に、突如としてあらわれはじめた律動的な幾何学文様土器のことは前にも触れた。これは幾何学と直接に関係するものではないが、それ以後のギリシア幾何学的構成の論理性と底においては連動していると思う。強い抽象化の論理は、各力の均衡をはっきりと抽象化された点と線で簡潔にあらわし、これまた純有への思考を高めさせた。クセノパネスの純粋な唯一神、パルメニデスの純粋存在、ピタゴラス派の数の神聖化などはこの間の事情を物語っている。

ところでパルメニデスのさきの詩の中にうたわれている次の文句をみてみよう。

> されど究極の限界はあるものゆえに、すべての方向において
> 完結していて、たとえていえばまんまろき球の塊りのごとく、
> 中心よりあらゆる方向において均衡を得ている。ここあるいはかしこにおいて
> より大きくあることよりも小さくあることも許さぬこと。

というように、限界内であらゆる方向から自分自身に等しく均質・同質である存在が、「真存在」なのである。そして託宣にあらわれる「円球」（σφαίρα スパイラ）こそ、幾何学精神の完全体であり、宇宙の姿であり、永遠不滅の存在のシンボルでなければならないのである。これは、一般人の肉眼や濁った心で見えるものではなく、とぎすまされた心眼ではじめて見ることのできる存在の秘儀である。したがってこれを語る言葉も象徴的にならざるを得なかった。

しかし論理は論理である。もはや宗教ではない。パルメニデスは、クセノパネスの唯一神をその存在の論理、純有の論理にかえたところに、神ときわめて密に触れあうところがあったのである。古代史は一応、イオニア学派（タレス、アナクシマンドロス、アナクシメネスなど）、イタリア学派（クセノパネス、ピタゴラス、パルメニデス、エンペドクレス）というように区分けするけれども、このパルメニデスは、いわゆるイタリア学派の中にあっても論理の王者の風格をそなえるエレア人《びと》である。彼はゆるぎない哲

学の絶対論理の巨岩をその基盤に据えたのである。エレアは南イタリアにあり、小アジア地方の避難民たちによって建設された新しい自由植民都市であったことを忘れてはならない。この新ポリス・エレアをパルメニデスは誇り高い故郷としているのである。

クセノパネスが吟遊詩人風に風刺・警句をもってギリシアの知恵の唯一神教をうたったのに対して、パルメニデスも一種の哲学詩で「存在と理性との同一」(τὸ γὰρ αὐτὸ νοεῖν ἐστίν τε καὶ εἶναι) をうたった。勃然として目覚めた永久の純粋存在の確信・情熱が一種の詩情となって、予言者風に、当時の雑多な臆見に対して鋭くしかも絶対に妥協を許さぬ冷厳な巨岩の姿においてあらわれたことは、存在哲学の思惟の在り方についていろいろ教える人として登場している。しかしこのことはプラトンの「イデア」のところで触れる問題なのでここではあつかわないでおこう。

ポリスの存在その均衡の論理は、パルメニデスにおいてはすべての変化・運動を虚妄として退ける方向に向かったけれども、同じギリシアの存在の論理の他極に立ち、変化・運動こそこの宇宙の論理・道理・ロゴスであると主張した人があらわれ、西の論理とはっきり対決したことを、ここで少し触れておかねばならぬと思う。パルメニデスがギリシア世界の西の端で、「有るということは有るということで、有らぬということは有らぬということである」といい、存在の絶対存在性や不動性、非存在の非存在性を神のもとで端的に表明し、あらゆる変化を否定するという確固とした純粋論理形式を説いたのに対して、ヘラクレイトスは東の端、イオニアのエペソスで「変化こそ万有の論理」(万物は流れる πάντα ῥεῖ パンタ・レイ)という哲理を説いた。彼も同じく予言者風に存在の根底からほとばしり出る両極の他極として説いた。このことは、存在そのものの不思議な両頭性格によるものであろうと考えられる。両者ともに、存在の深い啓示をそれぞれの確信において、その根拠の上に立って象徴的に語っているのである。ヘラクレイトスはどこまでもイオニアの地盤に立っていたと考えられる。

しかし、これまでのタレスなどに見られた具象事物・変化事物の「もの」の性格が、かなり後退しているのがみられる。ヘラクレイトスは公共広場の語り手としてよりも、孤独で暗い難解な謎かけの人物としてあらわれる。

自然は隠れていることを好む。（DK・二二B一二三）

かの神（デルポイ主神）はいいもせず隠しもしない——彼は暗示する。（B九三）

と自ら語るように、まことになぞのような言葉をごく簡単に投げかける者、神の召命意識をもった者として、自らをあかす。彼は一人のさめた者として、深い眠りの中にまどろむ一般人を呼びさまし、耳に聞こえぬ真の調和を聞かしめようと、象徴的に語る予

ヘラクレイトス

言者として現われるのである。

彼は、やすみなく変化しつづける世界の中に、統一を保たしめる永遠の相を「火」にみつける。しかし、ヘラクレイトスの火は、同じくイオニアの自然哲学の世界にありながら、タレスの水やアナクシメネスの空気とは、かなりちがった象徴的性格をもっていることに、特徴があるように思われる。「火」は、やすみない変化自体のシンボルであり、ロゴスである。そしてこのロゴスは、論理的な抽象であるよりは深い直観による識見である。これはもろもろの事物の知識ではなく、神聖な法としてすべてに行きわたる共通なものなのである。彼はある目的を達するための種々の博識を軽蔑する。

博識は識見を教えない。でないとヘシオドスやピタゴラスやクセノパネスやヘカタイオスもそれを教えたことになる。

（DK・二二B四〇）

と彼は語っている。

ピタゴラスがヘラクレイトスのいうような軽蔑すべき博識家であったかどうかはわからない。いずれにしても、たがいに噴出した巨峰の対峙《たいじ》の姿でこれをとらえるべきであろう。ピタゴラスはいささか伝説的な人物で、ピタゴラス教団という彼のつくった宗教結社に帰せられるようないろいろの業績を一人占めにしているので、まるで不可能と思えるさまざまなことをしたことになっている。この人の万能ぶりはまことに脅威であるが、彼の伝説化には警戒しなければならない点が多い。

しかしとにかくピタゴラスは、折から前六世紀末以来のギリシアのはげしい宗教的ルネサンスの自由な闘士であり、豊かな富をバックに現世の利益を追求する商工業階級の欲望を拒否する禁欲の闘士であったと考えられる。その精神は魂の世話・浄化を求める高潔な貴族の性格をもっていた。したがって富をバックにした僭主専制の物欲政策を不浄として、今をときめく僭主のポリス・サモスを去り（前五二九年）、新天地を求めて、南イタリアのクロトンに移ったのである。そしてここで一種の秘密団組織をつくり精神の浄化運動を指導した。腐敗・悪徳のとりこになりはてた権力と富と名誉にあけくれる物欲的現実政治のはげしい渦中から魂を救いだし、魂の本来あるべき姿にたちかえらせようという運動を彼はおこした。しかもその意図が具体的な新都市建設にあったことから、いきおいこの運動は好むと好まざるとをとわず政治運動化していった。めまぐるしい政争の中にあってピタゴラス政治団もその権力を失墜し、ピタゴラス自身も追放の憂き目にあったという。しかし、この宗教団はさきにも触れたように魂の存在の故郷である展開の知恵への観想に向かい、政治を離れて、この現実の泥沼からは超然とすることのできる原理の探究、さらに幾何学図形と数の探究に向かうものが多かった。ところでピタゴラスの哲学（愛

ピタゴラスとみられる青銅の胸像で、ギリシアの原物を模した前４世紀（？）のもの（Mus. Nat.. Napoli）

智）についての考えは重要であるが、これはすでに序説にのべてあるので、ここではふれないことにした。われわれは何よりもアリストテレスにしたがって、ピタゴラスに密接不離の関係にある、いわゆるピタゴラス団というものにふれ、その数学理論について少し考察してみたいと思う。アリストテレスは、このピタゴラス派について次のように語っているのである。

あのいわゆるピタゴラスの徒は数学的諸学科の研究に着手した最初の人びとであるが、彼らはこの研究をさらに進めるとともに、数学の中で育った人びとなので、この数学の原理をさらにあらゆる存在の原理であると考えた。けだし数学の諸原理のうちでは、その自然において第一のものは数であり、そして彼らは、このような数のうちに、あの火や土や水などよりもいっそう多く存在するものや生成するものどもと類似した点のあるのが認められると、思った。——そのために、数のこれこれの属性は正義であり、これこれの属性は霊魂であり理性であり、さらに他のこれこれは好機であり、そのほか言わばすべての物事が一つ一つこのように数のある属性であると解されたが、さらに音階の属性や割合（比）も数であらわされるのを認めたので——要するにこのように、他のすべては、その自然の性をそれぞれ数に似ることによってつくられており、それぞれの数そのものは、これらすべての自然において第一のものである、と思われたので、その結果彼らは、数の構成要素をすべての存在の構成要素であると判断し、天界全体をも音階（調和）であり、数であると考えた。そしていやしくもそれぞれの数や音階のうちに天界諸相や諸部分や宇宙の全機構を何らかの一致符合するところありと認められる属性があれば、彼らはこうした属性をことごとく寄せ集めて型にはめあわせた。そして、もしそのどこかに欠けたところがのこっていれば、これを埋め合わせるのに無理をしても彼らの全体系を首尾一貫したものにしようとしている。その意味は次の例でも知られる。すなわち、彼らには十という数が完全な数であり、これがあらゆる数の自然をことごとく包含しているものと思われたので、彼らは天界で運行しているものども（諸天体）の数も十であると主張するが、この場合、現に明らかなのは九つだけなので、いまひとつ第十の天体として対他星なるものを考え出している。……

同じピタゴラスの徒のうちである他の人びとは、原理を十対あるといってそれを双欄表に列挙している。すなわち、限界と無限、奇と偶、一と多、右と左、男と女、静と動、直と曲、明と暗、善と悪、正方形と長方形がそれである。

（『形而上学』第一巻、五章）

ピタゴラス教団においては、何よりも数がすべてに先行する原理であるといわれ、その点でまったく観念的で、しかもアリストテレスもいうように独断的でさえあるように思われる。ピタゴラスは故郷サモスの地上の僭主専制を非常に憎んだけれども、彼こそある天上的なものの専制支配体制を新天地につくろうと意図したとも考えられるのである。この当時の地上の科学技術を支えたはずの同じ数学の知識が、ピタゴラスにあっては、はるかに天上の恒久存在の思惟形成の原理として理想化された。彼は地上のものはすべてこの原理によってつくられていると確信するに至った。すべての具体物から浄化抽象された数学の原理を、あらゆる現実の夾雑物から浄化されなければならないという浄化宗教の原理に高める意図がここに見られるように思う。数学の研究と合わせて、肉体の浄化の秘儀宗教を説き、魂は肉体という牢獄につながれて、これから浄化転生するところに真の生活があるというのは、とりもなおさずオルフェウス教やエジプト的霊魂輪廻のギリシア的数学原理による統合理念なのである。

「クロトンの人で、ピタゴラスの徒」（DK・四四A一）と名指しされるピロラオスは、ピタゴラス団中の最も有能な人物であるとされる。彼は、

そして実際、認識されるものはすべて数をもつ。数なしには何一つ考えられることも認識されることもできないからである。

（DK・四四B五）

数がすべての人間的な仕事や言葉のうちに、またすべての技術的な工作の領域においても、音楽の領域においても、あらゆるところで、働いているのを見ることができるであろう。

（DK・四四B一一）

といい、耳にこころよい天界のリズムをつたえる音楽のハルモニア（オクターブ）の大きさは、四度音程（συλλαβά 3：4）と五度音程（δι᾽ ὀξειᾶν 2：3）を含む、というように数の比をもとにしているのである。この数のもつ「ダイモン的（天上的）」性格が、真理と虚偽という二つの対立化を通してますます先鋭化

され、魂と肉体という両極化において、当時の宗教思想の両極、魂と肉体というきびしい両極化へと突っ走っていく。ここからはもうプラトンの数理哲学や神学はごく一歩という近距離まで迫っている。

ギリシア数学についていえば、これがゼロをもたず、ギリシア文字によってそれぞれの数をあらわすというように、その記数法において数字のいちじるしい進歩をさまたげる原因があった。ピタゴラス派も、その「ピタゴラスの定理」(すでにこの原理はバビロニア、エジプトでかなり前から発見されていたと考えられる)の中に必然的にあらわれる2, 3, 5などの無理数をこのような数としてあらわすことができなかった。しかしこの無理数の概念を幾何図形としてあらわすことができたし、これはギリシア数学の大きな功績であった。それは、どこまでもこのような数学が図形中心で思考されたこと、しかもさきにもパルメニデスのところでみたように宇宙の完全を球体であらわし、ギリシア人にくっきりとした図形概念を、その秩序・均衡・調和のシンボルとして表現できたことに、ギリシア人たちの独創があったことを忘れてはならない。

宇宙をコスモスとして調和としてとれることは、またそのままギリシア人たちの生存必須条件としてのポリスの姿にそのまま通じている。ピタゴラスの数字もいかに抽象的であるとはいえ、このポリス社会という生々しい現実を離れて理解はできないと思う。この数学の観念は、ギリシア・ポリスの合理性

$\bar{\alpha}=1$	$\bar{\iota}=10$	$\bar{\rho}=100$
$\bar{\beta}=2$	$\bar{\kappa}=20$	$\bar{\sigma}=200$
$\bar{\gamma}=3$	$\bar{\lambda}=30$	$\bar{\tau}=300$
$\bar{\delta}=4$	$\bar{\mu}=40$	$\bar{\upsilon}=400$
$\bar{\varepsilon}=5$	$\bar{\nu}=50$	$\bar{\phi}=500$
$\bar{\varsigma}=6$	$\bar{\xi}=60$	$\bar{\chi}=600$
$\bar{\zeta}=7$	$\bar{o}=70$	$\bar{\psi}=700$
$\bar{\eta}=8$	$\bar{\pi}=80$	$\bar{\omega}=800$
$\bar{\theta}=9$	ϟ$=90$	ϡ$=900$

ギリシア文字(アルファベット)による記数法——学者は計算術を手仕事的だとしてうとんじ、数論や幾何学を重視した。

からいえば、自然に対して実験とか技術とかを通じて働きかけるよりも、むしろポリスの人間同士の関係を通して、均衡とか適度とか中庸・節度の徳をすすめるポリス社会生存の問題とは、不離の関係にあったのである。ピタゴラスの天上の理念は決して天上のものにとどまらず、人間の地上のポリス生命の純化・永遠化をめざすものにほかならなかった。調和の思想が音楽の和声であり、ポリス内の本来の不均衡・不平等の階層的差別（富者、貧者などの差別）や対立を調停・和合させる知恵なのであった。これは、地上の政治理念としては、ソロンの均衡政策として苦境のアテナイを救い、のちの繁栄を導いたものであった。富者には富者としての個人的所有を認めながら、富者の富を貧者大衆にもあづからせる義務を富者に課し、このように、それぞれがポリスという共同の場で利益をうけるようにし、すべて行きすぎをなくす調和の政策であった。こういう関係は、またピタゴラスが好んだ三角形や数の関係にもあらわれている。1,1＋2,1＋2＋3,1＋2＋3＋4,……の関係が、幾何学において、隣り合った数と足せば、平方のまとまった形となるという発見である。

数字はこのようにして、ギリシアでは、いわばポリス形式の理論およびその人間の精神の範型として、強く社会の影響をうけるが、これは、序説でも説明したように、人間の社会生命と切り離して宗教・哲学・科学を考えることができない一つの有力なギリシアの例証であると思う。

第五節　ヒポクラテス医学の性格
―エンペドクレスの思弁哲学と対立する経験医学団のヒューマニズム―

もともと哲学・科学の精神は、鉄器時代の社会変革、特に商業流通機構やポリス社会の合理的性格との密接な関係から芽生えてきたものである。この精神は、また古代オリエントの呪術・神話・秘儀・権力などからの解放闘争の武器でもあった。これはまず、過去の因襲から自由なイオニア地方に噴出したのである。そしていろいろ批判の的となったけれども、とにかくイオニア地盤のホメロスの中にも、この合理精神ははっきりとみることができるのである。これは、イオニア地方のコス島出身のヒポクラテスの経験医学にも共通する合理性であった。ホメロスには、わけのわからぬ秘儀的呪文による医療は、『オデュッセイア』（第一九巻、四五七）に出てくる止血の話一回きりで、他はすべてきわめて合理的な医術のあとがみられるのである。特にその合理性は、軍陣外科医学の常として解剖知識の進歩があったことは十分にうかがえる。戦争との関連で医学が進歩することは、第一次・第二次世界大戦を契機とした最近の医学の進歩にも顕著にみることができる。

負傷の手当——止血できないときは編んだ羊毛の包帯で巻いた（しかしこの巻き方では結べない）。前 450 頃の壺絵（Berlin. Mus.）。

解剖医学の実際は、すでにピタゴラス学派のアルクマイオン（前五世紀ごろ活躍）にはっきりあらわれていた。ピタゴラス派には、西方のマグナ・グラエキアの土着の宗教社会に移入された新しいイオニアの哲学・科学の合理精神が生きていた。それは、ピタゴラスがもともとイオニア出身の科学思想の洗礼を受けた人であったいきさつからもわかる。アルクマイオンは、はじめて動物を解剖し、脳からの神経経路を実験的につきとめ、視神経を発見したし、脳の中枢作用をつきとめたり、その他いろいろの新事実を実験の上で確かめたりもした。しかしまたこういう合理的な実験が、自然領域においてエンペドクレスによってもなされているのである。医学の分野では、ヒポクラテス医学研究者から非常に独断的だと非難されているはずのエンペドクレスも、空気の存在を実証する実験をしている点が注目される。水中で容器を使ってするこの実験は『断片』（DK・三一B一〇〇）に出てくるものであるが、これは空気の存在をきわめて合理的に証明した最初の文献だと評価されている。しかし、こういう実験の才能のある反面、彼はまた至って思弁的であった。視覚を論じては（DK・三一B八四―八六）、次のような内容の思弁を弄する。すなわち、眼の内部は火で、その内部をとりまくものは〈水〉と土と空気とであるが、火は微細なものであるから、ちょうど角燈の中の光のように、これらを通って出ていくのだ、という判断である。しかしこういうもっともらしい類推から、いろんなことを独断的に判断していく例がところどころにみられるのである。

しかし卑近なものとの類推で、見かけのものを実験によらないで真判断の中にくり入れていくやり方は、ギリシアの最も偉大な哲学者・科学者と仰がれたアリストテレスの運動論やその他の科学理論にもしばしばみられるものであった。こういう考え方を打ち破るには、二〇〇〇年もの長い試練の年月をへなければばならなかった。アリストテレスの運動理論は十七世紀の前半ガリレイによってやっと打ち破られたし、また地・水・火・風のギリシア元素観も、十八世紀後半になって、周到なラヴォアジェの実験定量化学を通じてはじめて徹底的に破壊された。が、その間《あいだ》はまったくそのまま信じられつづけてきたのだから、いかに古代ギリシア人の考え方が合理的であるといっても、真の実証精神にはほど遠いものがあったといえるであろう。しかしその哲学・科学が以前のものにくらべるとずっと合理的になっていたのである。

ギリシアの科学はたしかにあまりにも観念化する危険をはらんでいた。これが、肉体を軽視し罪悪視する浄化宗教運動の先頭にたったエンペドクレスに、一層激しくなったのである。特に、彼のあまりに大胆なしかも影響力の大きい医者としての出現が、経験を重んずるイオニア地盤のヒポクラテス医学派たちには、鼻持ちならぬこととしてうつったのも十分にうなづけると思う。

しかしここにも西と東の大きな対立があった。宗教の起爆剤が西方の哲学形成に大きな役割を果したが、この宗教の啓示は、エンペドクレスにおいて自己を神格化する意識をおこさせたのである。が同時にまたここでその医学者としての性格に大きな破綻が生じた。本来敬虔な経験家として徹すべき医学の道が、このように踏みはずされ、大きな障害になったことは残念であった。しかしここでヒポクラテス医学派がエンペドクレスに大きく立ちはだかり、医学の道を立派に守りとおしたことは、ギリシア精神のすばらしい良識の勝利であり、科学精神の勝利であった。しかもここには、真理にせまろうとする人間の一歩一歩のたゆみない努力と、心あたたまるヒューマニズムの精神が光っているのである。さらにまたこの精神には、神とか認識に対するきわめて敬虔な態度が要求されている。

あのアルクマイオンにしても、『哲学者列伝』の著者ディオゲネス・ラエルティオス（二四〇年ごろの人）がつたえるところによると（第八巻、八三）、

ペイリトウスの息子でクロトン生まれのアルクマイオンは、プロティノスとレオンとパテュロスに次のようなことを話した。「神々は眼に見えないものについても〈滅びるものについても〉確実に理解しているが、人間であるわれわれには推測のみが可能である」と。

語られている。そしてこの見解は、ヒポクラテス医学派の人たちにも十分評価されていたようである。それだのに、エンペドクレスは自らを神と称し、また託宣者として、実証経験科学であるべき医術についてまでいろいろと道を踏みはずす見解を堂々とのべたのである。

エンペドクレスは「浄め」の『断片』のはじめに、

御機嫌よう！　されどわれ、もはや死すべきものではなく、不死なる神として、
諸君の間を行く――われにふさわしいと思われる尊崇をみんなから受け、
頭にはリボンと華やかな冠をいただきて。

（DK・三一B一一二）

と自らを語る。彼はさらに、数多くの群衆たちから救いに至る道を求められ、神託を求められ、病気を癒す言葉を求められる、と自分の言葉をつづける。彼はシチリアの町で一人の神として宗教的救済者としてまた医者としてあらわれる。彼の神意識は、彼以前のすべての偉大な思想をのみこみ、包みこもうとするような、巨大な宇宙意志に燃える。ピタゴラス団にあったイオニア実証経験科学の傾向と、南イタリア地盤を母胎とした宗教思想の異質な二つのものが、エンペドクレスという一人物の中に、まったく不思議な混淆をかもしてあらわれる。そしてこれはとりもなおさず、神的な土・水・火・風（空気）からすべてのものが成り立つという彼の四元素説と、「浄め」の宗教との混融となってあらわれるのである。

エンペドクレスの「自然について」（Περὶ φύσεως）と「浄め」（Καθαρμοί）の詩は五〇〇〇行にわたっている。

（DK・三一A一）

といわれる二つの詩は、しばしば性格のちがうことが指摘されて議論もされてきた。

たしかにエンペドクレスは分裂的性格をもっている。その性格は多情多感な彼に当時の激動する社会が深く刻み込んだ陰影を濃く映している。激変の社会を背景として、彼は、融和とはげしい反発・分裂の現実を、神的な「愛」（φιλότης ピロテース）の結合力と、「憎しみ」（νέμεσις ネメシス）の分裂力という二つの要素によって理解しようとしている。この両極に引き裂かれるように、宇宙の精神であろうとした彼は、まことに分裂した性格者のように悲劇人として登場せねばならなかった。

しかしこの存在の開示は、はげしい政争の渦中においては、静かな経験的実験観察者の学者としてよりも、社会変革を指導していく宗教情熱家の傾向を当然強めた。彼の中にある経験科学の性格は、神秘宗教によって押しのけられ、ますます観念と思弁の性格が濃くなっていった。その元素観にしても、熱と寒、湿と乾の四つの原初的性質の親和と対立の関係から、各元素を導いてくるというような観念性である。もともと、イオニアの元素そのものが現今の元素とはちがい、水といってもH_2Oの水ではなく、いわば水という原質（元素）であって、現実の水はいわば土・水・火・風という元素があつまってできていて、水の元素が圧倒的に多い場合に現実の水ができると考えればよいのだが、エンペドクレスの元素観は、イオニア的元素を以上のように図式的に四つの性質から導いてくる観念性の強いものであった。

さらに四元素のことを『断片』（DK・三一B六）で、

まずきけ、万物の四つの根元を
輝けるゼウスと生をもたらすヘレとアイドネウスと

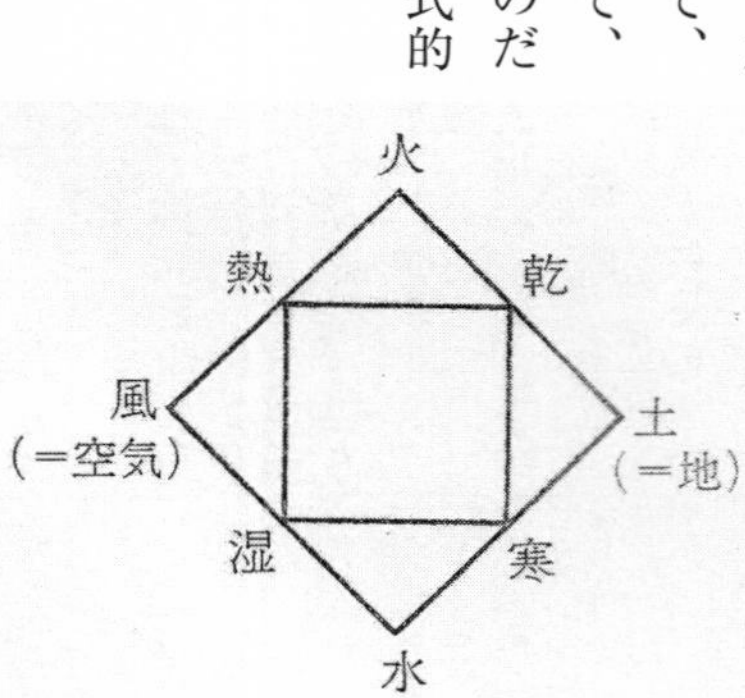

四つの原初的性質

涙もて地上の泉をうるおすネスチスを。

というように、火、空気、土、水を神秘的・神話的に語っているのである。しかもこのようないわば独断的観念性をすべてに適用して説明し、病気の原因もその治療方法までこの一律の観念性から判断していくのである。このような性格は、普遍性を求めるロゴスであり、宇宙を統括せねばならぬものであったから、それは当然行きすぎを生んだ。さきほどからみてきたように、ギリシアの知恵は行きすぎをつつしみ、均衡・均斉を尊んだはずなのに、パルメニデスにせよ、このエンペドクレスにせよ、その学説が存在の完全性に高まりたいという理想を憧憬するあまり、先鋭化したのである。このように観念・思弁に流れすぎ独断のまどろみの中に埋没していくのは、ギリシア合理精神の直面しなければならない巨大な障壁であった。

しかしこの行きすぎの観念・思弁傾向に対して、ギリシアの良識が、またそのひどい勝手さを攻撃したのである。ここにやはり全体としてみると、ギリシアの均衡の原理が美しく息づき生きているのを見る。そして特に現場でコツコツと働くヒポクラテス派の医学者たちが、ヒューマニズムの怒りをもってエンペドクレスの独断に立ち向かっていることに大きな救いの気持ちをもつのである。

ヒポクラテス医学団の人びとの言葉をわれわれは少しきいてみなければならない。この医学団を創設したといわれるヒポクラテスは、現在もなお「医聖」として尊敬されている。伝承はこの人がイオニア地方のコス島の医家出身で、生まれたのは前四六〇年ごろとしている。そしてさらに、この人の最盛期はペロポネソス戦争（前四三一～四〇一年）ごろであったと年代史家は語っているし、伝記は彼が方々を旅行し、一〇〇才前後（あるいは九十才、他のものは一〇四才など）までの長寿を全うしたことをつたえている。

ヒポクラテスその人の著作は非常に多かったようだが、現在残っているかぎりの『ヒポクラテス集典』は前五～四世紀のもので、同一人の書いたものではなく、この医学団全体の声がこの集典に結実されたと考えるとよい。失われたものも多かったとはいえ、とにかくこれだけ大部のものが現在残されていること自体驚異といえば驚異である。この当時の思想家のものが、ごく『断片』としてしか残っていないのにくらべると格段のちがいがある。次の節であつかうデモクリトスのものにしても、彼は膨大な著作をものしたといわれるのに、ギリシア科学の地盤の貧困やその後の状況から冷遇の憂き目をみたのか、ほとんど残っていないのと考え合わせると、ヒポクラテス集典医学はまさに不幸中の幸いであった。

当時の医師は遍歴医として活動し、経験を重視した。壺絵の風景は診療の様子を描く。「中央に医師が針をもって患者の右腕から血を出している。その下には血をうける鉢がある。そのうしろには、左腕に包帯をした患者が待っている。右端の患者は、感染予防のために花の香りをかいでいる。医師のうしろには、左足を負傷した患者が立ち、そのそばに軟骨形成不完全な小男がいる。左端には、胸に包帯のあとのある片足の男がいる」(平田寛著『科学の起源』308 頁より)。

それでは次に、この集典の中から少し言葉をとり上げ、エンペドクレスの思弁に対して行った彼らの抗弁をきいてみよう。彼らがいかに近代以後の立派なヒューマニズム経験医学の精神をもっていたかがよくわかるであろうから。

まず彼らの医の宣誓の言葉のある箇所から引用してみたいと思う。

わたしの息子たち、わたしの師の息子たち、医師の掟による誓約を行って契約書をしたためた生徒たちには、医師の心得と講義その他すべての学習を受けさせます。しかしその他のものには誰にもこれを許しません。わたしの能力と判断力のかぎりをつくして食養生活をほどこします。これは患者の幸福のためにするのであり、加害と不正のためにはしないようつつしみます。致死薬は誰に頼まれても決して与えません。またそのような助言も行いません。同様に、婦人に堕胎用器具を与えません。純潔に敬虔にわたしの生涯を送りわたしの術を施します。……どの家に入ろうとも、それは患者の福祉のためであって、どんな不正や加害をも目的とせず、とくに男女を問わず、自由民とか奴隷を問わず、誰とも情交を結ぶようなことはいたしません。治療の機会に見聞きしたことや、治療と関係なくても他人の私生活についてもらすべきでないことは、他言してはならないという信念をもって沈黙を守り

前 460 年～ 375 年頃のヒポクラテス像で、3 世紀の作。

ます。もしわたしがこの誓いを固く守って破ることがありませんでしたら、長くすべての人びとからよい評判を博して、生涯と術とをたのしむことをお許しください。もしこれを破り誓いに背くことがありましたならば、これとは逆の報いをしてください。

ここには、説明を要するまでもなく、ヒポクラテス派の人びとのヒューマニズム精神が美しく脈打っている。医学者の敬虔なこの態度にはまったく敬服しないではおれない。

こういう人たちが、ではエンペドクレス医学にどのように反論しているかをみてみたい。

これまで医術について論じたり書いたりしてきた人たちは、その所論のために勝手な仮定をたてている。すなわち、熱・冷・湿・乾その他をたて、このことによって、人間にとって病気とか死の原因となるものを同一の原理へとしぼっていき、すでに共通な一、二を仮定しているのである。だから彼らはその主張する多くの新規なことにおいて、もちろん明らかに誤っている。しかもこれはとりたてて非難に値する。というのもこの実地に用いられる技術に関す

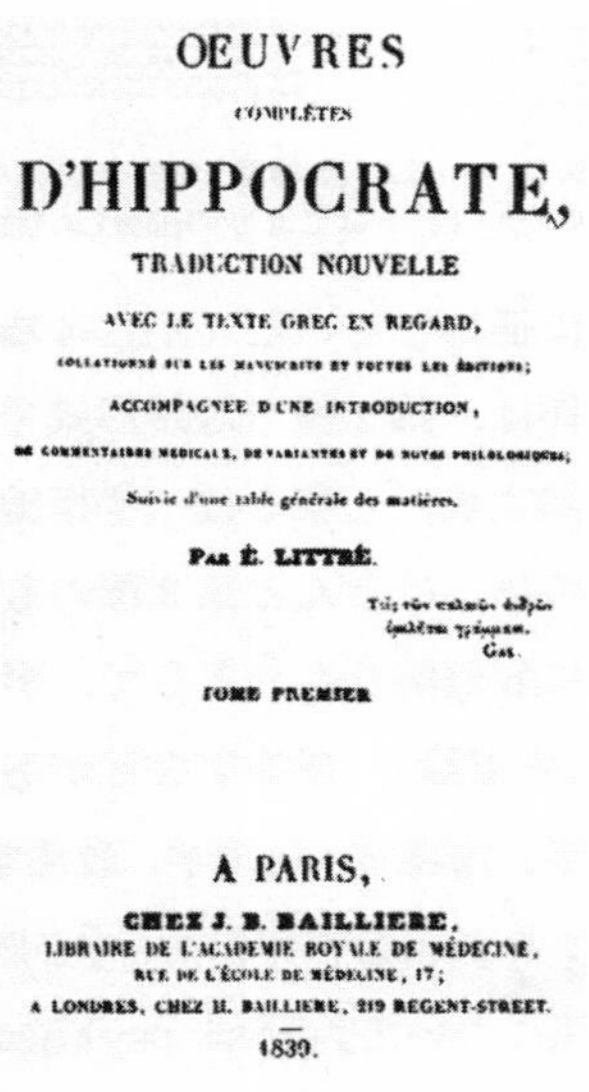
OEUVRES
COMPLÈTES
D'HIPPOCRATE,
TRADUCTION NOUVELLE
AVEC LE TEXTE GREC EN REGARD,
COLLATIONNÉ SUR LES MANUSCRITS ET TOUTES LES ÉDITIONS;
ACCOMPAGNÉE D'UNE INTRODUCTION,
DE COMMENTAIRES MÉDICAUX, DE VARIANTES ET DE NOTES PHILOLOGIQUES;
Suivie d'une table générale des matières.
PAR É. LITTRÉ.
TOME PREMIER
A PARIS,
CHEZ J. B. BAILLIÈRE,
LIBRAIRE DE L'ACADÉMIE ROYALE DE MÉDECINE,
RUE DE L'ÉCOLE DE MÉDECINE, 17;
A LONDRES, CHEZ H. BAILLIÈRE, 219 REGENT-STREET.
1839.

『ヒポクラテス集典』のフランス語訳第１巻の扉。

るからである。

（『ヒポクラテス集典』「古い医術」第一節）

医術を帰納的に経験的知識の実証性を最重要視しながら行うのではなく、四元素説の思弁的な哲学観から演繹的に類推していくことは、この複雑な人体（生物体）に関してはあまりにも独断的であり危険である、という。こういう見解は、この論者の言葉（方言）からしてイオニア人のものと考えられるが、安易な思弁との妥協は呪術・迷信による治療とかわらぬ危険性をもつのである。医術はギリシア的合理性の地盤において発達してきた。ホメロスの詩にも呪術から離れ迷信から離れていく傾向がはっきり見られるのである。しかしここにおきた哲学的思弁医学は、医学の不毛とともに人間性の不毛さをも招来するのである。真の医学は、人間性（ヒューマニティ）との密接な関係なしには考えられぬのである。真の人間性の昂揚が人間の理性の自覚においてギリシア精神の科学性を築いてきたのに、単なる思弁哲学はこれを後退させるのである。こういう方法で医術をやる人たちにも似て、哲学的原理を宗教の情熱において信じ、かつ残酷な非人道的処置をする者たちというべきであろう。

これに対して、「古い医術」の論者はさらに次のようにのべている。

人体を損なうものが熱・寒・乾・湿というようなものであり、したがって正しく医術を施すものは寒に対しては熱をもって、熱に対しては寒をもって、湿に対しては乾をもって、乾に対しては湿をもってそれぞれ治療すべきであるというのなら、ここでは体質の強健な人ではなく、むしろ虚弱な人をとりあげることにしたい。この人に脱穀場からとってきた生《なま》のままの調理しない小麦を、さらに生肉を食べさせ、また水を飲ませてみるがよい。この人がこの養生法を用いるなら、たくさんのひどい目にあうだろうことは確かである、すなわち彼は苦痛を受け、身体は衰弱し、消化器は壊され、長くは生きておれないだろう。ではこのような人にはどういう手当をしたらよいか。熱や寒や乾や湿だろうか。それらのどれかだということは明らかである。なぜならあの人びとの学説ではこれらのどちらか一方が損なうのであったならそれを除くのは他の反対のものだということになるのだから。しかしもっとも明白な療法は、彼の用いてきた養生法を廃して、小麦の代わりに小麦パンを、生肉の代わりに調理された肉をとり、これらに加えてブドウ酒を飲むことである。この変更を行うのならば、長期にわたる養生法のためにすっかり壊されていないかぎり、必ず健康になるはずである。ではどう言ったらよいのだろうか。寒さによる彼の苦痛を、これらの熱いものを与えることによって治したと、それともその反対だというべきか。わたしのこの質問は問われた人をたいへん当惑させたことだろう。というのは、小麦からパンをつくった人が小麦から取り去ったものは、熱なのか寒なのか乾なのか湿なのか、どちらであっただろうか。思うにパンは火の方にも水の方にもゆだねられ、その他たくさんのおのおの固有の性質と作用をもったものを用いてつくられたのであるが、その際それらの諸性質あるものを失って緩和され混和されたのだからである。

（同上書、第一三節）

と。さらに第二〇節では直接エンペドクレスを名指して、その思弁哲学の医療観を非難している。

イオニアの科学精神は、その合理性を徹底させ、神話の想像世界から、自然のロゴス（自然の中にある合理的なメカニズム）を探究する科学へと向かったのに、思弁の哲学はあきらかに逆行する危険性をはらんでいた。イオニアの合理実証性が医学にあっていかに雄々しく在来の迷信・呪術・神話に対して立ち向かい、単なるまやかしの神業によらぬ合理的真実の使徒たろうとしたかは、また同じ『ヒポクラテス集典』の特に「神聖病」（一・二・五・二一節）の各節の中から、十分にかいま見ることができる。ここではその一、二を引用してみよと思う。すなわち、

神聖病と呼ばれている病気は実は次のようなものである。わたしの考えでは、他のいろんな病気以上に神業によるのでもなく、神聖であるのでもなく、自然的原因をもっているのである。ところが人びとは経験不足であって、この病気が他の諸病とは似ても似つかぬものであるために神業によると考えたのである。……けれども、その不思議さのために神業であると考えるならば、神聖な病気は一つならず、数多く存在することになるであろう。（第一節）

わたしの考えるところでは、この病気を神聖化した最初の人びとは、今と同様に呪術師、祈祷師、托鉢僧、野師などであるが、このものたちはいかにも神をあがめ知恵もすぐれているかのように見せかける。けれども実は神を隠れ蓑《かくみの》に使って処理に窮したのをごまかそうとしているのである。そうして無知の暴露をおそれ、この徴候を神聖とみなしたのである。（第二節）

のごとくである。ヒポクラテス医学はここまで合理化された自信のある思惟をもって医術に向かったのである。しかもそこには、環境衛生、風土の影響を観察しているし、患者の福祉のために医道に献身的に精進する医者のヒューマニズムの姿が、医師の心得として誓約として美しく語られているのである。このようなすばらしい医術ゆえに、現在までヒポクラテス医学集典の形で立派に残される幸運にも恵まれたのであろう。これは中世ではアラビア人によって受け継がれ（数々のアラビア語訳にみられる）、近世ヨーロッパ医学への美しい精神の福音となったのである。

しかし惜しいことに、ギリシア社会の全体の変化のために、奴隷制その他による技術蔑視の傾向は、医術の進歩をくいとめる結果となった。

言葉の上だけなされた結論からは何の利益も得られない。益は事実の明証に基づく結論から得られる。

（「医師の心得」第二節）

として思弁哲学の口さがない饒舌を拒否するが、

機械の使用および重大な症状の発見指摘、その他、この種のことを念頭に置くべきである。

（同上、第一一節）

としたその機械の開発も、手職蔑視のギリシア世界ではかなわず、また中世ヨーロッパにも期待できず、真の開発は近代を待たねばならなかった。

ところでまた、手による技術を使わず、ただ雄弁に自己流の医術を吹聴する弁論術の横行する古代ギリシア時代にあって、ヒポクラテスの徒たちが次のように喝破しているのはさすがであった。ここで哲学者は思弁的饒舌と美辞麗句を慎めときびしい叱声を受けるのである。すなわち、

大衆のために講演をしようという気になるならば、それはほめるべき欲求とはいえない。そして少なくとも詩を例証に用いてはならない。それは専門の業の能力不足の証拠を示すゆえんである。

（同上、一二節）

と。

第六節　デモクリトスと原子論
——ギリシア的科学思考（抽象化）の一つの結論——

ギリシアで見事に結晶した思考の抽象化は、実は徐々に進んでいたように思われる。ヨーロッパ太古

の氷河時代（前数万年）の洞穴生活をしていた人びとの多彩な美しい岩壁画の生き生きとした写実性から、ヨーロッパ中石器時代（前一〇〇〇〇～四〇〇〇年または二〇〇〇年）における思考の抽象的岩壁画への移り行きは、何万何千の年月をかけてきわめて徐々に進んでいったものであろう。さらに幾千年後にギリシア本土にあらわれた幾何学的文様土器の数々は、人間の思考にこの抽象化やメカニカルな構成の発想法への変化がかなり進んだことを物語っている。

ホメロスの人間観にしても、その魂と肉体の二分、さらに肉体がそれぞれ頭、胸、手、足などの構成部分から組み立てられているという考え方がはっきりしてくるようになる。体の用語にしても、それが建築用語と同一語源のものであることがすでに指摘されている。例えば、「デマス」（生体）は「デモー」（家を建てる）と同じ語根をもつというように。さらにイオニア植民地にあらわれる宇宙全体の機械論的な自然観、さらにユークリット（エウクレイデス）に定式化される幾何学原理への抽象化への道は、ギリシアでどしどし進められていったように思われるのである。

イオニアの多くの自然哲学探究者たちの元素観は、結局同じイオニア出のデモクリトス（B.C. 460-360）の原子観に徹底された。この系列の考え方はデモクリトスにおいてその抽象化が最も進んだというわけである。彼は、あらゆる具象をできるだけ取り去って（抽象して）、まったく同質

デモクリトスとみられるギリシア起源のものを模した前3世紀の青銅製の胸像（Mus. Nat., Napoli）。

の大きさと形によって異なる無数の原子に万物を解体した。これはまた、非常に具体的な絵文字から複雑なプロセスをへて、それだけではまったく意味をもたない表音文字アルファベット二十数文字によるギリシア語組み立てにまで抽象化された過程にも共通している。

鉄器時代に突入した古代ギリシアがこれからのメカニカルな抽象化をおしすすめる大きな動力となったことには、それなりのわけがあった。それはギリシアという自然環境・社会環境に基因するものが多かった。独立ポリスの産業商業流通機構の中での技術革新の知恵は、すぐれた抽象化の知恵でありまた母胎であった。噴出する技術革新のエネルギーと自主独立を自覚した新ポリス国家創造のエネルギー勃興期にあたって、さまざまの知恵英雄たちが活躍したのは当然であった。

これからのべようとするデモクリトスもこういう気概をもった知恵の英雄の一人であった。デモクリトスを生んだ町アブデラは、イオニアの都市国家群が大専制国家ペルシアの属国となったとき、都市の一つテオスの市民たちが属国になるのをきらい、こぞってトラキア地方にうつり、そこにつくった自由都市であった。

ペルシアの王国を手に入れるより、むしろ一つの原因を発見することをのぞむ。

（DK・六八B一一八）

と自由人・デモクリトスは語ったといわれている。この人は、当時のうつぼつとしておこる知恵のエネルギーを内に秘めた巨人たちと同じように、すべての表面的な富とか権力を軽蔑した。富や権力はきわめて移り変わりやすいものである。こういう変動するものではなく、それらを支配する動かぬ永遠の「ロゴス」（λόγος 道理）を求めたのである。

そしてこのロゴスとは、レウキッポスもいうように、

すべてのものはロゴスから必然によって生じてくる。

（DK・六七B二）

ものであった。しかし相激しく打ち合うギリシア思想家たちのそれぞれの巨峰は、ポリス相互のようにきびしく対立しあっており、その所説をみても、それぞれがみな世界を達観したような傲慢で節度を忘れた様子がみうけられた。しかし彼らはすべて、真理の深淵《しんえん》のこの必然の力に対してはまったく敬虔であったのである。そうだからこそ、デモクリトスのように無神論者・唯物論者呼ばわりされる者の思想の根底にも、この必然のロゴスの光が神々しく輝いているのである。

すべてのものは神にみちている。

（DK・一一A二二）

というさきのタレスの言葉はもちろんデモクリトスの中にも生きていると思う。

ところでデモクリトスが独力で世にいう原子論を考え出したのかどうかはわからない。が、アリストテレスによって、

レウキッポスと彼の友人デモクリトスは……

（『形而上学』第一巻、四章）

と、何度も並んでその名をあげられるレウキッポス（生死年不明）については、エピクロス（デモクリトス説を信奉したエピクロス派の祖）は、

こんな哲学者はいなかった。

（ディオゲネス・ラエルティオス『哲学者列伝』第一〇巻、一三）

といっているようだが、アリストテレスに従って実在したとしても、彼について例えば、

レウキッポスはエレアの人、しかしある人びとによれば、アブデラの人、また二、三の人によるとミレトスの人、そしてこの人はゼノンにきいた。

（『哲学者列伝』第九巻、三〇）

とあるように、どうやらレウキッポスは、ミレトス系のイオニア人で、いわゆるイオニア的元素の血統をつぐ人だったらしい。しかしその反対の西端にあって盛んに気焔をはいていたパルメニデスやゼノンからも多大の影響を受けたと考えられる。レウキッポスの若い友人デモクリトスも同様であっただろう。パルメニデスは、われわれにあまりにも明証的な運動と変化の事実を否定し、これらを虚妄として断罪した。「有」が「ある」であって、「非有」は「あらぬ」のである。感覚は虚妄であり、あるようにみえて実際にはないようなものは実は非有であり、「有るもの、存在するもの」だけを「考える」（νοεῖν ノエイン）ことができるのだと力説する。運動というものがいかに虚妄なものであるかを、ゼノン（B.C. c.490-c.430）はのろいカメを追いこせぬ足の速いアキレスの例で示した。そしてここには幾何学の無限分割の武器がつかわれた。ところでたえず動き変化するこの世の一切の現象を捨象して唯一の絶対に分割できぬ「一なるもの」の真存在を、パルメニデスやゼノンのエレア派は主張したのに、これと対照的に、かのヘラクレイトスは、あらゆるものは変化するという πάντα ῥεῖ（パンタ・レイ「万物流転」）の主張を対立させたのである。しかしデモクリトスは、あたかも行司のように、西土俵、東土俵の両英雄を取り仕切る役目を引き受けるのである。

　東西を左右両方にみる恰好のアブデラの町は、北のトラキア地方にある。が、やはりそこの町スタゲイラに生まれ、パルメニデスを巨匠とあおぐプラトンを師として三十年も教育を受けたアリストテレスの発言は注目される。彼は、エレア派の運動・変化の諸事実を無視する態度をほとんど狂気のなせるわざといって非難している。大哲学体系を樹立した公正たるべきはずのアリストテレス審判官でさえ、この現象界の「もの」を虚妄として断罪するパルメニデスやゼノンに対しては、

理論的には、これらの意見は論理の当然の帰結と考えられるけれども、事実の上でみるなら、こんな考え方をするのは気ちがい沙汰に近いように思われる。実際、気ちがいにしたところで、火と水が一つであると思いこむほどに正気を失っている者は一人もないのであって……

（『生成消滅論』第一巻、八章）

というのである。

行司となるべきものが相手を気ちがい呼ばわりするのはどうかと思われるが、しかしデモクリトス（レウキッポスも含めて）は、勝負のつかぬこの両者を引き分けにし、それぞれの長所をとり、一つのいわば総合的な宥和的な解決論を展開したのである、と考えられる。その総合力のスケールにおいてデモクリトスの力量の方がはるかにレウキッポスにまさっていたのであろうか、その反対であろうか。とにかくデモクリトスの原子論は、上のようないきさつで、万有を公正に思考する知恵から生み出されたものである。倫理的なもの、自然学的なもの、分類されないもの、数学的なもの、音楽的なもの、技術的なもの、というようにである（DK・六八A三三）。しかもこの文体はキケロによると、

プラトンとデモクリトスの言葉はたとい詩形から遠ざかっていたとはいえ、しかしいっそう生き生きと躍動し、語句の非常に明瞭な光を用いているので、喜劇作家のものよりも、いっそう詩と考えられるべきだ、と多くの人びとに思われた。

（キケロ『弁論家』第一巻、二〇・六七）

とあるが、その美しい立派な著作も、プラトンのものとは対照的にまったくほとんど失われてしまった。私たちが現在ごく断片によってしかデモクリトスを知ることのできないのは、運命のいたずらとはいえほんとうに残念なことである。プラトンが時流にのったのに対して、デモクリトスはプラトンよりはるかに科学的要素に富んだものでありながら、近代科学のめばえる余地のほとんど衰微していった時代（以後の二千年ほども含めて）にあったため、ほとんど残らなかった。このデモクリトスの逆境を思うとき、彼の光る著作の喪失はいっそう惜しまれてならない。

ホメロスのオリュンポス神たちの躍動する詩に対して、その神々の猥褻《わいせつ》を非難し、真の神を頌《しょう》する讃歌をつくったクセノパネスや、また存在の理論をといたパルメニデスなど、西方の詩人哲学者（唯一神に酔ういわば狂気の哲学者）たちに対して、デモクリトスは散文で著作をものしたといわれる。しかも彼は、西方の神秘主義・理想主義に対して、現実主義の「もの」重視のイオニア科学精神の伝統をつぐものである。しかしこれは、浅薄な唯物論として片づけられ葬り去られるべきものではない。

真実には何ものもわれわれは知らない。真理は深きにあるゆえに。

とはディオゲネスが『哲学者列伝』（第九巻、七二）の中でつたえているデモクリトスの言葉であるが、デモクリトスは真実の深みにできるだけ至りつこうとしたのである。

まず打ち消しがたい実有の「もの」の実体をほりさげ、万物がそこからつくられるものとの「もの」の最小単位に達し、それを「それ以上分割できないもの」という意味で「原子」（アトモス）と名づけた。分限分割の武器によって、運動と変化を否定したエレア派が、幾何学（数学）の純粋理論でイオニア的「もの」に切りこみ、そういうものによって切りこまれる一切のものを否定して、それに切りこまれない「真有」のことを「実在」（ウシア）としたとすれば、デモクリトスは、どこまでもイオニア的「もの」・「アトム」を数学的原理によってではなく、物理的原理によって規定し、それで一切のものを説明しようとしたのである。するといろんなものがかなりあざやかに説明できたのである。

一番多くの土地を見、非常に広汎にわたって探究しながら旅行した。そして空と大地との最も多くの部分を見、最も多くの学者たちにきいた。そして証明をしながら作図することにかけては、いまだ私にまさる者は一人もいなかった。エジプトのいわゆるアルペドナプタイ（土地測量者たち）さえそうだった。（しかしこの『断片』は文献学者ディールスによって偽作とされている。）

と自負したといわれるデモクリトスが、この分割できない「もの」の考えに到達したのは、彼が結局は物理的にものを考えたのであって、数学的ではなかったからである。といっても、ここには数字に堪能な者として、数学をすぐれた武器としているのは明白である。しかし分割できないアトムにパルメニデスの真有（真存在）の性質をになわせて、このアトムこそはあなた方のエレアの方々の分割できないというものですよ、と刃《やいば》を返したのである。

ところで、分割していけば、そこに物理的には当然空間ができる。この空間は何もそこにはない「空虚」（τὸ κενόν ト・ケノン）である。それに対してそれ以上分割できないパルメニデス的真有のアトムは「充てるもの」（τὸ πλῆρες ト・プレーレス）である。両者がデモクリトスのいう万物のもとのもの、万物を成り立たせているものなのである。木やリンゴや石までわれわれが切ることができるのは、それらがこの「ケノン」（空虚、空間）をもつからなのであって、まったく充実しているなら切り離すことはできないはずである、と彼は考えた。しかしこの「何ものもそこにはあらぬもの」は「あらぬ」のだから非有であり、非有は「考える」（νοεῖν ノエイン）ことはできぬのであり、ノエインできるものが真実在であり、それ以外のものは虚妄であるというのが、パルメニデスやゼノンの考えである。彼らには、「あらぬもの」（τὸ μὴ ὄν ト・メー・オン）である空虚の存在はまったく考えられないが、現実にものの世界で運動を肯定しようとするイオニア学派では、どうしてもこれが必要である、とデモクリトスは考えたのである。この点でデモクリトスはタレス以来のイオニア的「もの」の考え方の基本線に立っていた。

ところで万物を構成しているものが、〝τὸ ὄν〟（ト・オン「有るもの」）である「アトム」（原子）と〝τὸ

μὴ ὄν」（ト・メー・オン「有らぬもの」）である「ケノン」（空虚）であるとすれば、もちろん両者とも同様に物理的に存在するものなのである。イオニア・ミレトス派の元素（原素、もとのもの）は、デモクリトスにあっては、いわば「アトム」と「ケノン」である。そしてこの両者は無限なのである。無限というのは、無限に空間に無数のアトムがあるということである。無数のアトムは、実質はまったく同じであるが、その大きさや形が無数に分れるものであるが、不生不滅の永遠性（神聖）をもち、決して生じもせず滅びもしないが、これらの離合集散の結果できる諸物が、生じたり滅びたりするだけなのである。さきほどもいったように、「深きにあってわれわれにとどかぬ真理の秘密」を探りながら、デモクリトスがたどり得た元素観はこの原子論であった。

彼にとっても、

> 認識には二つの種類（ἰδέαι）があり、一つは真正のもの、一つは闇のもの。そして闇のものには、すべて次のものが属する――視覚、聴覚、臭覚、味覚、触覚。しかしもう一方のものは真正で、さきのから、へだてられている。
> （DK・六八B一一）

のである。例えば、われわれに甘い、辛い、温かい、冷たいと感覚されるものは、すべて種々さまざまのアトムの動きや接触にほかならず、例えば、ヒリヒリする味は、その形態が角立っていて曲りが多く小さくて薄い原子が、尖って速やかにいたるところにもぐり込んでいくから、と彼は説明する。また甘い味は、まるくてあまり小さすぎない形態のアトムの運動の結果おこるもの、という風である。魂は一種の火で、速やかに走る球形原子の寄り集まったものと考える。これらの原子は、それぞれが勝手に任意に動くというよりも、近代科学の力学においてのように機械論的に動く。すなわちデモクリトスの言葉では、必然のロゴスに従って動くものである、と考えるべきであろう。アナクサゴラスのように、これらの諸原子を最初に動かすヌースのようなものはない。まったく必然の因果というロゴスが支配するが、あとでのべるニュートンのように、おそらくデモクリトスは、これまでの先人たちの誰よりも、この自然を論理的に整然と説明できたと考えたであろう。そして幸運なエイドーラに出逢ったかのように、「笑える哲学者」として生涯を楽観して送った。物質の上でも精神の上でも節度を守りながら立派に送ったものと思われる。アトムが永遠なものであるとすれば、それを動かすもの、最初の起動者として何かを想定してほしい、と思う者があるかもしれないが、それはニュートンと同じく、デモクリトスの心をあまり悩ますことはなかったであろう。神の御意のままにである。

彼の倫理観は、まったく素朴で公正なものだったと思われる。デモクリトスは、彼の町アブデラの人びとの「人間のいろいろの営み」をさげすみ、彼らのその日その日の生活を笑い、彼らを馬鹿者あつかいしたといわれるが、アトム論者には、一般にこの種の楽観論者が多かったように思われる。

ほどよい財産で愉快に暮らしている者は幸福である。しかし多くの財産で不愉快に暮らしている者は不幸である。

（DK・六八B二一〇）

と語る「笑える哲学者」は、

罪の原因はより善いものについての無知である。

（DK・六八B八三）

として、ことのほか知を愛する者であった。デモクリトスが自分の残された莫大な財産を旅の見聞に使い果たしたことは、象徴的意味をもっている。物質的には無財産になった代わりに、あふれるような貴重な知の財産家となったといわれるデモクリトスは、もちろん人間の幸福条件を、

身体によってでもなく金銭によってでもない、むしろ心の正しさと知恵の多さによってである。

（DK・六八B四〇）

と喝破できる自由人であったのである。

第二章　哲学と人間の問題
——ソクラテスの提起したもの——

第一節　アテナイとソフィストたち

やがてギリシア世界「栄光の都」としてうたわれるはずの「アテナイ」(アテネ）については、ホメロスでさえあまり知らなかったように思われる。輝かしい古代ギリシアの英雄たちをうたった『イリアス』の中に、アテナイの名はほんのちょっとその顔をのぞかせてはいるが、アテナイの英雄はまったく無視されているといってよい。しかしミュケナイ文化のうちに占めることあまりに貧弱なそのアテナイが、青銅器文化崩壊後の鉄器時代の幕あけとともに、徐々に頭角をあらわしてきたのである。

前十三世紀ごろからギリシアは風雲急を告げ、やがてミュケナイのその他の王城は次々と焼き払われていった。しかしアテナイは不思議とその破壊からまぬがれた。ドーリア人の侵入はミュケナイ王宮文化を崩壊させたが、ギリシア全土をおおった混乱の暗黒時代を、アテナイはドーリア人の侵入からイオニア人を守り抜いたのである。こうしてアッティカの他の町をしたがえたアテナイは、この地域の統一を成し遂げて新時代への飛躍にそなえるのである。

ドーリア人侵入後、アテナイも他の町と同様、王政に終止符がうたれた。伝説によると前一〇六八年のことである。このあと数百年、寡頭政治とか貴族政治がつづいた。しかし鉄器時代の新しい商業経済で、アテナイはその多くの植民地にいち早く僭主制をつくり、繁栄のもとを開いた。またアテナイの隣りのメガラは、テアゲネスという僭主の支配下にあって栄え、アテナイでももはや寡頭政治は古い魅力のない体制とみられるようになった。旧態依然とした古い政体に対して、僭主制は、水路の建設、産業の新興などの有益な手段により、新しい商業経済の波にのって繁栄した。

通商の拡大によりポリスは、穀物の輸入が容易になり、生産コストの安い穀倉地帯から穀物の調達をし、自分のところでは、コストのかかる食糧生産よりも利益の多い特産物の生産に切り替えた。この方がはるかに得策であることがわかってきたからである。こうして安い穀物と交換するための織物、陶器、ブドウ酒、オリーブ油などの特産物生産が盛んになった。穀物輸入の増加とともに人口も増加して植民活動も旺盛になった。また商業経済のために物々交換が貨幣経済に切り替えられた。才覚をいちはやく働かせて商業振興につとめたところは、多量の富がどっと流れこみ繁栄することになった。こうして新しい富をバックにした商人たちが、新しい権力を握るようになって、地主・貴族と権力をめぐって争うようになった。

しかし一方、金の急激な流入が物価の上昇をきたし、インフレがおこった。こういう貨幣経済のもとで、しかも安い食糧輸入によって、健全であるべき農民層に暮らし向きの苦しくなるものが続出した。借金をするものが増えた。それに前六二一年には非常に過酷なドラコン法が制定された。これは借金を背負った農民たちが借金を払えないときは奴隷にするというきびしいものであった。このような深刻な危機がアテナイを混乱にまきこもうとしたときに、賢者ソロンが出てきて、その知恵がこの危急を救ったのである。

前五九四年に執政官になった彼は、法律を改正し、借金をすべて帳消しにして新しくやりなおすという徹底政策を断行した。借金のために奴隷にするという習慣をやめさせ、すでに奴隷になっている者を自由にしたばかりか、外国にいる者を国費で買い戻した。こうして政治上・経済上の大改革をおこなった。彼が、真に知恵ある者として、しかもその立派な家柄と貿易によって得た富をバックに、きわめて寛大なポリス中心の均衡策をとり、アテナイ結束によるポリス全体の繁栄をきたしたことは、まことに目をみはるものがあった。その善政は永久に記念されるであろう。しかしソロンの知恵は「極端を慎む」ということにあった。富には限度というものがない。これはヒュブリス（傲慢）の元凶である。傲慢はポリス各個人の争いを招き、いつ果てるともない混乱をきたし、はてはポリス全体の滅亡、個々人すべての破滅へと突進する。こういうわけでソロンは中庸の徳を信条とし、裁停者としてあらわれ、対立抗争している極端な富者と極端な貧者の均衡をはかろうとしたのである。各人に正当の権利を与えようとした彼は、一般の人びとにも政治に参加できる民主主義体制をしいた。

しかしソロンの均衡政策は、不平等は不平等として認めながら富者の富を貧者にも利用できることにしたことで、富者と貧者の別をなくすというのではなかった。土地をのみ富として認めた上で、その富の多少によって全体を四階級に分けた。執政官を選べるのは上の二階級だけ、下の二階級はただ政治に参与できる権利をもったにすぎないし、どんなに金があっても、有能な職人であっても、土地のないものは、執政官になれないという制約はあった。ソロンは、アテナイの商工業発展のため他の都市から有能な働き手をどしどしアテナイに移り住まわせた。彼はこうしてまるで啓蒙僭主のように（僭主の座は拒否したとはいえ）、次々と栄光の都アテナイの国づくりの基礎をつくっていった。その民主政策は不平等の中の均衡をつらぬいた。

ソロンその人が貿易によって大金をもうけたことによってもわかるように、彼とその後の為政者たちは商業政策をすすめ、穀物は黒海の穀倉地帯からの輸入にあおぎ、自分の土地は利益の多い特産物生産に精出した。こうしてアテナイは特殊農産国になった。しかしこのため黒海への長く広い海上ルートを守る必要から、やがて海軍を強化する軍事大国になる必要が生じた。そしてこの軍事大国化・帝国主義化がアテナイの栄光の最盛期をつくり出しもしたし、また恐るべき没落へのきっかけもつくり出したのである。ペルシア軍事大帝国のギリシアへの侵攻とそれを迎え撃つギリシア・ポリス諸国の連合軍（主力はアテナイとスパルタ）、これが死闘をくりかえしたのはマラトンの野やテルモピュレーの峻険での陸戦、サラミスの海戦などであったことは有名である。

大国ペルシア対ギリシア小都市国家群、専制帝国主義対自由共和ギリシア主義のこの対決の結果は、はからずも後者の勝利に終わった。この勝利で、アテナイはその海上覇権をますます強め、それがスパルタをしのいでギリシアの栄光を一時期ひとり占めにするもとをつくったのだといえる。ますます時流にのって商業貿易をその海軍力でおしすすめるとともに、デロス同盟をつくって引きつづきペルシアの勢力にあたるとともに、ポリス各国からデロスに集められた中央金庫のお金なども利用して、アテナイはみるみるうちに栄光の座についた。その基盤の弱さ、運命の変転はいろいろあったし相次いでおこりはしたが、アテナイに高くそびえるアクロポリス神殿の燦然としたその誇りは、その後数十年はつづいたのである。

ペリクレスというアテナイの黄金時代をつくった政治家がうまれたのは、記念すべきマラトンの戦いの年、前四九〇年であった。立派な家柄に育ち、立派な教育を受けた彼は、ソロンのしいたアテナイ民主主義路線をすすんだ。ソロンの均衡政策は中流階級をその大きなかなめにすることであったし、またその指導者であったアルクマイオン家を重んじもした。そしてまたペリクレスはそのアルクマイオン家の一員であったのである。彼はどんどんと流入してくる金をバックにして有能な人材をアテナイに招いた。給料制度をつくって、アテナイの富を働く下々のものにまで潤すようにした。

折から、すでに前四九四年イオニア植民地の反乱のときに、ペルシア方によって焼き払われ再起不能になったミレトスその他のイオニア地方から、難をのがれ四方に散った人びとがいた。イオニアに残る輝かしい哲学・科学の知恵は、このようにして富んだ母国アテナイへと流入した。その中には長い間ペリクレスのブレーンとして活躍したアナクサゴラスがいた。彼は前五〇〇年ごろイオニア地方のクラゾメナイで生まれた。アナクサゴラスはその知恵によってペリクレスを大いに啓蒙し引きつけたにちがいない。その知恵はとりもなおさずイオニアの合理的な哲学科学の精神であったにちがいない。プルタルコス（c.45～c.125）は『英雄伝』「ペリクレス」四でアナクサゴラス（BC. c.500-c.428）のことを、しかしペリクレスと一番親しく交わって彼に、威厳と、民衆扇動以上に重みのある思慮とを一番多く与え、その性格の品位をあらゆる点で高くあげたのは、クラゾメナイのアナクサゴラスであって、この人を当時の人びとは「精神」(Νοῦς ヌース)と呼んだ。

とつたえている。彼がペリクレスの愛顧のもと三十年間もその有力なブレーンの一人としてとどまることができたのは、彼がアテナイの繁栄に大いに寄与するものがあったからにちがいない。しかしペリクレスにも多くの政敵はおり、彼を貶めるために、親友であり異邦人であるアナクサゴラスを種にして、ディオペイテスは、神のことを信奉しなかったり、天象に関する学説を教えたりする人びとを罪に問う法案を提出しようとした。ペリクレスはアナクサゴラスのことを心配してこの人を国外へ去らせたといわれている。

アナクサゴラスは、当時の進歩的見解の持ち主で、一般人のように太陽をヘリオス神として神聖視する俗信の立場をとらなかった。太陽は燃える物体であり、地球・月などの星と同じく、その数においても無限である「種子」から成り立つものであると、説明した。これらの種子の混合・離散はあらゆるものの生成・消滅なのであるが、これらの種子そのものは生成も消滅もせぬ常住のものである。そこにまた、これらに運動を与える「ヌース」(理性、知的精神)が登場する。

これは何ものとも混合されず、無限で独裁的なものである。あらゆるものに、交わらず純粋で、あらゆるものについて知識（γνώμη グノーメー）をもち、力にかけては最大であるからだが、ヌースは魂をもつかぎりのものを、それが大きなものにせよ、小さなものにせよ、皆支配する。

（DK・五九B一二）

のである。これが種子の旋回運動をおこし、そこにおこった運動が、冷温を分け、粗密を分け、明暗を分け、それぞれ混合集合のあるグループをつくることになって、世界や世界にある万物が生じてくるのだ、と彼は説いたのである。

アナクサゴラスのこのヌースはいわば客観的な自然界の中の独裁的な知恵者の性格をもっている。すべてを支配し統合し美しく善く治めるのも、その知者次第という当時の僭主制を象徴しているように思われる。ペリクレスの知恵もこのヌースの片割れと考えることができる。アナクサゴラスのような知恵ある人たちが、自由の気あふれる花の都アテナイにひきよせられるのも、理の当然といわねばならなかった。この美しい花の蜜に群がりよる蜜蜂は、ひとりアナクサゴラスばかりではなかった。実に多くの知者が、ペリクレスならぬその当時のアテナイの富者のもとに召し抱えられ、子弟たちを教育し、知恵を鼓吹した。当時のアテナイは役人に給料を金《かね》で払っていたし、商工業の盛んな金《かね》の豊富な国内においては、周囲から集まってくる者たちに、教授料としてお金を払う習わしができるようになった。「知恵あるものたち」（σοφισταί ソピスタイ）によって、同じ材料は美しくもなり醜くもなり善くもなり悪くもなった。かつては全ギリシアにその名をとどろかせた七賢人たちも、その才覚で光っていたし、ソロンもその知恵で、混乱のアテナイを繁栄のアテナイへと急転させたではなかったか。

ヘロドトスは、ソロンを、さらにピタゴラスをソフィストと呼んだではないか。アンドロティオンは七人の者を——あの賢者たちのことをいっているのだが——ソフィストたちと名づけたではないか。そしてまた有名なソクラテスをも。しかし他方で、イソクラテスは論争を事とする人びとや自分自らそう称するであろうところでは、弁証家たちや国の状態を論究する人びとのことを哲学者と呼んだではないか……ともかく思うにソフィストというのも、普通には一般的な名称であって、この「哲学」というのは一種の「愛美」（φιλοκαλία ピロカリア）や言論に関する研究を意味していた。そして今日使用されているような意味はもたず、むしろ一般に「教養」（παιδεία パイデイア）という意味であった。……そしてその名称に反対して一番はっきりと立ち上がったのはプラトンであるように私には思われる。この原因は、彼が大衆をも彼の同時代の人びとをも軽蔑したことにある。しかしまたこの名称を彼は非常な賞讃のために使用していることも明らかである。というのは、一番の知者であって全き真理をもっているると彼の認めるあの神を彼は「完全なるソフィスト」と呼んでいる（プラトン対話篇『クラテュロス』四〇三E）からである。

（DK・七九・一）

ソフィストたちといわれる者たちがアテナイの啓蒙に知的教育に大きな貢献をしたことは明白である。

しかしそのような知恵がなぜそれほどまでに強く要望され、高い給料を払ってもいわゆるソフィストを傭《やと》い、知的教養を高めなければならなかったか。それは才覚とか知恵がポリス社会で必要だったからである。その当時の特にアテナイは、ギリシアの中心的存在として他を従え、大いに版図を拡大しようとしていたが、ギリシアは、もともとその風土の閉鎖性などもあり、小権分立、お互いはきわめて乏しい物資のもとで生活せねばならなかった。他に侵されないために、きわめて猜疑的で嫉妬心も強かった。各都市は、どのように他と連合し、あるいは反目し、自己の利権を守ったり、拡張したり、植民活動するかに精力を使った。しかもこのためには、いたずらに戦いをして大切な市民兵団を消耗することより、相手を説得する平和手段に訴えることが非常に大切なことであった。連合をすすめて共通の敵にあたる等々……。その弁舌の上手下手は当然国の危急存亡にもかかわることであった。しかもそれには筋がとおり知性もあり説得力も要求された。

このような時代背景の中にあって、特にアテナイは風当りも強く、それだけ一層自分自身が強くならなければならなかった。ギリシアの中の最も美しい知的文化の担い手であり、金もあり、軍備も政治力もなければならなかった。しかしそれが、やっとペリクレスの時代に最も華やかに訪れたのである。だから、知恵と教養と弁舌と金がいかにアテナイにおいて重んじられていたかは想像にかたくない。

プロタゴラス（BC. c.485-c.415）、ゴルギアス（BC. c.483-c.375）、プロディコス（ソクラテスより年長の同時代人）、ヒッピアス（前三四〇年ごろ活躍）、カリクレス（前五世紀活躍）、トラシュマコス（前五世紀活躍）等々のいわゆるソフィストたちは、プラトンによってその対話篇の題目や内容に盛んにとりあげられた人物たちである。そしてみんなアテナイにやってきていた人たちである。これらのソフィストたちをみていると、まずプロタゴラスはトゥリオイ市建設のときこの法律を書いたといわれる人である。ゴルギアスも、

ソフィストであるあの有名なレオンティノイのゴルギアスは、レオンティノイ人たちのうちでは一番公事をなす力をもったものと考えられて、その故郷からの公の使節として派遣されてこの地へやってきた（前四二七年）。そして民会で弁論が非常に上手だと思われたが、また私的にも弁論の演示をしたり、青年たちに教授したりしてたくさんの金をつくってこの国から持ち去った（プラトン対話篇『大ヒッピアス』二八二B）。

といわれる人であり、特に「ヘレネ讃美より」（DK・八二B一一）によれば、

ヘレネを説得して、彼女の魂を欺いたものが言論であるならば、またこのことに対して次のごとく弁明して、彼女の罪を解消するのも、困難ではない。すなわち言論は偉大な有力者であって、それは非常に小さなまったく眼につかない身体をもって非常に神的な仕事を完成する。なぜならそれは恐怖を止めさせ、苦痛を取り除き、快楽をつくり出し、憐憫を増さしめる力を有しているからである。

というように、言論が重んぜられ説得が重んぜられている。ここから弱論を転じて強論にすることも可能になってくるのであるが、さらにプロディコスについても、プラトン対話篇『大ヒッピアス』(二八二C)に、

〔ソクラテスの話〕われわれの友人このプロディコスはしばしば他の時にも公務でやってきたが、しかし最後に近頃ケオスから公務でやってきて、評議会で演説をして大いに人気を博した。また私的にも弁論の講演を行い、青年たちに教授して実に驚くほどの金をもらった。

といわれる。またヒッピアスも同じ対話篇(二八一A)に、

エリスは国々のどれかに対して何かを遂行する必要がおきると、いつでも市民たちのうちでまず私のところへやってくるのだよ。私を使節に選んでね。私もそれぞれの国からいわれる言葉のまったく申し分のない裁き手や報告者だと考えるものだから。他の国々にもしばしば使節として赴いたが、しかし最もたびたびしかも一番重大なことについてスパルタへ赴いた。そういう次第でこれは君のきいたことだが、これらの地方へは来れないのだ。

と自画自賛してあらわれている。

しかしとにかくこれらの人びとに高いお金を払うのは、そうするに価《あたい》したからにほかならない。彼らは過去にさかのぼり、いろいろな知識をもって、甲論乙駁が自由自在にでき、利益をもたらす有能な弁論家であらねばならない。「正義とは強者の利益にほかならぬ」ということを説くプラトン対話篇『ポリテイア』(『国家』篇、三四四A以下)における、

だから、この人を考察してみ給え。君がもし不正であることが、自分にとって、個人的には正しい人にくらべ、どれだけ多くの利益になるかを判断しようと思うならば、ね。そしてそのことを何にもまして最も容易に学ぶことのできるのは、不正を犯した者を最も幸福な者にするが、しかし不正を働かれて、しかも不正をなすことを欲しない人びとを最も不幸にする最も完全な不正のもとに行ってみる場合である。そしてこれは僭主制である。それは他人のものをそれが神聖な神にささげられたものにせよ、公のものにせよ、秘密にあるいは無理に奪いとるのに、少しずつではなく、一緒にごっそりとやるのである。しかしこれらのもののそれぞれの部分で、もし人が不正でも働いて露見するなら、罰せられて最大の非難を被るのである。というのは神殿荒らし、人さらい、闖入《ちんにゅう》者、詐欺師、泥坊と呼ばれるのは上のような悪事を部分的に働いた奴等《やつら》だから——思うにもし人が国民の財産のみならず国民自身までも奴隷にして隷属させるときには、いまいった悪名の代わりに、幸福至幸な人びとと呼ばれているのである。それも国民からばかりでなくて完全な不正を彼が働いたことを聞いた他の皆の人びとからもそうなのである。なぜなら、不正をなすことではなくて、それを身に被ることを恐れて、不正を非難する人び

とは、非難するのだからである。以上のごとく、ソクラテス君、不正はそれが申し分なく実現されれば正義よりも強力であり、また自由人らしきものであり、また主人らしきものである。そしてこれは最初に僕のいったとおり、正しいことは強者の利益であり、不正なことは自分自身のためになること、利益になることなのである。

という論である。

このような論議は、さらに議論を呼んだ。現実的に問題を処理し当時の権謀術数の渦中を時局に便乗して泳ぎまわった連中の中には成功したものも失敗したものもあった。ときの浮き沈みは絶え間なかった。しかしこれらの中にあって浮沈から超然とした一つの理想主義的な立場からこの現実派のソフィストを批判しようとしたものにプラトンの立場があった。プラトンはソフィストたちよりもっと雄弁に、結局「ソフィスト」なるものを集約して、対話篇『ソフィステース』（二三一ＤＥ）で次のようにのべる。

発見されたところでは、ソフィストはまず第一に金持ちの青年たちを狩る金で雇われた猟師である。……第二には魂のための知識を商う一種の貿易商人である。……また第三には同じものを商う小売商人としてあらわれたのではないか。……また第四には、われわれの見るところでは知識の自製販売人であった。……第五には言論の競技における一種の競技家で、自分の領域として論争術を限ったものであった。……しかし第六は疑問の余地はあったが、それでもわれわれは彼に譲歩して、彼は知識の障害になる意見を魂から浄める人である、とした。

と。またクセノポンはソクラテスの『思い出』(第一巻、六・一三)の中で、

知恵に関しても同様で、それを金で誰にでも望む人にちょうど売春のように売る人びとをソフィストと、彼らは呼んでいる。

とのべている。またアリストテレスは、

ソフィスト術とは、知恵と見えはするが、しかし実はそうではないものであり、ソフィストとは、知恵と見えはするがしかし実はそうではないものから金を儲ける人である(『詭弁論駁論』第一章)。

などといっている。

ソフィストなるものがだんだん悪名高くなっていくわけは、浮沈のはげしい政略世界にあってそこを泳ぎまわるには、弱論を強論にし、真実かどうかであることよりも、相手をこうと思わせる単にたくみな説得術だけが問題であったからであろう。さらにそこに金で取引される知識は、あちらこちらと自分を雇ってくれる人とか都市を求めて渡り歩く放浪生活の節度なさを生む。さらに人間の知恵をさらには

魂までも商品化してしまうという商工業時代の悪習を生んだ。しかも競争のはげしい時代に、それに拍車がかけられて、ソフィストをさらに悪名高いものにしてしまうことになった。しかしソフィストの知識を単に見せかけであるといい、その倫理的な欠陥を悪しざまにいい、その悪い面ばかりを一方的に描くのは、ソフィストの実態をきわめて曲げて解釈することになるであろうと思われる。

ソフィストの見解が、プラトンやアリストテレスの「存在の哲学」（これが実は哲学の主流になった）に向かわないで、「生成の哲学」に向かったこと、すなわち、「われわれ人間の魂は本来正義を愛し善を愛し美を愛するすぐれた魂をもつポリスの市民としての素質をもつ存在である」とプラトンがいうのに対して、ソフィストは「われわれはきわめて蒙昧な状態からだんだん進化して協力生活をするようになり、そこにいろいろの経験を積んで現実のごときポリス人となった」と主張するのである。このような現実主義者の見解と、プラトンのような理想論者の見解をくらべると、得てして現実家たちの見解の方が、その論のごとく歴史の生成のうちに埋没してしまうものである。これに対して、理想主義者の見解の方は、その永遠の主張のように、長く残っていくのかもしれないが、現実を把握するいわゆる科学的な見解からするならば、ソフィストたちの歴史的な人間把握においては、それなりの打ち消しがたい真実性があるのである。

プロタゴラスの「人間は万物の尺度である」といった言葉が、絶対的な真実を否定し、相対的な真実しかこの世にはないことを主張したとなっている。が、人間の主張を歴史的に見てくるならば、客観的真理を主張する人びとの見解がいろいろ種々雑多に分れている現実からいって、それは致し方ないことであろう。そこで何を信ずるかは、各人の自由であるといえばよかろうが、そこにはより良いものと、より悪いものという一般的な基準（κριτήριον クリテーリオン）が自然にあったものだとしかいえない。プラトン対話篇『テアイテトス』（一六六D以下）にも、

> いいかね、前にどんなことが言われていたかを想いおこしてみたまえ。すなわち病床のものにはその口にするものが苦きものとしてあらわれ、またそうあるけれども、健康体のものには、その反対があり、またあらわれるといわれていた。ところで、この両者はいずれもこれ以上に知恵ある者となすべきものではない。なぜならそれはまた不可能でもある。また、病身のものはこのようなものを思いなすがゆえに知恵なき者であるとか、健康体のものはこれを異なるものと思いなすがゆえに知恵ある者であるとか、そんな風に決めて言うべきものではない。ただ為すべきは、体の具合（持ち方）がその片一方のものへと変化させるということである。そして教育にしてもまたしかり、為すべきは、身の持ち方（持前）をその一方から他のより良い持ち方へと変化させることである。ただ異なるところは、この変化をもたらすのに、医者は薬品を用いるけれども、〔知恵の指南者〕ソピステスは言論を用いるものである。

ということなのだが、果たして「これがよりよい」」、さらに「一番よいものは」と論をすすめていくうちに、その「決め手」「基準」がソフィストたちの論からは出てこないという難点があるのである。いわゆる相対論の難点である。

客観的にこれがよい、これが正しいというような立論はどうしても立てられない。不断の移り変わりによって、同一人においても幼いとき、青年期と、次々と物の見方がちがってくるし、そのつどつどの知覚・感覚が真としても、それでは何が最も正しく善いかの決め手がない。ここから、同じものについて正反対の主張も同様に正しいと認められることになり、あらゆることについて賛成も反対もできるということになってしまう。そのようなことから正義とは強い者が弱い者を力でおさえて、これが正義だといえばそれがとりもなおさず正義ということになり、法律とはこのように「人為によって」(νόμω ノモー）制定される。武力によるか、弁舌の力によるかはともかく、ときの権力者が自分の利益になるように定めた事柄が、その国家において正義として通用し、権力者の利益に反することが不法とみなされる、というようなトラシュマコスの「正義は強者の利益」という前提の議論に対して、カリクレスは「正義は弱者の利益」といって、表面上はむしろトラシュマコスと反対の立論をする場合もおこってくる。すなわち、

　奴隷は誰でも不正をされ、顔に泥を塗られても自分で自分を救うことができなければ、また自分が気にかけている他の人を救うことができないのだ。むしろ私は思うが、法を制定するのは弱い人間ども、すなわち多数の人間どもなのだ。だから彼らは自分自身にとっての利益を目当てに法を制定し、また賞讃を加えたりする。すなわち、人間どものうちで力があって、余計にとることのできる人びとを恐れさせて、自分たちより余計にとることのないようにするために、余計にとることは醜いことであり、不当

なことである、そしてこのことが、すなわち、他の人びとより余計に持とうと努めることが不正をすることだ、という。なぜなら、彼らは下らぬ人間だから、等しいものを持つなら、それで思うに自分たちは満足するからだ。だからこういう理由で、法の上では（νόμω）、多くの人びとより余計に持とうと努めることが、不正なこと、醜いことといわれる。そしてそのことを彼らは不正をすることと呼んでいる。しかしだ、私は思うが、本性そのものはそのことを、つまりよりすぐれた者がより劣った者より、またより力のある者がより力のない者より余計に持つことが正しいことである、ということを明らかにしている。そしてそれがそうであるということは多くのところにおいて明らかなのだ。つまり他の動物どもにおいてもそうだが、人間どもの国全体や、その種族においても正しいことというのは、そういうふうに、すなわちよりすぐれた者が劣った者を支配し、余計に持つことだ、というふうに決定されているのは明らかだ（プラトン対話篇『ゴルギアス』四八三ＢＤ）。

というのである。

カリクレスを民主制に対する理屈であるとすると、トラシュマコスの民主制にとって代わった僭主制、または寡頭政治の理屈であるといえよう。「本性によって」（φυσει ピュセイ）正しいことと、「法によって」（νόμω ノモー）正しいこととの見解のちがい、また当時僭主制によって幸せを得ていたものと民主制で繁栄していたものとは、とにかく両立しえたし、これらの理屈も両立しえた。どちらに絶対の正しさがあるかは、とにかく決められぬことであった。が、そのような時代をソフィストの論理は代表していたといえよう。また存在は一定しないで、現象形態は盛んに移り変わる時代思潮を反映して、ソフィストたち「になる」という論理を「である」の論理に対立させ、人間が神を信ずるようになったのも、

われわれ人間の生活に利益を与えてくれるものと昔の人びとはその利益のゆえに神々を信じた。それはちょうどエジプト人たちがナイル河を神として信じていたようなものである。

（DK・八四B五）

各種族にとって神々となったものは他の種族には神々ではなく、また時代がかわれば、そのような神々も神々ではなくなってくる。あらゆる敬虔という観念にしても農業と関連して生じてきたのである。

（DK・八四B五）

というふうにして、ホメロス時代の神々も、同様にして生じまた消えていったのである。

ところで、ソフィストの弁論によっていわゆる弁論術が盛んになったが、ゴルギアスは、例えば、

正と不正とに関する説得を、知識を授けることによってではなく、信念をもたらすことによってつくり出す職人である（プラトン対話篇『ゴルギアス』四五三A）。

といわれはするが、彼は、存在の真理の基準を廃し、その『自然について』と題する著作においても(DK・八二B三)、三つの主要な点を次々に確立しようとして、完全な懐疑論を手品を使うように展開してみせた。これを展開した真意がどこにあったかははっきりしないが、弁論によって存在そのものの絶対真理を否定しようとしたのかもしれない。何ものも有らぬ、たとい有るにしても人間には把握されない、たとい把握されたとしても、しかし隣人には決してつたえることもできないことを、エレアのゼノン風に言葉の手品を使うように、展開してみせる。考えられるものは実際に存在するとはかぎらない、また存在するものが考えられるものではない、ということを証明しようとして、「スキュルラやキマイラやその他有らぬものの多くを考えることができる」とか、「海を車が走ることを考えることもできる」とか、実際には存在しないものを、彼は自由に考えることができるとする。このようにして存在と思考との必然性をなくして、彼は言論そのものによる存在議論の無用性を力説しようとするかのようである。言論はただ現象面で発言力があるとすれば、あたかも「これこそが真実だ」といって固執する旧習と宗教と倫理その他万般に対して、彼は自由な立場から反駁を加えたことにもなる。

以上のようにソフィストの登場によって、言論界はさんざめいたが、自然に向かっていた以前の眼は人間の生存の仕方そのものに向けられることになり、「人間の生き方」が大きなテーマとなった。ソフィスト哲学は当時のアテナイを中心とするギリシア都市国家における「処世の哲学」となり、百家争鳴のかまびすしい世相にあってエゴの権利をむき出しにした時代思潮を反映することによって、主観的なあまりに人間的な面を現出したといえるだろう。

第二節　ソクラテスと人間

クセノポン（前四〇〇年ごろの人）は、師ソクラテス（BC. 469/70-399）を回顧して、次のようにのべているのである。それはすなわち、

ソクラテスは「万有の性質」についても、他の多くの人びとのようにこれを論議することを欲せず、学者たちの「宇宙」の性質を問うたり、個々の天界現象を支配する必然を尋ねたりすることなく、かえってこうした問題を詮索する人間の言語道断を指摘した。第一に彼は、この連中が人間学はもはや完全に知りつくしたと考えてかような問題の詮索に移るのであるか、それとも人間のことはそのままにして神界のことに憂身をやつし、人の本分をつくしたと思っているのかを問うた。さらには、この人たちにはこうしたことが人間には発見不可能であることがわかっていないのだろうかと不思議がった。それに、かような問題の議論の対象をもって任ずる人びとが、決して意見は一致せず、お互いに狂人さながらの恰好を呈しているのではないか。……万有の性質に思いをこらす連中も、ある者は実在は一つなりとし、ある者はその数無限なりとする。ある者は万物は永遠に流動するとなし、ある者は一物もかって動かずとする。ある者は万物は生じ滅すると観じ、ある者は生ずることも滅することもなしとする。しかし彼はまたこの人びとについてさらに問う。人間の性質を研究する者たちは、彼らの学び知ったところをやがて己れならびに他人のために用いて、その願うところを行わんと考えるごとく、神的な事象を探

究する者たちも、いったんこれらがいかなる必然によって生ずるやを知ったときには、これによって望みのままに、風や水や季節やその他何でもあれ、必要を感ずるものを生じさせようとするのであるか、それともかようなことは望むのではなく、ただこれらの各々の自性の原因を知りさえすれば足りるのであるかと。これらの問題に頭を使う人びとについて、彼はこういうようにのべたのである。ところで彼自身はいつも人間のことを問題とし、敬神とは何か、不敬とは何か、美とは何か、醜とは何か、狂とは何か、勇とは何か、怯懦とは何か、国家とは何か、為政者とは何か、政府とは何か、統治者とは何か、その他こうした題目を論じ、そしてこれらを知る者は君子人であり、知らぬ者はまさに奴隷と呼ばれても致し方ないものと考えた。

（『思い出』第一巻、一・一一―一六）

と。古代ギリシア哲学は実際ソクラテスを境として大きく転換したということができる。というのも、上のクセノポンの報告にもあるように、ソクラテスは敢然と彼以前のいわゆる自然哲学者たちに対して、人間そのものの哲学を大きく前面にとり出したからである。

しかし四十六才ごろのソクラテスを喜劇化したアリストパネスの『雲』に出てくるソクラテス本人は、思索所（プロティステーリオン）の高みに浮かぶ籠にのり、「思想を宙につるし」、思索を精気と混ぜ合わせ、科学的に正しい仕方で天空を思考している人である。これ、まさに「アイテール（精気）をふみ、思いを太陽のまわりに馳《は》せる」男である。オリュンポスのゼウス神を信ぜず、それに代わって、（アイテールのうちにまきおこった渦巻《ディーノス》こそこの宇宙万物生成のもとである、と考える科学的知恵者である。当時およそ四十六才のソクラテス自身この喜劇をみたのであるが、このとき誰いうことなく、奇才ソクラテスは、伝説的人物のように口さがないアテナイの市民たちの話題になっていたことは確かである。新進気鋭の喜劇青年作家としてのアリストパネスも、その話題の人を直接面識もなく人づてにきいたものを喜劇化しようとしたとしても、当人が現に生きているのであれば、まったくのデタラメにはいかなかったはずである。

現にソクラテスの弟子であるプラトン自身も、対話篇『パイドン』の九六A以下で、次のようにソクラテス自身をして語らしめているところがあるのである。すなわち、

ぼくは若いとき、自然研究と呼ばれているあの知を求めることにまったくあきれるほどに無我夢中になったことがある。というのは、この知はおのおののものが、一体何によって生じ、何によって滅び、また何によって存在するのか、その個々の原因を知ることにあるとすれば、それは非常にすばらしいものだと私に思えたからである。そこで私は何度も自分の考えをあちこちとかえながら、まずこのような問題を検討したもんだ。生物の栄養というのは、ある人びとがいうように、熱いものと冷たいものとが一緒にある種の腐敗をおこすとき、まさにそこに得られるものなのか。またわれわれがものを思うのは、血によってか、空気によってか、あるいは火によるのか、それともこれらのどれもそうなのではなくて、頭脳が聞いたり、見たり、嗅いだりする感覚をおこすのであり、これらの感覚から記憶と思いな

しが生じ、この記憶と思いなしが定着すると、それによって知識が生ずるということになるのか、どうか。またさらにこれらのものがいかにして滅びるのかということも天空や大地の諸現象も検討の対象となったが、結局のところ、この研究には、まったくお話にならないほど、生来不向きであると、みずから痛感した次第なのだ。

と語った。アナクサゴラスの本を手にして読んだ話などもここに出ている。真理の探究へのこの情熱は、このようにして生来不向きな自然探究、実りうすい自然研究から離れて人間研究へと向かったものと考えられよう。

しかし人間の研究はそんなに容易であったであろうか。これはたしかに身近の問題ではあるが、これこそ最大の難事であり、最も近くて最も遠い矛盾に満ちたものではなかったか。ソクラテスを死刑に追いやるのもこの問題の探究ゆえであったではないか。それにつけても思い出されるのが人間の探究について、近世の最も鋭い思想家の一人パスカルの『パンセ』一四四にある文句である。それには次のように書かれているのである。

私は長いあいだ抽象的学問の研究をしていた。しかしこの研究によってわずかの人との交際しか得られないことが分かって私はそういう研究がいやになった。人間の研究をはじめたとき、私は抽象的学問が人間にふさわしくないこと、それを深く究めている私の方が、それを知らないほかの人びとよりも、自身の在り方について迷っていることを認めた。私は、かの人びとがあの学問について知らぬのを許した。しかしせめて人間の研究においては多くの友だちを見出すだろうと思い、これこそ人間にふさわしい真の研究であると思っていた。私はまちがっていたのだ。人間を研究する者は幾何学を研究する者よりさらに少ない。人間を研究することを知らないからこそ、人はほかのことを追求しているのである。

と。しかしソクラテスはこのむずかしい真の人間の研究の迷宮（ラビリンス）にわけ入って行った。たしかにこれは迷路であった。当時のアテナイの時代背景は、それだけ特にこの迷路の謎を解く知恵の巨人を必要としたにちがいなかった。

突如としておこった経済繁栄と知的革命。アテネの栄光と四周の嫉妬。うちにひしめく進歩勢力と保守勢力のはげしい確執。自由競争がますます弱肉強食を生む世相。高度成長下の繁栄が個々人の浮沈・明暗を一層濃くする時代。ここに勃発したギリシア中の全面戦争（ペロポネソス戦争）。こういう激動する情勢の下で、風紀の頽廃はますますはげしく、騙し合い殺し合いが交錯する恐ろしい時代がやってきていた。さきの喜劇作家アリストパネスの『雲』の冒頭に出てくるストレプシアデスの夜の嘆きをちょっときいてみるがよい。

やれ、やれ、なむゼウス明王さま。この夜ってやつは、いつまでつづくんですかい。きりがありやしない。いつまでたっても明けんのですかいな。たしかだいぶ前ににわとりの鳴くのをわしはきいたのにまったくはや、奉公人どもは高いびきだ。以前だったら、こんなことはなかったになあ。それでも奉公人を叱ることさえできないときてはいまいましいのが戦争ってやつさ。千も万もいまいましいね。奉公人を叱ることさえできないときてはね。いや、それにうちのこの有りがたい若様にしてからが、夜目を覚ますどころか、五枚の毛布にくるまって屁をひってござるって。いやどうも情けないこっちゃ。さっぱり眠られん。わしはこの息子のおかげで飼馬槽やら何やら、無駄遣いと借金に攻めたてられるのでなあ。それをこ奴めは、髪を長くして、馬は乗りまわすやら、二頭立ては飛ばすやら、夢にまで馬のことを見ているという始末。

と。道楽息子と借金をかかえて債権者の取り立てに悩む父親、何とか借金取りを理詰めでへこまし、莫大な借金を帳消しにしたいと願う父親。しかし弁論の術で相手を負かすことを学びとり父親は借金取りからまぬがれるが、今度は同じその弁論術で息子が父親をさんざんぶんなぐって平気の平座という始末。息子ペイディピデスはいう。

気のきいた新しい風潮に親しんで、現存の法律や習慣を軽蔑することができるというのは、何と愉快なことだろう。

と。また、

思想や論理や思索などの精妙なものに取り組んでいるので父親を折檻することの正当さぐらいは教えてやれるだろうと思う。

という。そして子供のとき、親が子をなぐったよりももっと正当に、すっかり子供以上に子供になったわけのわからぬ父親を、成長した子供がなぐってたしなめるのは、理にかなったことだとして、また次のようにいう。すなわち、父親ストレプシアデスが、

しかしどこへ行ったって、父親がそんな目にあうことを認めるような法律はないぞ。

といったのに対し、息子のペイリピデスはすかさず、

それでも、そういう法律はそれを定めた人間が最初にいたわけじゃないか。あんたや、ぼくと同じような人間がね。そして昔の人間を弁論で説得するようにしたんじゃないか。そんならぼくだってこれからさき、息子に有利な新しい法律をあらたに制定して、父親をなぐり返せというようにすることだって、同様に許されていいんじゃないか。

という始末である。

自然学を研究する知恵の愛好者、進歩的ソクラテスが、こんな時代背景の中で、自分の知恵の花を遠い天の園に求めず、ごく身近に求めるに至ったのはうなずける。しかしこのはっきりした転向がいつごろおこったのか、どういうわけでおこったのかは仲々にきわめがたい。クセノポンのいうように身近の問題にひきもどされた原因が、幸せを遠い園に求めたが得られず、それを結局ごく身近に、見出したのにあるかもしれない。その動機が、ソクラテスの幼いときからあらわれていたダイモニオンの禁止的な指示にしたがった結果からだったのか、あるいは、ソクラテスにある大きな転機をもたらしたはずのデルポイの神託によるものか、それはわからない。しかし「ギリシアにソクラテスより賢い者はいない」というソクラテスの弟子カイレポンを通しての、デルポイの神託の大きな影響なしとはしない。これは合理的批判精神のソクラテスをして、『弁明』の中でも語らせているように、このすばらしい人間の群がる中でこんな貧しい知恵しかない自分がどうしてギリシアきっての賢人だなんて、いくらアポロン様の神託だとてまちがっているにちがいない、と考えたのも当然であった。あながち、彼のアイロニカルの表現のあやばかりではなかったであろう。

この神託の真意をはかりかねて、ソクラテスは、自他ともに許す知恵者を探しては問答をかわすうち、誰も彼も、自分は誰にもまして知恵者であると思っており、または人からも思われているが、事実は決してそうではなく、ただそう見えているにすぎないということを知るに至った。ほんとうの知恵は神のみもとにあるのみで、人間は自己を空しく貧しくして神の知恵を謙虚に求め、傲慢を去り、魂を浄めて、神々の住み給う宮居を魂の中につくることに専念せねばならぬと思うようになった。ソクラテスは、自分はもちろん人びとの心をも浄化し、魂のよき世話役として、若く美しい強靭な魂をめがけてくいつき、それを清めたいと思った。それだからこそ、若いものの人間教育を一貫して畢生の仕事としたのである。ここに、ソクラテスの愛知の転向が神の指導のもとに行われたと解することができよう。このようにはげむことに、ダイモニオンは決して禁止の指示を与えなかった。が、ソクラテスの愛知については、序説でものべたので、そこを十分参照されたいと思う。

ところでソクラテスも、インドのシッダルタや中国の孔子と同じく、また時代は少し下がるがキリストと同じく、すべて動乱の時代に生きた。そして彼らの属していた社会は何らかの栄光の時代から衰退の運命をたどる時代にあった。美しく花を咲かせたギリシア、しかもその誇らしい中心の都市アテナイの栄光は、ソクラテスの時代にはまさに死に瀕していた。その衰運を肌で感じたソクラテスが、その自己の死と自分の祖国の死を前にして、最後の美しいアポロンの鳥（白鳥）の歌にも似た美しい言葉を語ったのである。それは変わり果ててゆく人間の魂に対する悲痛な叫びであったはずだが、アポロンの使徒としての彼はきわめて楽観的であった。国破れて忠臣あらわる、の諺ではないが、ともあれ、人間の魂の世話の問題が、彼の濁らぬ心の痛切な緊急事となったということは、人間たちの魂が本来の存在を得られなくなっていた証拠である。魂の美しさ善さがやかましく問題にされ、倫理、道徳が巷の話題とならればなるほど、この美しさや善さが失われていたからにほかならない。失われ遠く離れ去ったがゆえにこそ、それを求める声も痛切になってきたのである。

ヒステリックなまでに人間の魂を問題とし、それが性の善なるか悪なるかなどが問題となったのは、中国においても周の衰運、美しい過去の退潮を肌で感じた孔子・孟子の時代であった。ソクラテスは乱れていくアテナイの道義の中に、その孤高を持しつつ、巨人のごとき強さをもって精神の高潔を説いた。しかしこのような時代にあっては、ますます一般の風潮と乖離《かいり》し、ソクラテスが人間の魂の堕落を問題にすればするほど、そこに反感を呼びおこし、憎悪とねたみをひきおこすことは必定であったのである。しかもこの中でソクラテスは憑《つ》かれたようにこの上なく青年の美しく濁りない魂を愛した。魂が美しく善くたもたれることを、はげしく願ったのである。アポロンに召され、この上なくこの神の命じ給う人間の心の浄化と貧しさの知恵に、ソクラテスは徹したのである。

第三節　ソクラテスの死と哲学精神

―哲学的人間像・ソクラテス―

ギリシア諸ポリスの中の文化的に割合後進国だったポリス・アテナイが、特にペルシア戦役後急速に勃興し、ペリクレスの稀にみる発展的な啓蒙策により、諸国の知恵がソフィストたちの群れとともにどっとアテナイに押し寄せ、氾濫状態をきたしたことは、誰しも知るところである。折しもペリクレスは、われわれは他国の模倣をするよりも、むしろわれわれが彼らの模範となるのである。わが国の政治は少数者の手中にあるのではなく、多数者の手によって行われるのであるから、民主政治と呼ばれているが、個人の間の争いに対しては法律は誰にも平等の権利を保証し、各人が何らかの領域で頭角をあらわすならば、公の名誉はそのすぐれた能力のために彼に与えられ、彼の所属の如何を問わないのがわれわれの評価の仕方である。

と演説した。イオニアの母都としてのアテナイからおくればせに噴出したエネルギーは、アテナイを変えた。変わることによってかつてのアテナイは進歩し世の注目の的になった。能力のあるものたちが、父祖以来の伝統的な殻をかなぐりすてて新時代に便乗し、そこに優劣をきそう覇気の充満となった。ソフィストたちもソクラテスも、いわばそういうアテナイの革新分子であったと考えられる。この知識の氾濫のヘドロのような海の中で、どれが正真正銘の知恵であるかそれをより分けること（近代的な意味では批判）、すなわち吟味が必要であった。ここにソクラテスのきびしい批判精神の必要性があった。これらのことはすでに序説でものべたとおりである。さきの節でみたように、このようなときであったからこそ、ソクラテスの稀にみる烈しく純粋な知恵へのエロスが、若々しく純粋で意欲のある若者たちの魂をとらえたのである。

ソクラテスの告発者たちは、クセノポンもいうように（『思い出』第一巻、二・一二以下）、ソクラテスの教え子のクリティアスとアルキビアデスがアテナイ国家に無限の害悪をおよぼした、というのである。

クリティアスは寡頭政治時代における強欲・圧政・残忍の巨頭であり、アルキビアデスはまた民主政治の時代における荒淫・傲慢・圧政の権化であったが、彼らをこそソクラテスが教えたのだ、という。これに対してクセノポンは、ソクラテスを弁護してすぐ次にいう。

彼らがソクラテスの仲間に入ったのは、ソクラテスの生活、および彼の思慮を学ばんと欲してであったか、それとも、もし彼らの仲間に入ったら、ものを言い、事を行う最大の技術を得られると信じてであったか、そのいずれというべきであるか。……彼らは同門のみんなにぬきんでたと考えるが早いか、ただちにソクラテスのところを飛び出して政治に身を投じたのであって、これが彼らのソクラテスを求めたわけのものだったのである。（同上書、第一巻二・一五—一六）

と。

ところで、クリティアスは、法律や道徳や宗教の起源を語って、これは一部の者がつくり出した虚偽であると主張した。それほど進歩的合理主義の持ち主であった。ペロポネソス戦争といういわばギリシア全土を二分する戦いで、アテナイ民主制国家がスパルタ側に全面降伏したとき、スパルタの後押しでできた新政府の首領となった人がこのクリティアスであった。いわゆる三十人僭主政治として知られる親スパルタ分子たちは、クリティアスを中心として一種の恐怖政治をはじめ、アテナイの民主派の重要な人物を追放したり殺したりしたのである。民主派はその後まもなく反撃に打って出、クリティアスは鮮血を朱とそめて戦死したが、この民主勢力の中にソクラテス告発の後ろ盾のアニュトスがいたのである。その後スパルタ内部にも分裂があって、三十人僭主制が瓦解した。結局はスパルタの仲介でアテナイに再び民主政治が復活し、さきの三十人と彼らに関係の深かった三十名とを除き他の人びとに対して既往の罪はいっさい問わぬという大赦令が出されたのである。しかし苛酷な三十人僭主への憎しみは消えやらず、それが底流となり、それが結局はソクラテスにも波及したのである。ペロポネソス戦役後の気のすさみもあり、いろいろと交錯する憎悪のうずの中で、ソクラテスの裁判そして刑死という現実がおきたのである。

クセノポンは同じ第一巻一・九において

しかし彼（ソクラテス）の告発者は、「ソクラテスが「国の役人をくじで決めるのは愚もはなはだしい、船長や棟梁や笛吹きやその他たとえやりそこなっても、およぼす害は国政をあやまる害よりはるかに軽いことについてさえ、誰もこれを選ぶのにくじを用いようとする者はないのに」と説くことによって、彼の弟子たちに既存の国法を蔑視させた」といった。告発者のいうには、このような議論が青年を駆って既存の掟を軽蔑させ、彼らを圧制家にするというのである。

とわれわれにつたえている。圧制家とは、もちろんさきのソクラテスの弟子といわれたクリティアス、アルキビアデスのような者たちを指す。このようにしてソクラテスを民主制の敵対者として憎悪した。

しかし実際には、ソクラテスは民主制であろうと貴族制・寡頭制であろうと、批判すべき点は容赦なく批判するという精神の自由をもっていた。クリティアスの三十人僭主制のときも、ソクラテスを含む五人の委員にサラミス島のレオンを死刑に処するために拘引するよう命じたとき、他の四人はその無法な命令に従ったが、ソクラテスだけがその命令が法律に反しているとして断じて従わなかったような場合である。しかしまた別に、ソクラテスがアテナイの旧き良き家父長制の道義まで踏みにじる者として告発者の追及を受けたことにクセノポンはさらに言及している。

ソクラテスは父親をバカにすることを教えた。

とか、またさらに、

ただ父親のみならず、その他の近親をも軽蔑することを弟子たちに教えた。

と告発者から非難されるところであるが、このことはさきの節でみた喜劇『雲』ですでに二十年前誤解され戯画化されたことに通ずるものである。しかしこれらの非難に対して、クセノポンはソクラテスをやはり弁護した。いかによき家父長制の美徳がアテナイにあるとしても父親から子供がやたらああせよこうせよとただ命ぜられるままにするわけにはいかない。父親も気が狂っていたり無知であったりすることがよくあるのだし、理をわきまえることが尊敬に値することで、父親の権威でむやみやたらに尊敬を強要することは理にかなっていない、ということをソクラテスは説いたにすぎない。しかしそれが、良風美俗を軽蔑するものというように誤解されて人びとの間に浸透したのである。そこには当然中傷があった。

ソクラテスが安っぽい無反省の知識や在来の見解を徹底的に吟味して、正しいものと正しくないものとをよく見分けるようにすればするほど、このうるさい追及に対して、辟易し、問いつめられて口を封じられた格好になった者は、きわめて激しい憎しみをもったのである。プラトンの対話篇『メノン』での「徳が教えられるかどうか」の理詰めの問答で、アテナイの人びとをそのことでソクラテスが吟味したとき、アテナイの善き人びとに誇りを感じていたアニュトスは、

ソクラテス、君は軽々しく人の悪口をいうように思われるね。そこでわしはききいれてくれるなら君に忠告したいが、気をつけなきゃならないね。

（『メノン』九四E）

といっている。しかしソクラテスには、おそらくのびのびとした深い人間観察とユーモラスなアイロニーがあったし、人間そのものへの愛情があり、彼の理解者の数も決しておとらなかった。

ソクラテスは友人たちの困却を無知に起因するものは知恵をかして救い、貧乏にもとづくものはおのおのの力に応じて助け合うように教えて救おうとしたのである。

（『思い出』第二巻一二・一）

しかし何はともあれ、アニュトスは、アテナイにしばしば訪れた平和の夢を、またしてもやぶるかもしれぬうるさいアブのような老いぼれのソクラテスを国外追放にでもすれば、弟子たちには打撃になるだろうし、そのうち国外でのたれ死するであろうと思ったのか、ソクラテス告発をたくらんだのである。メレトスという多感で軽薄な青二才をけしかけて裁判にもちこむことにしたのである。アテナイの一角におこったこの黒雲が、世界思想史の中にこれほど注目すべき大事件になろうとは、そしてアニュトスやメレトスの悪名が後世に残ろうとは、彼ら自身をはじめ誰しも予想できなかったにちがいない。しかし何はともあれ、実際には次のような訴状がアテナイの裁判に提出されたのである。

ピットス区民、メレトスの子メレトスは、アロペケ区民、ソプロニコスの子ソクラテスを相手どって、次件を告発し、この口述にいつわりのないことを宣誓する。すなわちソクラテスは国家の認める神々を求めず、新しいダイモンのまつりを導入するという罪をおかし、さらに害悪をおよぼしたという罪がある。これはまさしく死に相当する。

というものである。

クセノポンはこの訴状に対して、前掲の書の第一巻一―以下で次のようにソクラテスを弁護した。

では第一に彼が国家の認める神々を信奉しなかったというのはどんな証拠にもとづくものであるか。というのもそのわけは、彼は何度も自分の家で国家公共の祭壇で犠牲の祭りをおこなったことは誰にもわかっており、また占いを用いたこともよく知られていたからである。ソクラテスが「ダイモニオンが彼にさとしを与える」といっていたことはひろく宣伝されていた。思うに、彼が新しい神を導入したと非難を受けたのは何よりもここに原因があるのである。しかし占いを信じて鳥や人語や前兆や犠牲に神意を問う他の人びとにくらべて、彼は何ら彼ら以上に新しいものを導入してはいない。そのわけは、この人びとだとて、鳥や行きずりの人が占いをするほどに役立つ知識をもっていると考えているのではなく、神々がこれらを通じてそれを教えると考えているのであって、ソクラテスの考えたのもまたこれであったからである。ただ一般の人は鳥や行きずりの人によって止められたとか、すすめられたとか言うのに対して、ソクラテスは自分の考えたとおりに語ったのである。そしてこのさとしにしたがって、いろいろな弟子たちは「そうするがよい」とか、「してはならぬ」とか言ってきかせた。そして彼の忠告にしたがった者は得をし、したがわなかった者は後悔することになった。

と。

ソクラテスにあらわれた不思議なダイモニオンについて、プラトンの対話篇『弁明』の中からとり出してみると、こうである。

私が歩きまわって個人的にそんな忠告をして忙しがりながら、公人としてはあえて大衆の前にあらわれて諸君のすべきことを国に提案しない。でその原因は私がたびたびいろいろのところで言うのを諸君がきいているとおり、私にダイモニオンがあらわれるというところにある。それのことはまたメレトスが告発状の中で茶化して書いている。それは子供のころから私にあるもので、一種の声としてあらわれ、それがあらわれる場合にはいつでも、私がしようとしていることを禁止し、決して促進することはない。私が国事をおこなうのに反対するものはそれであって、その反対はまことに立派なように思われる。というのも、よろしいか、アテナイ人諸君、私がもし早くから国事にたずさわろうとしたなら、とっくに滅ぼされて、諸君にも私自身にも益するところはなかったであろう。

（三一ＣＤ）

と。さらにこれにつづけて、他には国の公職についたことはないけれども、政治委員会には入ったことがあり、一つは民主体制のとき、他はさきほどものべた三十人僭主制のときであったことをのべるが、この両者の場合とも、当局の違法に対して一人だけ反対投票をしたりみんなと行動をともにしなかったとき殺されそうになったことをのべる。死を恐れて正義に反する譲歩を彼はしなかったわけだが、その両方の場合とも幸運にも彼は死をまぬがれた。三十人制のときのことを彼自身次のようにのべる。

だからきっとそのために死刑になったことだろうよ。あの政権がまもなく倒されなかったらね。

（三二D）

と。当局のあまりの不法に対しては、それが民主制の場合であろうと寡頭制の場合であろうと、少なくともソクラテス個人は何としても権力に屈しないのだ、という自由の精神をつらぬきとおした。これがそのままソクラテスの哲学精神だったのである。これは、アテナイという泥沼化した堕落の世界に咲いたハスの花にも似て、きよらかに強く死を賭して正義をつらぬく素朴な人間精神の珠玉であり至宝だったのである。

晩年彼がますます洗うがごとき赤貧になっていったのも、アポロンの神託に従って人間の貧しさの知恵の道にひたすら従ったからにほかならない。ソクラテスの哲学精神とは、いわゆる「汝自らを知ること」すなわち人間は所詮神の知恵には至りえず、その貧しさゆえに神の知恵をこいしたい希求し努力する、いわゆる「知を愛す σοφία ソピアを φιλεῖν ピレインする」、すなわち「愛知の術」（φιλο-σοφία）にほかならない。貧しい人間の本性の限界とその無知をきびしく骨の髄まで知ることが、魂の浄化となる。彼をして、「ギリシアに彼より賢い者はいない」という神託までも吟味するようにさせたその批判精神も、この謙虚な哲学精神につらぬかれているがゆえに、神からも許されるのであろう。有名な政治家・

詩人・学者たちのいわゆる知恵ある者たちのところへ行き、彼らが自分より賢明であることを立証することにより、神の言葉がまちがっていることを指摘しようとしたが、吟味の結果は結局それらの人びとがすべて賢者でないことを知った。そして、

ソクラテスのように自分の英知が本当は何ものにも値しない、ということを知っている人間こそ、あもっとも賢明なのだ。

と実は神の方が正しいことをいってくださっているのではないかを知るに至る。しかもこれとてもソクラテスその人の自覚としてではなく、次のようなものとしてであった。すなわち、

この吟味から、アテナイ人諸君、私に対して多くのとても苛烈なとても重苦しい憎しみがあらわれ、結局その憎しみから多くの悪評がおこる一方、また賢いという名もたてられた。立ち合う人びとはいつでも私が他人を反駁するその分野で私自身が賢いように思った。しかし実はおそらく諸君、あの神こそ賢いのであって、そして人間の知恵というようなものは、何かもうまるで価値のないものであるということを、あの神託の中で神はいおうとしているのかもしれない。そしてその言葉にあるソクラテスというのは私の名前をただ利用して例にあげたもののようだ。「人間たちよ、お前たちのうちで、一番賢いのは、ソクラテスのように知恵にかけては本当に何の値打もないものだということを悟った者だ」とで

も言おうとしていらっしゃるようだ。

（二二三ＡＢ）

と。ソクラテスは豚のように太る増長した者たちの贅肉をとり、はれものをとり去って人間本来の姿にかえし、氾濫する人間のヒュブリス（傲慢）をとり除いてしまいたかったのだろうが、かえってその行為が、アテナイ人たちの多くには、傲慢この上ない行為と受けとられたのである。

ソクラテスに対するほんとうの理解は、告発者たちはもちろんまったくといっていいほど持ち合わせていなかった。その冷静さを欠いた生半可な理解力にはヒステリックな硬直さがあらわに出ている。当時のアテナイの感情がよくうかがわれるように思うのである。ところでソクラテスが青年たちを「腐敗させる者」として、メレトスが彼を追求すると、「では一体青年たちを善くする者は誰であるか」とソクラテスはメレトスに質問する。メレトスははじめに「裁判官だ」という。しかし次々に問いたてられて、しまいには「ソクラテスを除く全アテナイ市民が青年を善くする」といわざるを得なくなる。そこでソクラテスは、そのような幸運をもつことでアテナイ市を祝福する。次いで彼は、悪い人びとの間に住むよりは善い人びととの間に住む方がいいのだから、自分が意識的に同胞市民を腐敗させるほど愚かであるはずはない、と指摘していく。しかしもし自分が意識的にそのようなことをやっているのであれば、メレトスはわたしに訓戒してくれればよいのであって、わたしを告発するべきではないという。告発者側のでたらめな発言は、われわれも日常よく身近に耳にするところでもあり、知恵あるものが彼の真意を理解されぬこの世の悲劇である。一般大衆はかたくななゆえにソクラテスを理解しなかったのか。それは、ソクラテスが自己の神・ダイモニオンにひたすら従ったその態度が、あまりに徹底したものであり、自他ともに容赦しないきびしいものだったからにほかならない。大衆はえてして甘さを欲するものである。

神はわたくしに、自己および他の人びとを探究する、という哲学者の使命をはたすように命令されている。

（二八Ｅ）

とソクラテスはいう。そして戦争の場合と同じように、いま自分の持ち場を逃げることは恥ずべきこととなろう。死を恐れることは英知ではない。なぜなら誰も死がより大きい善でないとは知っていないからである。だからソクラテスがこれまでしてきたような「哲学する」ということを止めるという条件で、もし彼が助命されるというのであれば、彼は次のように答えるであろう、という。

アテナイの人びとよ。わたしは、諸君を尊敬しまた愛している。しかしわたしは諸君よりは神に従うであろう。そしてわたしが命と力をもつ間は、哲学を実践し教えるということを決して止めないであろう。わたしの出逢ういかなる人にもそれをすすめるであろう。……なぜならわたしはそれが神の命令であることを知っているからである。そしてわたしは神に対するわたしの奉仕よりも偉大なる善が、この国家においていまだなされていない、と信じている。

（二九D―三〇A）

と断乎として言い放つのである。

ソクラテスが死刑からまぬがれる手段はいろいろあったが、ソクラテスの内なるダイモニオンの合図は、この不法きわまるでたらめな中傷の渦中におこなわれた裁判の死刑判決の前後にも、決してソクラテスに何の禁止の合図もおくらなかった。死にめされるソクラテスはいろいろな要求・願いなどをきっぱりと拒否して、あの神に従い、息の続く限り、力の限り愛知する精神をくずさなかった。

君は知恵と国力とで特に偉大であるし有名である国アテナイの人として特にすぐれた人間じゃないか。財産をできるだけ増やそうとか、評判や名声のこととかに心を使い、英知や真理をできるだけ善くすることには心をつかわず、思慮をめぐらさないでいて恥ずかしくないのか。

（二九E）

と忠告する態度をくずさないのだ、とソクラテスはいう。死刑は決まっている。そこで、いや皆さんも、裁判官各位、死に期待をかけられるべきです。そしてこの一事のことはまちがいないと考えてください。善人には生前も死後も悪いことは何もないし、その人のことが神々に見離されることもない。わたしのこのたびのことだって、ひとりでにそうなったのではなく、わたしにはよくわかっていますが、わたしにとってはもう死んでうるさいことから解放される方がよかったのです。そういうわけでまたお示し（ダイモニオンの合図）もわたしを決して引き止めませんでしたし、またわたしとしてもわたしに有罪投票をした人びとや告発人たちに決して腹を立ててはいません。もっともそういう考えでわたしに有罪投票をしたり告発したりしたのではなく、害を加えようと思ってのことでした。その点で彼らは責められなければなりません。ところでこれだけのことは彼らに頼んでおきます。私の息子たちが成長した後、諸君、徳よりもむしろ財産か何かに思いわずらっているように諸君に思われたならば、私が諸君を苦しめたのと同じように彼らを苦しめて仕返しをし、彼らがつまらない人間でありながら一簾の人物だという評判をとっていたら、わたしが諸君を非難したように、思いわずらうべきことに思いわずらわないで、無価値な人間のくせに一簾の人物であるように思っているといって非難してください。そうして諸君がそうなされば私自身も息子たちも諸君から正当なあつかいを受けたことになります。それはそうともう立ち去る時間です。わたしは殺されるために。諸君は生きながらえるために。しかしわたしどものうちどちらの方が善いことにめぐりあうか、神でない身にはわからないことです。

（四一C—四二A）

とソクラテスは『弁明』の最後で語りかけたのである。処刑の日の様子は同じプラトンの対話篇『パイドン』が詳しくつたえてくれているが、神に召されていくソクラテスのことを、

あの方は幸福そうに見えました。態度といい、話しぶりといい。そのように恐れるところなく立派な最期だった。

（五八Ｅ）

と弟子パイドンはエケクラテスに話しかけるのだった。この立派な哲学の巨像、そこにわれわれは古今を通しての哲学の代表的人間像をみるのである。

第四節　小ソクラテス派の人たち

のっしのっしとアテナイの町なかを歩いていた巨象のようなソクラテスはもういなかった。群盲はこの巨象をなでる思いがしたことであろう。のびのびとした自由な人間観察、人間への洞察、その知恵がだんだん失われていった。ソクラテスのかつて示した現実へのユーモアのあるアイロニカルなタッチが失われ、ものの見方の生硬さ、硬直性が目立ちはじめた。かなくなな主義主張をもってそれに閉じこもっ

てしまうというようなせっかちさが先にたちはじめる。ソクラテスは非常に理知的で批判的な面、教育者の面、勇敢な兵士の面、恐ろしく好色的な面や禁欲な面など、さまざま面相をもっていたが、それらの面相が一面的にソクラテスの弟子たちに受け継がれていったところに、小ソクラテス派の人たちのそれぞれ異なる主義主張が生まれたのであると思う。

小ソクラテス派の人びとを語る前に、美青年アルキビアデスが語る次の言葉をまず注目したいと思う。

ところで皆さんの見られるソクラテスは、美少年にほれっぽくて、いつも彼らを追いまわすのに夢中で、万事にはとんと無知で何も知っていらっしゃらないふうです。この彼の外形こそまさにシレノス的ではありませんか。というのも、これは彫刻されたシレノス像と同じことで、ただ外まわりをつつんでいるだけのものなのです。しかし一度これを開いてみたなら、その内部にどれだけ多くの思慮・節制の徳がみちみちているとお考えですか。みなさん、よろしいですか。人が美男子であろうと、この人は屁とも思わないのですよ。むしろ想像もできないほど軽蔑なさるのです。人が金持ちであってもそうだし、ほかに、皆からほんとうにお幸せですね、といわれるような栄誉をもっていてもそうなんです。そのようなものはすべて無価値であるし、わたしどものことも別に何でもないように考えているのです――これは皆さんに申し上げているのですよ――そこで一生涯そらとぼけて人にからかいかけて暮らしておられるが、この人が生真面目になっていざ扉が開かれると、それはもう純金の神像で驚嘆すべき絶美の一品であると思われたのです。皆さんの中でこの内部の神像をご覧になった方がおありかどうか知りませんが、わたしはかつて見たことがあるのですよ。

（プラトン『シュンポシオン』二一六ＤＥ）

という箇所である。

貧しい女ペニアが神の富にあやかろうとして富の男神ポロスに近寄り、身ごもった落とし子エロス（愛の神）の話が、同じ対話篇に出ているが、ソクラテスはまさしくエロスの性格をもっていたのである。エロスの申し子ともいうべきソクラテスは、エロスのように母親の性質を受けて常に貧しく、また他方では父親からの神性を受けてたえず美しいもの善いものへと激しくあこがれた、という姿に描かれている。ここに、ソクラテスの魂が「神の知恵を愛する」という愛知（哲学）の営みがあったのだ、ということができるのである。ソクラテスに同居するこの醜さと美しさ、激しい情熱を燃やす性質とそれに打ち勝つ節制・思慮の徳、こうした両極を統合しコントロールすることは、並々ならぬ巨人でなければ到底できぬ業《わざ》であろう。そんな姿のソクラテスを描くことがこの対話篇を通してのプラトンの一つの意図であったのだろうと思う。

さてこの巨人の従容たる死の様子は、『シュンポシオン』と双璧をなす対話篇『パイドン』に美しく描き出されているが、この孤高の巨人を殺した後のアテナイには、そののち精神的に大きな空洞が生じたのは事実であった。

これが、エケクラテス、われわれの友人の最期だった。われわれにいわせれば、当時われわれが知っていた限りの人びとのうちで特にすぐれており、一番英知的で一番正しかった人のね。

（『パイドン』一一八A）

とパイドンによって語られるこの偉大な友人であり師匠である人を失ったのち、多くのソクラテス門下はそれぞれにソクラテスの遺影を秘めてちりぢりになったものと思われる。

ソクラテスの愛弟子パイドンは結局故郷のエリスに帰り、ソクラテスの福音をつたえる一派をなした。この派はその後メネデモスが故郷のエレトリアにその本拠を移したことからエリス・エレトリア派と呼ばれる。この派は一〇〇年ほどしか続かなかったが、倫理説を前面に強く打ち出す傾向をみせたようである。ソクラテスの死後、弟子の多くは、煩雑な訴訟事件から難を避けるをよろしとみて、ひとまずメガラのエウクレイデスの家に身を寄せた。前三九九年のことである。プラトンもここに赴きしばらく滞在したといわれる。さきのパイドンも最初メガラに滞在してエウクレイデスの影響を受けたといわれる。エウクレイデスは早くからソクラテスに師事したし、死の最期の場に居合わせた一人であった。彼はメガラ派という一派を創ったといわれるが、ソクラテスの善の思想をパルメニデスの特有の論理をもって強力なバックボーンにしようとしたといわれる。「有」は「善」によって内容を与えられ、善はまた有の論理、エレアのゼノン（ストア派開祖のゼノンではない）的論駁方法によって不壊の城たりうると考えられたのであろう。この派はもとより、さきのエリス・エレトリア派も、スティルポン（BC. 380～300）（ストア派の開祖ゼノンは、はじめこのスティルポンの門に入っていた）の影響下に、キュニコス派の倫理説と強い結合を示した。しかしその後の時代をのりきってゆくたくましいストア派に、キュニコス派とともに包括されていったのである。

ところでわれわれはさらにポリス人（ポリテース）として生きポリテースとして死んだソクラテスから、どのようにたくましく次代を生きぬく子らがあらわれたかを見ていきたいと思う。ポリテース・ソクラテスは、ポリス・アテナイによって殺された。ソクラテスの死を通してわれわれはポリス国家形態の硬直状態とその生命の欠如、衰退の運命を予言することができるであろう。ソクラテスの死そのものは栄光のポリス・アテナイの極度の硬直化を意味し、きわめて急角度の衰退を意味した。ソクラテスの死はポリテース・ソクラテスの死であり、ひいてはポリスの死であった。しかしこれは、あとのポリスのせまい殻を打ち破る野人を不死鳥のように出現させたのである。そしてここに特筆大書されるべきものが、都市国家人ならぬ世界市民（コスモポリテース）を標榜したキュニコス学派であったのである。

プラトンによって晩学の士と呼ばれるアンティステネス（BC. 444-369）が、このキュニコス学派の開祖である。彼はソフィストのゴルギアスの弟子であり、自らもソフィストであったが、相当年を取ってからソクラテスの門に入り、ほんとうの学を開眼したわけで、いたくソクラテスの徳に感銘を受けていたといわれる。彼もまたさきのアルキビアデスのようにソクラテスの醜い面相の中に隠された黄金の神像を見た一人であった。アルキビアデスはその燦然たる光彩の神像を拝んだソクラテス崇拝者の一人であったのに、自分自身の美貌と才におぼれてあえなく滅びていった人であった。しかし、アンティステネスはちがっていた。アポロンの神託につかれほんとうの知恵を求めて赤貧あらうがごとき人となったソクラテスのように、人間の富も名誉も美貌も力も何もかも無価値なものと捨て去った人である。ソクラテスの中に仰ぎ見た徳をだけ理想として、できるだけ無欲な生活を送ろうとした。

彼はソクラテスの浄化（カタルシス）を魂に受けた一人であるが、ソクラテスの死が（彼もソクラテスの臨終の場にいた一人である）、また彼に特に大きな転機を与えたように思われる。キュノサルゲスという体育所で学校を開いたといわれるが（キュニコス学派の名もここからきているといわれるが、「犬の」を表す κυνικός キュニコスとかけて用いられる）これまでは多少とも評価していたものにもさらに軽蔑を徹底させた。このようにして彼は魂の浄化を一層すすめ、一切の物欲の夾雑物をできるかぎりかなぐり捨てて、ただひたすらに無一文の自然にかえろうとした。プラトン的なさかしらぶる弁証なども必要とすることなく、ただ一切の飾らぬ単純素朴な善を求めたといわれる。権謀術策・虚偽の渦中におとし入れられるような政治体制一切を忌避し、私有財産、結婚、既成宗教などにも一切関心を払おうとしなかった。

彼のもとに、シノペ（遠く離れた黒海沿岸の町）からの流れ者の豪傑男・酒樽の哲人ディオゲネス（BC. c. 323†）が出るにおよんで、このキュニコス学派は一段とその奇矯の性格をあらわにした。あとのプラトンのイデア説のところでものべるように、ディオゲネスは、ソクラテスの直系ともいうべきプラトンとは仲がよくなかったようである。これはディオゲネスの師匠アンティステネスゆずりのものであろう。ある人が、プラトンに向かって、ディオゲネスのことをどう思うかと聞いたところ「彼は狂ったソクラテスである」と答えたという話が残っている。ディオゲネスは、シノペの町で両替商をやっていた父親と共謀し公金を改鋳してにせ金をつくったかどで、追放の刑に処せられた。このことが機縁で、哲学というすばらしい道についたが、彼は、哲学者になれない者をあわれな者だと呼んだといわれる。弟子のような者はあまりとりたがらぬアンティステネスの門に、やっと苦心の末入れてもらってからは、師匠顔負けの乞食生活に徹した、ということである。

愛用の酒樽から出て、たまたまそばで日なたぼっこしていたディオゲネスのところへ、やってきたアレクサンドロス大王が、この奇人にいたく心を動かされたという話は、あまりにも有名である。誰一人として恐れる者はいなかったという征服者アレクサンドロス大王が、「われこそアレクサンドロス大王だ」というと、ディオゲネスは臆せず、「われこそ犬のディオゲネスだ」と答えた。前者が「お前は俺を恐ろしいと思わぬか」と問えば、すかさず後者は「一体君はどうだ、善人なのか悪人なのか」と問いかえす。大王が「善人だ」と答えると、その犬は「善人なら誰が怖がるはずがあろうか」とやりかえす。大王が「所望のものあらば申せ」といえば、「日なたぼっこの邪魔をせんでくれ」とやりかえす。さすが大王も深く感嘆して「俺がもし大王でなかったならこんなディオゲネスでありたいものだ」と言った話などが、巷間に語りつたえられた。こういう話を、哲学史家のディオゲネス・ラエルティオスが、『哲学者列伝』第五巻第二章（「ディオゲネス」の項）でつたえているのである。

また、同書によると、いわゆる犬儒学派（キュニコス学派）の雄としてのディオゲネスがいつか「犬」というあだ名をつけられたのは、また実はこういうわけだ、といわれている。あるとき、宴会で人がまるで犬にでもやるかのように、ディオゲネスに骨を投げ与えたところ、彼は立ち去りながら犬のような格好をして、彼らに小便をひっかけたことがあるからだ、といわれている。彼がまたいろいろの文化生活を忌み嫌ったことに関して、あるとき女のようにおめかしをした若い男が彼のところへやってきて、何かを尋ねると、「裸になって男か女か見せてくれんことにゃ俺は何も教えんぞ」といって追い返した、という話もある。さらにまた、手で水を飲んでいる少年を見て、すぐさま自分の背嚢《はいのう》からコップをとり出してそれを投げ捨ててしまい、子供が自分に「自足の徳」を教えてくれた、といって喜んだというような話に至るまで、いろいろにつたえられている。

とくかくソクラテスの徳行がいかに理想像とはいえ、これはあまりにも反文化的、無教養的奇行のてらいが強すぎるのではないかという人があるかもしれない。ソクラテスののびのびとした自由な人間観察・洞察・知恵が失われ、ユーモラスなアイロニカルなタッチが失われているともとれよう。ものの見方が生硬になり、その硬直化が目立ちはじめたともいえるかもしれない。しかし他方、時代に警笛を鳴らす哲学の独立独歩の新面目《しんめんぼく》を示すものとも受け取れる。あらゆる権威・富・栄華をくずもの同然のものとみたり、またポリスの生活、文化生活にはっきり背を向けることによって、人間精神の野人的なたくましい生命の真骨頂をあらわしているとも受け取れる。こういう生硬さと狂気が、次の時代を生き抜く一つの立派な知恵であったといえるかもしれない。そうだったからこそ、この時代精神を高らかにうたいあげた点で、次のストア派の中にたくましく耐え生き抜く精神の遺産を残すことができた、ともいえよう。この点を特筆大書すべきであると考えるのである。

ところであらゆるこの世の快楽を否定したかにみえるキュニコス学派に対して、それと、まったく対照的ともいうべき快楽主義者の群像が、ソクラテスの息のかかった者の中からあらわれたのは印象的である。これがキュレネ派といわれる。この群像のリーダーは世につたえられるところでは、アリスティッポス（BC. c.435-c.355）である。アフリカの北岸キュレネ（ギリシア人たちの植民地）の町の人で、若いとき当時の花咲き匂う都アテナイの蜜の甘さに引きつけられてここにやってきて、ソフィスト・プロタゴラスに学んだといわれる。しかし彼もアンティステネスと同じようにソクラテスの中の神像を直接おがんだ一人であったと思われる。師の処刑のころまでいたようだが、その臨終の場には居合わせなかった。

彼についても、アンティステネスやディオゲネスと同じように、数多くのエピソードが残っている（『哲学者列伝』第二巻第八章）。彼らのように快楽の大海から身をひこうとはせず、その大海原を思う存分それに溺れることなく船をこいだり、泳ぎまわることに、彼は快感をおぼえた。彼もやはり一種の変わり者だったと思われる。彼を目して快楽至上主義者といい、ソクラテスの意に反して弟子から教授料をとって教えたソフィストだと非難されてはいる。しかし、彼の融通無碍《むげ》の考えからいわせると、「なあに、ソクラテスだって人びとが米や酒を贈ると取ったものだ。取ったのは少しで残りは返したが、それというのも、彼がアテナイ一流の人びとをパトロンとしてもっていたからだが、私は自分の金で買った奴隷エウテュキデスだけしかもっていないんだからね」とすましていたようである。クセノポンの『メモラビリア』（『ソクラテスの思い出』）には師ソクラテスと快楽について論じたり（第二巻一）、善について論じたり（第三巻八・二）、美について論じたり（第三巻八・四）しているが、師との快楽論のところで、ソクラテスがアリスティッポスの自制のないところをたしなめ、食事や酒や放蕩や眠りに対する克己、また寒さ・暑さ・艱難《かんなん》に対する忍耐の涵養などの必要を説くところがある。しかしこのような快楽論を通して、ポリス人としてのソクラテスと対照的に、ポリスの仕事にしばられない他国人のアリスティッポスという自由人の境涯をみることができる。ポリスからポリスに客人として渡り歩く者の姿にみるアリスティッポスの横顔が、色濃く映し出されているのである。

アテナイのポリス人としてのソクラテスは、ポリスのためにいろいろと外地へ出陣することもあったし、国家の産めよ殖やせよの施策に対しては、事の是非はとにかく、二度まで結婚をして子供をたくさんもうけることに努力したともいわれるけれども、それでいてこれらのポリスの仕事からいろいろの克己の徳を学んだのである。最後には、そのポリスから、死までおおせつかり、その死まで、自分の徳で静かに楽しく自然に克服できたというけれども、この自由人ソクラテスが別に姿をかえて次代の世界を生き抜く処世の術者として、「所有すれども所有されぬ」(ἔχω καὶ οὐχ ἔχομαι) 信条のアリスティッポスに何らか生かされていると受けとることもできよう。快楽を所有するが、それにしばられない自由人という点では、やはり至上目的は快楽そのものにあるのではないから、彼のことを快楽至上論者あつかいはできぬ面がある。このことは後の快楽論者エピクロスについてもいえることであろう。

ある人からアリスティッポスは「君は立派な着物を着ていてもボロを身にまとっていても、平気で歩きまわっていられるめぐまれた人だ」とほめられたこともあるというが、またあるときはこういうこともあった。すなわち、今を時めくシュラクサイの僭主ディオニュシオス王の酒宴の席で、王はみんなに「赤い着物を着て踊りをせよ」と命じた。プラトンは、「女の着物など着るにしのびぬ」というエウリピデス（BC. 480-406）の詩の文句を引用してこれを断ったが、他方アリスティッポスは、同じエウリピデスの詩句をひいて、「酒神のうたげにあっても賢女《さかしめ》は身をくずさない」といって、命ぜられたとおり赤い着物を着て踊ったということがつたえられている。

ところでインドのシッダルタではないが、断食などの苦行を重ね重ねて決して悟りが開けなかったのが、自然にさからわずに食することによって悟りを開いたということがある。そのように、まだ悟りまでいかないまでも、人間のごく自然な幸せへの願いを、どんな境遇においてもごく自然に実現したいということが、その後の世相を生きる知恵ともなったところに、次代へと生きるアリスティッポスの生活の知恵があったといえよう。このことは、姿をかえて文化生活と決別し「自然にしたがって生きる」（τὸ ζῆν κατὰ φύσιν）徳を最上としたディオゲネス一派のキュニコス学派の人たちにもいえることである。守ってくれる支柱ポリスが死に瀕し、裸一貫でほうり出された者たちの生きる知恵は、やはり裸の貧しい人間生活に甘んずることであろう。何らかそこにも快楽をみつけられるのだよと、おそらくアリスティッポスはいうかもしれない。

文化生活を否定せずにその中で、それに拘束されない自由人として生きようとしたキュレネ派の頭目はやはりこれも自然の生というかもしれない。娘アレテに対して「度をすごさぬ」徳を教え、この娘は母となってその同名の息子アリスティッポスに対しても、祖父の教えを教えたといわれ、キュレネ派の開祖はこの「母に教えられたアリスティッポス」の方だという人もあるほどである。キュレネ派はテオドロス（前三〇〇年ごろの人）、ヘゲシアス、エウメロスなどの人びとが属するが、快楽（ヘードネー）をめぐってこれは精神的なものなのか肉体的なものなのか、個人的なものか、共同的なものなのかなど（共同的とすれば家庭愛、友愛、祖国愛などもそうであるが）、また積極的に求むべきか、消極的に臨むべきかなど、種々の問題の規定にわたってそれぞれの説が立てられている。

快楽説はエピクロス（BC. c.341-270）によって組織だてられて、ストア派とともに次代に生きつづけるが、快楽論者エピクロスのことは、ローマ時代にストアの有名な哲学人政治家セネカが、大体次のように語っている言葉をわれわれはきくべきであろう。

かくのごとく彼らが放蕩にふけるのは、エピクロスにそそのかされてするのではなく、実は悪に屈服したあげく、哲学のふところに隠れて自分の放蕩を隠そうとし、快楽をほめたたえてきかせるようなところに集まるのである。彼らはエピクロスの説くあの快楽がどんな真面目なきびしいものであるかを考えることなく、ただ自分の肉欲をかばう一つの防禦、隠蔽物を求めてエピクロスの名に飛びつくのだ。……私がこんなことをいうと、われわれストア派に属する人びとはいやがるけれど、私自身は次のような考えをもっている。すなわち、エピクロスの快楽のため説いており、彼は快楽を自然に従わしめよ、と命ずる自然的欲求を満足させるところのものは、ほとんど贅沢には属さないほどのものである。……だから、私はわれわれの派の大抵の者がいっているように、エピクロスの学派は醜行を教える学派だ、とはいわない。私はこういおう、「この学派は人聞きの悪い名をもち、評判は悪いが、しかしそれは不当である」と。奥深く入ることを許された者でなければ、誰にだってこれを知ることができないのだ。

（『幸福なる生活について』一二～一三）

という言葉である。以上のように、ソクラテスの理想をそれぞれに祖述する者たちの生きる知恵は、決して、それぞれ生やさしいものではなく、それぞれにソクラテスの核を立派に胸に秘めて、多難な変貌の時代に対処していったのである。こうして知性文化、精神の種《たね》を次代へまきつづける努力をおこたらなかったのである。

第三章　古典ギリシア哲学
―プラトンとアリストテレスの哲学―

第一節　プラトンの「イデア」の世界

神とともにのびやかに生きたソクラテス以前の自然哲学者たちのいわゆる知的英雄時代は、身近に神を「在るもの」を通して感じとれた時代であったといえる。万物は神にみちて感じられた。さきにみたギリシアの知恵の勃興期に出たタレスもヘラクレイトスもパルメニデスもエンペドクレスもみんな、神を身近に感じとっていた。「入り給え、ここにも神がおられる」という言葉はヘラクレイトスの有名な言葉であった。しかしこの神や神々がだんだん人間から遠ざかり、すぐれた人間たちの心の中にも、神の宮居が影をうすくしていく時代が到来したのである。この神々の不在はどうしておこったのか。まどかで純粋なスパイラ（球）をなすパルメニデスの神の世界も、天空をすばらしい音楽でかなでながら駆け行くピタゴラスの太陽の運行も、その生き生きとした姿を失った。知の英雄たちが去って、彼らの言葉や行為がただまねられる時代がやってきた。彼らはただ言葉だけの形骸として残り、ギリシア世界の内部に創建興隆時代の素朴な覇気が失せはじめたのである。その頽廃はギリシアの栄光の都ともいうべきアテナイで特にはっきりしてきた。アテナイはたしかにもろもろの知識の花が匂う園であった。そこには群がる蜜蜂、ブンブン飛び交うソフィストの知識人たちがいた。そして彼らのうちに知識は豊かに運ばれたが、そこに真に活々とした生命は失せて、知恵の軽薄な残渣だけが、るいるいと積み上げられた。これはやがて掃き溜めのような観を呈した。知識の氾濫、混乱。やがてこの乱れは人びとを憍《きょう》慢にし傲慢にし惰弱にした。人間のあくことを知らぬエゴが黒いそのキバをむきはじめたのである。

何という愚かな人間どもめが。町を破壊し、神殿を廃墟と化し
古人の御霊の眠る幽邃《ゆうすい》なる聖域や宗廟を荒涼したあげく、
これらは汝ら自ら死滅していくのだ。
（エウリピデス『トロイアの女』九五―九七）

ソクラテスの魂の中に生きつづけたダイモニオンの合図も、アテナイでは現実の力を失い、かえってダイモニオンの命に従ったがゆえに、彼はアテナイ国家から死刑の宣告を言いわたされる破目になった。アリストテレスの言葉をかりていうならば、アテナイは哲学という崇高なものについに罪をおかしたのである。ソクラテスの断罪・処刑がなされたのち、神の不在を嘆き悲しみ暗黒となったアテナイを去ったものの中に、プラトン（BC. 427-347）もその一人としていたのである。神は遠くに去ってしまった。この命ともいうべき不在の神を求めるのは、失った者の当然の希求である。しかしこの希求は、「去るも

のは日日に疎し」の諺にもあるように、弱い魂には神の不在にも日ごと慣れてくるのであった。しかしソクラテスの精神的魔圏にあった人びとのうちで、プラトンにはこの神々の不在が痛切な問題としていたく心を悩ましつづけたのである。

神をまだ身近に感じていたソクラテスは、ごく素朴なダイモニオンの信仰・確信というもので美しくも善く生きつづけることができた。死刑をいいわたされたソクラテスは、従容として次のようにいうことができた。すなわちソクラテスの内なるダイモニオンはソクラテスにふりかかっている死に対して何の反対もしなかったのは、この死そのものが彼にとって何か善いものだからだ、と前置きして、

プラトン

それが善いという大きな希望がある。そのことをもう一つこういうふうに考えてみようではないか。死んでおるということには二つに一つ、無のようなもので死人には何の知覚もないか、あるいは死はよくいわれるように一種の移動であって、この場所から他の場所への魂の移住であるかです。

（プラトン『ソクラテスの弁明』四〇C）

という。すなわち何の知覚もなく眠りこんで夢一つ見ない眠りのようなものであるとすれば、死はすばらしい見つけものだし、また死がこの世からあの世への移住のようなものであり、死者は皆あの世にいると

いう言いつたえがほんとうならば、これにまさる幸せがどこにあるだろうか、半神たちのうちで生涯正しかった方々に会うのならその移住がつまらないわけがない、というわけである。さらに四一Cには、

いや皆さんも、裁判官各位、死に期待をかけるべきです。そしてこの一事はまちがいないと考えてください。善人には生前も死後も悪いことは何もないし、その人のことが神々に見離されることもありません。

とのべる。最後に（四二A）、

それはそうともう立ち去る時間です。私は殺されるために、諸君は生きながらえるために。しかしわれわれのうちどちらの方が善いことにめぐりあうか、神ならぬ身の知る由もありません。

といい残して立ち去るのである。

『ソクラテスの弁明』はプラトンのごく早いころの作品で、実際のソクラテスに近い描写をしているとみることができると思う。しかしこの素朴なソクラテスの考えに対して、ソクラテスの言葉として各対話篇に紹介しながら、実は史実のソクラテスからはかなり離れる理論展開をみせるものが、いわゆるプラトンのイデアの思想と呼ばれるものの実態であろう。これは実はプラトン自身のソクラテス展開で

あるが、それにしてもソクラテス精神の重要なものをつたえている点で注目されなければならない。また当時の思想を知る何よりの貴重な資料でもある。

ソクラテス訴訟事件そのものにまつわる政治上の問題もあって、彼の死後ソクラテスの弟子たちの一味はアテナイからのがれ、ひとまずメガラのエウクレイデスの家におちのびた。プラトンもその一人であったが、それは前三九九年のことである。メガラからプラトンはアテナイにもどらないで、おそらくかなり長い間エジプトへの旅をこころみ、それからアテナイに帰ったようだが、また前三九〇年より少し前にシチリアおよび南イタリア（マグナ・グラエキア）への旅に出た。

さきほどものべたように、この南イタリア、シチリアはクセノパネス、パルメニデス、ピタゴラス教団の根城《ねじろ》であり、ここで受けた種々の影響がその理論展開に大きな作用をしている、と思われる。ソクラテスの精神を核としてイデア理論への結晶作用に大きな不思議な力をそえたものと考えられるのである。ソクラテスの庶民精神（靴屋だとか大工、船乗りなどの職人をたえずその問答の対象としてあげること）がプラトンではだんだん姿を消して、有だとか非有だとか、死とか不死とか、感覚とか魂とか、生成と存在、運動と静止、死すべき地上の世界だとか不生不滅の天上の世界だとかが、盛んに議論されるようになる。ごく身近の問題も十分討議されぬのに天上の問題などとても論ずるわけにはいかないと、ソクラテスはかつていった。そうであるにもかかわらずプラトンでは神の問題が盛んに語られる。これはさきにもみたように神の不在を意識したからであろう。不断に練磨する精神に突如として火花のごとくあらわれる神のあわい姿、それを追い求め把握し伝達可能なものとして人びとにつたえたいという心から出たものであろうか。しかし神の問題には、何といっても西方やオルフェウス教からの影響が強かったであろう。

イデアとは、もともと物のいろいろな「型、形、種類」などをあらわす言葉であったが、プラトンのパルメニデス的存在観、ピタゴラス的霊魂観、オルフェウス的宗教観などの強い魔圏の中から、天上の国にある「理想の型」としてあらわれたものなのである。これは、肉体ならぬ精神の眼によってだけみえる「形相」としてあらわれてきたものなのである。肉体の教育ではない精神の教育にも、指し示す規準や形がなければならない。数学的形相は、図形としてこの上ない知的直観の対象として、あらゆる具体的事物からの抽象によって純粋にあつかうことのできる武器であった。

プラトンの教育にはまずこの「幾何学を知らざる者は門に入るべからず」風のこのパターンがあったようである。すべてのことに定義が望まれた。明証が望まれた。この模範が数学であった。これはピタゴラス教団の理論であり、彼らは行きすぎのあまり数を神秘化し、この世のもののほんとうの姿は数であらわれると考えた。このあらゆるものの混乱した時代に、すべてにわたり、永久不変の何かある一定の規準を置くことを自分の使命と考え、プラトンはあらゆるもの（善、美はもとより、机、猫、犬に至るまで）に定義をこころみたといわれるのである。

例えばプラトンと同様にソクラテスの弟子であるアンティステネスのそのまた弟子であったあの有名な酒樽の哲人ディオゲネスとプラトンの間にかわされた話（エピソード）をみてみるとよい。あるとき、プラトンが人間を定義し、「人間とは二足、無羽の動物なり」といって喝采を博していたとき、ディオゲネスは羽をすっかりむしりとった鶏をもってきて、「これが君のいう人間だ」といったという話がつたわっている。また、プラトンがあるとき、自分のイデアの考えをのべたとき、机にもイデアがあり、それを神はイデアの国にただ一つだけ創ったのだと説明し、その「机、そのもの」は永久不変のものであり、われわれが見るこの世の多くの机は不変のものではない、指物師たちが机をつくるときは、彼らはできるだけ机のイデアを想起しそれを模範としてできるだけ立派につくろうとするのだ、というのである。このときディオゲネスが、「私には、ある一つの現実の机は見ることができるが、お前さんのいう机そのものなんてとんと見えないよ」というと、プラトンは「君は机を見る眼はもっているが、机そのものなるイデアを見る眼、すなわち理性をもってはいないんだ」と答えたというのである。

この論戦の真偽はとにかく、イデアの世界を見る精神の眼と、この現象の世界を見る肉体の眼との二元的な対立が、プラトンによってイデア論を契機としてまったくくっきりと哲学の世界にもちこまれたことは、哲学によって人間世界が二つに分裂されたことを意味する。イデアの世界は天上の世界であって永遠不滅、この地上の世界は混沌の世界で滅びの世界といわれる。さきのイデアの想起にもあるように、想起とは次節『メノン』篇の一節として紹介するように、かつて魂がこの人間に宿る前のいつかの時代にあの天上のイデアの世界をみたことがあり、その刻印が魂に残っているから「想起」(思いおこすこと) ができるのである。このためには霊魂はもちろん不死でなければならないのである。これはピタゴラスの見解でもある。霊魂の証明などということが、現実にソクラテスにはありえたかどうかわからない。しかしプラトンは『パイドン』でこれをこころみたのである。しかしこの証明そのものは決して証明ではなく、ただ善や美のイデアがあるという確信を前提としてのべたものである。この前提そのものが問題なのであるが、これを自明のこととして証明をすすめ、いろいろの定義をこころみていくのである。

さてプラトンはイデアに酔ってその美しさに長い苦労も忘れた時期もあったかもしれないが、イデア論のもつ種々の難点が気づかれはじめ、おそらくアカデメイア内部でも、これに対する深い懐疑がおこったにちがいないそのあとが、はっきりうかがえる。正義とか美とか善とかのイデアがあり、それに関与することによってわれわれは正義をもったり善や美をもったりするのはよいとして、あらゆるものにもイデアがあるということになると、汚物にもまた悪にもイデアがなければならず、そうかといって神は悪のイデアをつくるわけはない。こんな疑問がおこったからか、とにかくプラトンの対話篇『パルメニデス』では、かの偉大なるパルメニデスの登場を願って諸論議の難点を解こうとした。しかしうまい解決は得られず、訓練の欠如ということで、さらに一層の練磨が要求された。

が、そもそもイデア論そのものには種々のアポリア（困難）が存在するのである。ところで実際『パルメニデス』の中でとりかわされるソクラテスとパルメニデスの対話のごく一端を聞いてみればそれがわかる（一三〇C〜一三一A）。

〔パルメニデス〕それではどうだ。われわれとかすべてわれわれと同じ性質のものとは独立に人間の形相が、人間とか火とかその上にまた水とかの形相そのものがあるだろうか。

〔ソクラテス〕それらについて、パルメニデス、あの場合（正義の場合）と同じように言うべきであるか否か、私はしばしば困難に陥りました。

〔パルメニデス〕本当にまた次のようなものについても、ソクラテス、これはおかしいようにさえ思われるのだが、たとえば髭とか泥とか塵とかその他この上なく下等なくだらないものだね。それらの各々にもわれわれの手にするのとは他に独立して形相があると主張すべきかどうか君は解決できないのかね。

〔ソクラテス〕決してそうではありません。いやそれらは私たちの見るままのものとして存在するのであって、それらの形相があるように思うのは大変なまちがいかもしれません。もっともこれまでにすべてについて同じことではないかという不安におそわれたことはありますけれども、ついてその立場をとると、妄語の深淵に陥って堕落するのではないかと心配して逃げてゆき、形相をもっていると今私たちがいったもののところへ行って、それに熱中して時をすごすのである。

〔パルメニデス〕君はまだ若いからね、ソクラテス。そうして君らがそれを一切軽んじないようになれば、哲学が君をもっと強くとらえるのだとわしは思うのだが、今ではまだそこまでとらえていないのだ。今はまだ年がいかないものだから、人の思惑を気にかけすぎる。それでは次のことをいってくれないか。君の主張によれば、形相というものがあり、これらにある他のものはそれを具得すればその別名を獲得するように思われるのか。たとえば、類似性を具得しておれば類似的であり大を具得しておれば大きく、美や正義の徳を具《そな》えておれば正しくなりあるいは美しくなるのか。

〔ソクラテス〕まったく。

というようにして延々として議論はつづく。しかしこの具得というか関与というか、これにもまた問題がある。すなわち、個々のものがイデア全体に関与するのか、それともただ一部だけに関与するのか。前者の場合には一つのものが同時に多くの場所にあることになり、後者の場合にはイデア（形相）は分割しうるものとなり、例えば大そのものを分割し、多くの大きいものがそれぞれ大そのものよりも一層小さい大の部分によって大きいということになれば、それは不合理にみえる、というのである（一三一D）。

このような不合理が次々と指摘される。結局イデアはそれに関与する個々のものに似るはずがないということになり、われわれにとってはイデアは何一つとして知られない、というのも知識そのものをわれわれは見ていないからということになる。したがって善そのものの何であるかも、善も、イデアであるとしてわれわれが把握するすべてのものもわれわれにとっては不可知となり（一三四C）、一番正確な意味における主人性そのものと一番正確な意味における知識そのものとが神のみもとにあるならば、あのものである主人性がわれわれの主人になるはずは決してないし、また知識がわれわれその他われわれのもとにものを知るはずもなく、むしろわれわれがわれわれのもとに支配権によってあのものを支配せず、われわれの知識によって神的なことを一切知らないように、神々もまた同じ道理で、神であるがゆえに、われわれの主人でもなく、また人間的なことを知らないのではないか（一三四DE）、ということになり、とんだジレンマに陥ることになる。こうしてパルメニデスが次にソクラテスに向かっていうように、形相は必ずそれらの困難に、いやまだその他にも非常に多くの困難にぶつからざるをえないのである。

（一三四E～一三五A）

それというのもあまり十分練習もしないで、早計に善とか正とか美とか一々の形相を定義しようとすることからくるのである。

かくして、イデアをめぐり、アカデメイアでもいろいろの問題がおこったし、アリストテレスは彼なりの考え方をもってプラトンの天上のイデアから離れていったし、アカデメイア自体はその後懐疑論に傾いていったし、いずれにしても言論の果てしないギガントマキア（大戦争）がつづき、プラトンの天上イデア論はアリストテレスにあっては個物内のイデア（すなわちエイドス）と質料（ヒュレー）の問題となり、さらに中世のスコラ学でいろいろと後述するような普遍論争をまきおこすことになった。

プラトンのこのロゴスは、このように幾多の遍歴を検見《けみ》したが、天上にあるイデアをあまりにも純粋に数学的に追求したために、現実のありのままの姿をとらえることができず、近世になって、コペルニクスがプラトン的思考にそってその帰結として唱えた地動説も、その完全な円の観念に固執したために、真の科学的現実となりえなかったことも注目される。現実の世界は、その崇高なはずの天文学の対象である天体においてすらプラトン的完全性をそなえておらず、プラトン神学の理想像は哲学的には示唆するものの豊かで深いとはいえ、あまりにも非現実的でありすぎたのである。人間が不完全であるがごとく天体も不完全であるとすれば、われわれは、プラトンのイデアの完全性に従って現実をどのように把握し、理想をどのように追求していけばよいのか。単なる空想・幻想におちいらないで……。しかしプラトンのイデアは単なる幻覚であったのか。幻覚であるにしては、イデアはあまりに多くのすぐれた知恵を刺激し豊かな実りを与えつづけてきたものである。

しかし、これへの固執は、多くの実証的科学を窒息させてきたことも事実であった。深いその着想にも、やはりそれに適した領域というものがある。あまりにもそれを絶対視してその適用をあやまるとき、それは妄想となり、頑迷固陋の権威となり、迷信となって、生々発展するものを窒息させまじい危険なものとなり代わるのである。思想の自由の上から、われわれは特にこれを警戒せねばならないのである。

第二節　プラトンの人間教育
――理想と現実――

純粋な美しいイデアの思想家をもって知られるプラトン人間教育というものは、この人が自由な民主主義の都市国家・栄光のアテナイに生を受けた人のものであってみれば、さぞかし自由な美しい個性の伸長を説く教育であろうと想像される人も多かろう。しかしそのような人びとはプラトンの説く教育論をきいて深い失望を禁じえぬかもしれない。プラトニック・ラブすなわち純愛という青年男女の心を魅惑するような愛も、人びとの想像するようなロマンチックなものではさらさらない。プラトンの人間教育は、人間の教育ではなくてごく少数者のための指導者教育に最重点がおかれていることが、まずわれわれ現代の民主主義教育の中にある者たちに、おどろきをあたえるであろう。

いとも尊き創造の神が人間をつくられたときに、神は三種の人間をつくられたという（『ポリテイア』第三巻四一五A）。最もよい人間にはいわば金をまぜ、次によい人間には銀を、そして普通一般の大多数の者どもには鉄や青銅をまぜたという。金族の人間はごく少数でこれらの者が支配階級であり、次善の銀族はポリス国家の補助者・守備者たちで国家防衛に当る階級で、大多数の銅・鉄族たちは、こつこつと手仕事をするように運命づけられた下積みの下層階級なのである。しかしこれら三種類の者たちは、最善の法律のもとに最善の国家形態をつくるそれぞれ大事なメンバーたちなのであり、上層の者は独裁者のように下層の者たちを自分の恣意で支配するのでは決してないのであって、すべての者が神意にかなった職分を全うすることによってこそ、一つの最善の統一体すなわち美しい調和のとれた国家ができるのである、という。

一つの全体の中で各階級に属する者たちがおのおの本分を守り、他の領域をおかすことのない行為が、プラトンの正義であり、どこまでも各人各階層はポリス国家全体の幸福を願うことに本義がおかれるのである。一種のピラミッド的理想国家の全体主義政治体制ともいうべきものである。これらについてプラトンは美辞を並べ立て、下級階層はいわば全体のいわば扶養者であるとかいろいろいうけれども、彼が説く人間教育は人間各自の個性の尊重などにおかれているのではない。ここには、全体の中で人間を金・銀・銅鉄と価値づけて、それぞれを自分の思い描く理想国家形態の中に、あたかも操り人形のように、操ってみせる絶対者（神）の行為を代弁する勝手な独断思弁がほのみえる。いやそこには、一つの狂気のような怪しい哲学的憍慢の熱情が底に燃えているのを見逃せないかもしれない。こんな大胆なことを、もし実際の政治家が強権をもって強行しようとすれば、それはどんなに善意であっても、一種の恐怖政治を現出させるであろう。

しかし哲学者プラトンは、自分の見果てぬ政治理想をこのように理論の上だけで説くことによって、もやもやした当時の政治情勢の中で精神のカタルシス（浄化作用）を行おうとしたのであろうか。いやプラトンの心情にとっては、これは単なる夢、非現実的な単に理論上だけの試案ではなくて、そこに烈々たる現実政治への批判と、それの哲学的革命が意図されていたのであると考えるべきであろう。そしてまさにこの理想像へ向かってひたむきな哲人教育が、プラトンの人間教育のほとんどすべてであったと考えるべきなのである。

そしてこの哲人教育は、それ自体としてはいろいろと示唆に富む多くのものをもっているのであるが、現実問題として、また現代のわれわれからみての理想教育構想からみて、種々の恐るべき独断を含んでいる、と思う。がそれはとにかくとして、プラトンのいう哲人教育がどんなものであるか少しかいま見てみることにしたい。

まず彼は、その理想国家構想を描いた畢生の著作『ポリテイア』篇（『国家』篇）の第五章（四七三D）において、次のように語る。

哲学者（愛知者）たちが国々において王となるか、あるいは今日のいわゆる国王たちがほんとうに充分に哲学（愛知）するかして、それが、すなわち政権と哲学とが合致し、今日のところ別々に両者それぞれに向かっている人びとの多くの本性が必然的に道を絶たれるのでなければ、グラウコン君、国々にとってもまた思うに人類にとっても、禍が止むことはないのだ。

と。そしてこの哲学者たちを教育して国王の座につけることが急務なのだが、これには一、二代はかかる。そしてプラトンは、自分のアカデメイア学堂で若者を教育する傍ら、目下の急務として現在国王の座についている者に働きかけて哲人政治をやらせようと精力をかたむけたのである。あのイデアの世界を一度でも見た者は、その美しく輝くほんとうの世界（善のイデアの世界、すなわち純粋で濁りのない世界）に人びとを連れ戻さねばならない。このように美しい光の世界を知らないで、暗い現実の世界につながれのたうっている者たちを、イデアの光の世界へとのぼらせなければならぬのである。

『ポリテイア』篇、第七巻（五一四A以下）においてのべる洞窟の例のいうように、われわれはあたかも鎖につながれて、次の状態にあるのだが、この有様をプラトンの言葉に従いながら、その大略を見てみようと思う。

われわれの本性が教育を受けた場合とそうでない場合とに関しては、次の状態に比較して考えてみるとよい。すなわちいわば洞穴《どうくつ》のような地下の住居に人びとがいる。その住居は太陽の光に向かって開いている洞穴の巾いっぱいの長い入口をもっている。そしてその人びとは、その住居の中に子供のころから手足も首も縛られたままなので、そこに固定されており、ただ前方だけを見ていることになる。縛られているから、頭をぐるっと回して後ろ向きになれない。ところで彼らのためにその後方はるか遠いところの上の方に、火の光が燃えている。また火とその囚人との間には上の方に道があり、その道に沿って障壁がつくられている。ちょうど操り人形師の前に、見物人に面してその上の方で操り人形を示す仕切り壁が設けられているように。

これらの囚人はこんな有様だから、自分たちの後ろのもの（小壁の上に出ていろいろの道具や石や木やその他のいろいろの材料でつくられた人間やその他の動物の像など）の実体は知らず、それらが火の光によって前面の壁にうつる像（影）だけを実在と考えるであろう。しかしこの囚人たちのうちのある者が、この洞穴から脱出できて、真実の太陽の光を見るということがおこったとする。彼は眼にはげしい苦痛を感じ、もといた洞穴に帰った方が楽だと何度となく思ったこともあったかもしれない。しかし強制的にデコボコの嶮しい登り道を引きずられ、太陽の光のところへ引きずってこられながら、その間は苦しがり腹を立てていた者が、いざ光にも慣れ、太陽そのものをそれ自身の国土においてみることができるようになるや否や、この幸せをかつての囚人仲間にも味わわせたいと思うであろう。そして再び洞穴に戻り、囚人たちをその縛りから解放したいと思うであろう。しかし洞穴の中では、太陽の光に今や慣れた元囚人が再び闇の世界に入ったため、彼はものをぼんやりとしか見ることができないので、「この奴は以前より馬鹿になった」と思いこみ、この折角の救いの手の言葉を信用しないのである。しかし何と馬鹿者あつかいされようと、この洞穴の暗闇の中では、この男だけが真実の光を見た者なのである。何としても、つながれている者たちを説得せねばならない。このような信念のゆえに、プラトンは自らの魂の眼で見たイデアの世界を、この世の囚人である同時代人たちに宣べ知らせようとしたのである。

以上の洞穴の話には、プラトン自身の体験が物語られているにちがいない。事実、アテナイに絶望した彼は、西方ギリシアの実り豊かなシチリアの首都シュラクサイの僭主ディオニュシオス一世に目をつけ、ここに哲学者の活躍の場があると思って、この王に接近したのである。しかし案に相違して、プラトンは折角目覚めさせようと思った王様からかえって手ひどい仕打ちを受けた。解放者たらんとしたプラトンは、かえってこの王によって監禁され、奴隷に売り飛ばされるという皮肉な結果に終わった、と語りつたえられている。史実は確かめようもないが、話によると、傲慢な優越者の僭主に対して、徳によってこそさらに優越者たる資格があることを説いたところ、僭主は「坊主の説法くさい」といって怒ったところを、プラトンは「あなたこそ僭主くさい」とやりかえしたので、僭主は、ただちにプラトンを殺してしまおうと思った、ということが言いつたえられている。実際政治への哲学者の介入は、このような惨憺《さんたん》たる挫折をみ、プラトンはかろうじて、ある篤志家に助けられてアテナイに帰ったということである（おそらく前三八八年ごろ）。

その後は学校を開いて、若者の教育に乗り出すのだが、前のことに懲《こ》りずに、前三六八年さきのディオニュシオス一世が死に、統治権が彼の若年の息子に移るとみるや、この幼い君主の哲人教育に再び乗り出すのである。しかしこれもある政争のためにうまくゆかず、プラトンは、シチリア旅行からまたしても空しく帰国せねばならなかった。たしかにこの幼い君主は亡き父とはちがい、哲学にたいへん興味をいだいていたので、六十才のプラトンの老躯も日ごろの確信がこのときこそ花開くと思ったのであろう。しかしこれはやがて困難とわかり、帰国してまた弟子の教育に当たった。しかしそうしているうちに五年経つと、再びシュラクサイでは事情がかわった。プラトンを自国から失った若い君主ディオニュシオス二世は、自分の宮廷をプラトン的思想で美しく飾り、知恵の都アテナイをこの島の首都に再現したいと思ったのか、今度は真剣に三顧の礼をつくしプラトンの再来を乞うたのである。しかしプラトンは固く断った。しかし国王自ら軍艦を送り、最高の礼をつくして再三にわたり来訪をこわれてみれば、今なお烈々ともえる老いの情熱はやはり何としても消しがたく、彼は三度、スキュラの海峡へと赴くのである。しかしやはりこれもうまくいかなかった。おそらく失意やる方なかったであろう。もう七十才にほど近くなっていたプラトンは、アテナイに帰ってからは、もう二度と実際政治には手を出さなかったのである。

こんなにも失敗の連続の苦い経験をあじわいながら、さらに八十才近く彼の絶筆ともいうべき『ノモイ』(『法律』)を書き、やはり国の政治はいかにあるべきかの問題を、老いの一徹をこめて『ポリテイア』よりもより現実の立場に立って論じたのである。

さて、一番現実的にやれるのではないかと思った国王の哲人教育も、その何度ものこころみにもかかわらず、結局失敗したとはいっても、彼はアテナイの北西の神域アカデモスの森の中にあった体育場とこれに付属していた庭を買って、ここに哲人教育の学校を開いた。しかも、ここに開いたアカデメイアは、紀元後五二五年にローマ皇帝ユスティニアヌスにより閉鎖を命ぜられるまで、九〇〇年以上もその誇り高い学燈を暗き世に照らしつづけていたのである。ここに学んだ者は、ソフィストに対してのように月謝なるものを払う必要はなく、教育はすべて、（自発的な寄付はとにかく）無報酬で授けられた。ここでは、ソクラテス的問答法によって次のように教育が行われた。すなわち、はじめは、ちゃんと知っていると思っていた自分の意見が、実際には何の確実さもない、と思い知らされ、そこに自己の無知を思い知る。しかし変な嘘の知識でいっぱいになっていたところをきれいさっぱりと浄化され、そのさら地に、ほんとうの知識を産みつけるのである。

また『メノン』の一節にある次のような想起の思想（八二C～八五E）などもここで教えられた。すなわち与えられた正方形の二倍の大きさをもつ正方形の一辺の長さを見つけるという問題で、この方ではまったく無知なはずの年少の奴隷から、ピタゴラスの定理が想起されるのである。もっともこの想起のプロセスの中で、以上の何かを自ら生み出さんとする熱意と苦しみが経験されはするが、われわれの知識はもともと、われわれに特有のものであって、イデアなども生得の観念なのであるが、われわれは、自分の中に隠されているこれらのものを想起することによって、はっきりとした現実の知識とすることができるのである。プラトンは、『メノン』の中で（八五D）、ソクラテスの口をかりて次のようにいうのである。

誰も教えずただ質問するだけなのに、自分自身の内から、その知識をとり出して、知識をもつようになるわけじゃないか。

と。さらに念を押すようにメノンに向かって、

ところで自分で自分自身の中から知識をとり出すことは思い出すことじゃないか。

といい、さらに語をついで、

さてこの子がいまもっている知識は、かつて取ったか、常にもっていたかじゃないか。

というふうに、メノンにソクラテスが誘導していくのだが、結局誰もこの子（年少の奴隷）に幾何学を教えたことがないのだから、かつて（人間でなかった時代に）学び取ったに相違ない、ということになる。ここですかさずソクラテスは魂の不死の問題までももち出して、彼はメノンに次のようにいうのである（八六B）。

われわれの魂の内に存在するものの真理が常にあるならば魂は不死であり、その結果、君が現在たま

たま知識していないものを——それは実は覚えていないものだけれども——探究し思い出すように努めるべきではないか。

と。こういう探究の道への招きが教育であるし、アカデメイアでもこんなふうに教育がなされたものと思われるのである。

ところでさきの国家の理想教育は、三階級に分けられた人間のうちの上の部類を主たる対象にして行われる。上の少数精鋭に対しては徹底した教育がなされるが、最低次の階級の中に有望な素質の子供がおれば、これは昇格されるし、上の二つの階級の中に生まれたいわば鬼子のような素質の劣った者たちは、低次の階級におろされるということも少しは見られたけれども、三階級はほぼ固定したものと考えられている。上の指導者階級は、男女共通の家に住み、共通の食事をとり、まったく同権であり、きびしい教育は、両者に対しては同じく行われる。またお互いの性交をさせられ、優秀な子供の種づけが行われる。子供にとっては誰が父であるか母であるかもわからず、父も母もどれが自分の子供であるかわからないように、この理想国家の精鋭は生んだり生みつけられたりするのである。世にいう徹底した共有・共産社会である。こういう優生学結婚だから、悪い素質の子供は生まれようはずはないとさえいいたげであるが、しかしこんなことをしていたら実際にはいくらうまくしようとしても、同族・同血結婚はまぬがれず、場合によっては兄弟・姉妹間の忌まわしい結婚も行われるような不祥事をひきおこしたであろう。これが理想だけに終わったのは、まだしも幸せであったかもしれぬ。自然な人間性というものをこの国家はどんどん破壊していってしまうからである。

がそれはとにかく、『ポリテイア』で説かれる教育は、最下層の労働者階級には言及されず、対象は戦士と指導者層である。幼年時のいわゆる初等教育であるが、これは、能力の発達程度に応じてなされるものであり、総じて文芸教育と体育とである。身体のための教育は体操術であり、魂のための教育は音楽（ムシケー）である。ここに語られているムシケーとは、ミューズの九人の女神がつかさどる文芸である。叙事詩・叙情詩・悲喜劇・歴史・雄弁・天文・音楽・舞踏であるが、この文芸教育は体育よりさきに行われ、選び出されたよい物語だけを子供にきかせるのである。ホメロスやヘシオドスは、神々を不品行であるように描いているので、教訓としては不適当で、彼らの詩はきかせてはならぬと語られている。アテナイ人、いやギリシア人たちの教養の源《みなもと》ともいわれるこれらの詩文が禁止されたことは、非常に画期的であり、このことはかつてホメロスの詩は鞭《むち》うたるべきであるといったクセノパネスを思わせるものがある。西にはパルメニデスやピタゴラス教団があり、これらの影響をプラトンはもろに受けていたと思われる。また軍国主義的武勇のスパルタにも、おおいに範とすべきものを求めている。アテナイは懦弱でいけないのである。例えば音楽の検閲制度をしく場合も、イオニア（アテナイ系）のメロディは弛緩していけないのであり、ドーリア（スパルタ系）のメロディは勇ましくて宜しいというわけである。

ところで身体の鍛錬は、食事に至るまできびしく、香料や菓子類の贅沢品はもちろん禁止される。のちほど指導者となっていく者たちも、もちろん小さい家に住んで、ごく質素な食生活をおくるわけで、私有財産は認められないのである。とにかく、初等教育を受ける者たちは、まだ理性が充分発達していないので、誘惑的・魅惑的なものは避けられるが、充分強くなったら許されるという具合である。さらにさきほども『メノン』を引用していったように、真に美しいものへの愛に目覚めさせる高等教育（善のイデアの認識に至る真の哲学的弁証法の術の修得）を受ける前にこの初等教育期間中、弁証術より前に教育されなければならない計算や幾何学やすべての前期教育に属するものは、彼らの子供のころに課さなければならないのである。しかしその際、教育の形態は学ぶことを強制するようなものにしてはいけない。自由人の教育らしくし、隷属（強制的）教育が行われてはならぬのである。

さてそこでこれらの初等教育（前期教育）で優秀な成績を修めた者に、高等教育がほどこされるが、十五年ほどもいわゆる洞穴にある人びと（この世の人びと）の中に生活し、ここであらゆる誘惑にも負けず、実行においても知識においても優秀賞をとった者たちが哲人政治の指導者層として職責を果たすようになるのである。これは教育の終点において、自ら好んでではなく国のためにやむをえないこととして行うのである。こういうエリート教育が、プラトンの描く人間教育である。彼のアカデミー教育にはどこまでも実際政治への道が開かれており、ここを巣立った者たちは多く、また現実の政治生活に帰って行った。あの洞窟のたとえが示す理念に従ってである。アリストテレスがマケドニアのフィリップの宮廷において、十三才のアレクサンドロス（のちの大王）を教育したことなども、その立派な例であろう。教育は各自の自主性が重んぜられる傾向もあって、いろんな面でプラトンをしのぐアリストテレスは、プラトンの死後アカデメイアから独立して、自らの学校を同じアテナイのリュケイオンに開いた。

プラトン教育の細目にわたる是非、または理想国家構造の哲人教育の是非はともかくも、このようにして学校が教育をつかさどり、古代・中世・近代とこの精神が受け継がれていった意味は大きい。学堂の創設者となったプラトンの精神は、何といってもソクラテスの死をもって教えた人間教育の結晶であり、すばらしい教育の種をまくものであったことは認めないわけにはいかない。しかしまたあれほどまでに心血を傾けてその建設を実現したいと考えられたポリスが、プラトンの弟子のアリストテレスのその教え子ともいうべきアレクサンドロスによってまったく打ち破られ、ポリス国家のような核国家はまったく命脈を絶たれ、巨大帝国にとって代わられたことは皮肉である。しかしこの帝国の中でも、学問精神は、今度は王侯によって支えられた巨大学堂、すなわちアレクサンドリアのムーセイオン（ミューズの女神たちに捧げられた神殿）において、幾多の俊秀を今度はまた哲人教育ならぬ文芸・科学研究に向かわせていくのである。

第三節　アリストテレス的世界（その一）
―アリストテレスとプラトン―

「アテナイの学堂」に関するラファエルの画をみると、プラトンははるか天を指さし、アリストテレス（BC. 384-322）は地平を指しているように思われる。たしかにアリストテレスは、師プラトンの天上の形相（イデア）を、天だけにでなく自然物万般の中にそれぞれの形において住まわせている。しかし彼のめざすものはどこまでもプラトンの天上の世界であったことを忘れてはいけない。結局において観想的貴族の哲学の方向をたどっている点で二人は共通している。古代からかなり離れたわれわれ現代人の眼には、アリストテレスがプラトンと対立的であるなどとは、どうしてもいえない面をここにみるのである。

アリストテレスは、彼の『動物部分論』四巻第十章の中で、

すべての動物の中で人間だけが直立している。これは人間がその自然においても本質においても神的なものだからである。思惟したり理性を働かせたりすることは最も神的な仕業であるが、上体が大きいとその重さで思惟とか一般の感覚が鈍重になるので容易なことではない。したがって体重や身体の実質が増大するにつれて身体は地面の方にまがる。そこで安定を保つため、自然は手や腕の代わりに前脚を付与したのである。

とのべ、さらに論をすすめて、

「人間が動物の中で最も賢いのは、手をもっているからだ」とアナクサゴラスはいうが、しかしこれは「最も賢いから手を得たのだ」とする方が理にかなっている。

といっている。その理由としては、

手は道具であり、そして自然は賢い人のするように、道具を使うことのできる者に道具を与えるのが常だからである。笛を吹くことの巧みな人に笛を与えるということの方が、たまたま笛をもった人に、笛の吹き方を授けるよりましだからだ。

とのべ、結局のところ、

人間が最も賢いのは手のあるせいではなくて、逆に、人間は動物の中で最も賢いゆえに、手をもって

ΑΡΙΣΤΟΤΕΛΟΥΣ
ΠΕΡΙ ΖΩΩΝ ΜΟΡΙΩΝ, ΤΟ Α.

『動物発生論』の終わりと『動物部分論』のはじまりの部分（エラスムス版、1531 年）

いるのである。

ということを結論づけている。

この一連の考え方は、「人間とはすべての動物の中で最も賢い」という一つの大前提から、いろいろの事柄を上から下へと演繹的に導き出してくるやり方であり、まったくプラトン的といわざるをえない。人間が手を使っていろいろと試行錯誤の努力を重ね石器時代から金属期、と進歩してきたという一つの自然的進化過程がここでは逆転させられている。イオニア科学（自然学）の伝統を継ぐアナクサゴラスの考え方がまったく逆転させられているのである。この逆転の考えはプラトンの対話篇『ティマイオス』をみても歴然としている。ここでは、世界の創造は、すべてア・プリオリ（先天的）に神的意志から演繹されるのである。プラトンの創造神は、まったくピタゴラス学派流に幾何図形をもって四元素（火、水、空気、土）をかたどっていくのである。このように自然は、自然発生的にア・ポステリオリ（後天的）にではなく、ア・プリオリに前もっての神の意志によってまったく善く美しく形づけられたという考え方である。

しかしすべてがこのように神の意志による全き創造であるとすると、生成消滅する不完全なこの世界は、

アリストテレスの青銅像——後1世紀に前4世紀の原物からつくったもの。ヘラクラネウムから出土（Mus. Nat., Napoli）。

充分完全には説明しにくくなるのではなかろうか。しかしプラトンの創造神が行きつまるところでは、合理を重んずる常識の大家アリストテレスの神は、プラトンの情熱を失って、静謐《せいひつ》の中に他を動かすのみにして自らは動かぬ「不動の動者」（τὸ κινοῦν ἀκίνητον）としておさまりかえっているからである。『形而上学』第一巻七章のたとえのように、これは「愛されるものが愛するものを動かすように他を動かす」神なのである。アリストテレスという包括的なまた分析的な学者によっては、すべてのものはそれぞれのところに順序よく整理されすぎるほどに整理されておさまるのである。

プラトンの『ティマイオス』の神も元素も、アリストテレスの『天体論』の中に満足げに落ち着くようにも思える。地球を中心として展開する生成消滅の世界、いわゆる月下の世界には土・水・火・空気の四元素がそれぞれの運動をする。

上への運動が属するならば、それは火あるいは空気であろうし、下への運動が属するならばそれは水か土であろう。

（『天体論』第一巻二章）

というようにアリストテレスは常識論を展開する。しかし現にいわゆる月上の世界（太陽などの浮かぶ月から上の天）にみる運動は円運動であり、この円運動こそ完全な球体（月、太陽等々）の運動にふさわしいものなのだ、という。こういう考えは、さきにみたパルメニデスの純有の世界の球体（スパイラ）なり

プラトンの描く神的な円運動なりの系統を、踏襲するものにほかならないであろう。しかも彼は、

それで以上のことから明らかなように、この地上における〔四種類の〕形成物（土、水、火、空気）のほかに何かある別の物体的実体が自然に存在しており、そしてそれはこれら地上のあらゆるものよりも神的でかつ先なるものであるということである。

（『天体論』第一巻二章）

というけれども、この月上のいわゆる「第五元素」なるものは、プラトンやアリストテレス流に「より神的なもの」という観念から演繹的にひき出されてきた想像物なのである。

実はアリストテレス自ら批判する神話的産物が、第五元素という何か有りがたくいかめしい学問的ヴェールをかぶったものにすぎないのだ、とも思われる。このヴェールをかぶった神話的神学思想はまったくプラトン的であるが、アリストテレスは同じ第一巻の三章で、この円運動をする物体は土・水・火・風のような月下の物質とちがい、軽さも重さももたない不生・不滅・不増・不減の永遠にして不老・不滅なもの、というのである。まったく常識的な月・太陽にプラトン的神学のヴェールをかぶせて、いとまことしやかに手品師のようにとり出してみせてくれるこの第五元素を、実際に諸学の批判家アリストテレス先生自身がご覧になったのか、とある人は尋ねるかもしれない。するとアリストテレスは、プラトンが自身のイデアをディオゲネスに向かって、「お前さんはイデアを見る心の眼をもっていない」と

いったようにあっさりとではないが、おそらく学者・先生として延々何時間もその講釈をたれてくれるであろう。しかし、どうもハダカの王様のたとえではないが、ここでは私どもは学者ぶらず単純な子供として振舞うのが妥当なのではなかったかという気がしてくる。

しかしこういうアリストテレスの見解が、一五〇〇年のちにはダンテの『神曲』にうたわれたばかりか、地球中心の天動説としての権威を二〇〇〇年にわたってもちつづけたことを思うと、人間の知識そのもののたわいなさに一驚せざるをえないのである。それにしてもガリレイの天才（そのほかに営々たる人間の知恵の努力の結果）をもってして、やっと月面や太陽面の不完全さ、その他彗星や流星の月上世界での生成・消滅問題から、アリストテレスの神話が打破されたのは幸せであった。

が何はともあれ、プラトンやアリストテレスによって考えられる哲学者とは、人間の中に宿る神的な理性を通して諸物をよく認識しえなければならない。

ところでもし、あるなにものかが動かされるとするならば、そのあるものは他でもありうるものである。したがって、あるものの現実活動が移動〔場所的転化〕のうちの第一のもの〔円運動〕であるならば、そのあるものは、そのような運動をするものとしてのかぎり、なおいまだ他でもありうるものである。しかるに、自らは不動でありながら動かすあるものが存在しており、現実態において存在しているから、このあるものは他ではありえない。なぜというに、諸種の転化のうちで、第一のものは移動であり、移動のうちで第一なのは天体の円運動であるが、さらにこれを動かすのがこのある者なのであるから。そうだとすれば、このある者は必然によって存在するものであるかぎり、善美に存在し、このように存在するものとして、このある者は原理である。……このような原理に、それだから、天体と自然とは依存しているのである。そしてこのある者の安楽な暮らしは、われわれ〔人間〕にとって最善の、しかしわれわれにはほんのわずかの時しか楽しめない最善の生活である。というのも、この者はいつもこのように〔最善の楽しい生活状態に〕あるのだからだが〔、このようにあることはわれわれには不可能なことだから〕。

（『形而上学』第一二巻七章）

というようなことをである。そしてアリストテレスは、もちろん哲学者としてできるだけ長くこの理想的な神的な観照生活にひたろうとしたのである。およそ人間と生れて、この生活こそ理想的で生活なのだから。これもプラトンのイデアの世界を観照して暮らす最高生活とその本質においてかわりはない。

しかしプラトンには反面この静かな善美の観照生活にひたりきることは許されない。さきの項でも説明したように、再び地上の暗い洞窟の中に生死を賭しておりていき、この美しい明るい世界を知らぬ者たちに導きの手を差し伸べなければならないのである。ここに烈々たるプラトンの、ある面でキリスト教者的殉教精神ともいうべきものがほのみえるところである。このプラトンの教育に対してアリストテレスも師に見倣《なら》いながらアテナイのリュケイオンで教育にあたるが、彼にはプラトンほどの革命的情熱は感じられない。おそらく多くの援助をマケドニアから得ながら（アリストテレスは前三四三年〔四十一才のとき〕から三～四年、当時十三才のアレクサンドロスの家庭教師をしていた。リュケイオンで教えていた十三年間〔前三三五～三二三年、四十九～六十一才〕はほぼアレクサンドロス大王の大帝国建設時代に当っていた〉、まれにみる多くの学術的研究をし、教授生活を楽しんだにちがいない。『政治学』でプラトンの「理想国家」をいろいろ批判しているように、アリストテレスはプラトンの理想政治意欲にはあまり煩《わずら》わされない静かで落ち着いた生活を楽しめたことであろう。アレクサンドロス大王の切り開いた帝国にもさしたる興味も世界史的意義もあまり認めることなく、依然として「ポリティコンゾーオン」（市民的動物）としての人間、ポリス人としてのワクから少しもはみ出ることなく過去に生きたのである。開かれてくる広いヘレニズム世界を見ることもなく、またそれに対する予言者的見解もないままに、プラトンと同じくギリシア・ポリス文化の中にひたって生きつづけたわけである。

ポリスの衰退はめだっていたはずだのに、それへの予見はいささかも見られない。彼は実に数多くの国家形態を研究したのだが、ポリスへの愛着は切っても切れなかったようである。そしてまた、ポリス政体の中でもアリストテレスが愛したのは、プラトンの同じく君主制とか貴族政治であって、民主政体は彼にとっては悪の部類に入るものだったのである。

第四節　アリストテレスの世界（その二）
―古代ギリシアの哲学・科学の集大成―

さきの節では、結局アリストテレスがいかにプラトンと結びつきが強かったかをのべた。マクロ的にいえばたしかにそうである。しかしこの節では、アリストテレスのたくましい哲学精神（批判精神）が師プラトンの魔圏にそのままとどまらず追随せずに、そこからかなり脱却しついに独自の古代ギリシア哲学・科学の集大成をなすに至った過程のあらましをのべてみようと思う。プラトンはたしかに彼の師であり真理探究の友であったが、彼にとって真理を追及することが、師であり友であるプラトンにそのまま忠実であるよりもずっと大切なことであった。この自由な精神こそまた、ソクラテス、プラトンとつづく哲学の精神であったことを、またしてもここで銘記しておかねばならないと思う。

さてさきにも引用した『動物部分論』の中でアリストテレスが次のようにいっている言葉にまず注目したい。

自然的実体には、永遠に不生・不滅のものと、生成消滅するものとがある。ある崇高で神聖な存在（天体）については、われわれはかえって不完全な考察しかできないようになっているが（まったくのところそれらを調べる手がかりになることとか、知りたいと思うことで感覚的に明らかなのはごくわずかであるからだが）生成消滅する植物や動物に目を転ずると、われわれの認識の手段はむしろ豊富である。それらがわれわれと同じく地上に生育しているからである。誰でも必要な骨折りさえ惜しまないなら、あるかぎりのあらゆる種類について多くの事実を学びとることができるのである。どちらの研究もそれぞれ学問する喜びは共通である。永遠の事物〔天体〕はたとえほんのわずかしか理解できないとはいっても、これらを認識するのは崇高なことであるから、われわれの周囲のどんなものを研究するより大きな喜びを与えてくれる。それはちょうど、われわれの好きなもののどれか一小部分を眺める方が、他の大きなものをたくさんとって調べることより楽しいようにである。ところで他方われわれの周囲の事物だと、より正確により多く知っているということが科学的認識対象としての長所であって、われわれの性質により親しいという点で神的な事物に関する哲学とある程度釣り合いがとれているのである。しかし後者については、われわれの推測できるかぎり〔『天体論』で〕のべて一応済ませたので、残るところは動物界についてのべることであるけれども、下等なものも高等なものも、何でもできるかぎり無視しないつもりである。なぜなら、感じの悪い動物でもそれを観察するという段になると、造化の自然は原因を認識することのできる人びとや生来の哲学者たちには、言い知れぬ楽しみを与えるものだからである。

（第一巻、五章）

アリストテレスのこれら地上の個物への強い傾向性は、長い間プラトンの精神の魔圏の中で抑えられていたものが急に爆発的にその本領を発揮するように、彼の最後の十数年がおそらくこれらいわゆる生成消滅のいやしい生物的個物の研究に精力的に費やされたように思われる。『ティマイオス』篇でアナクシマンドロスなどイオニア自然学者の生物進化説を唾棄するかのようにしりぞけ、魚や鳥を無知な人間の退化・断罪のプロセスとして見ていこうとするようなちょっと悪ふざけのプラトンの高慢な独断的態度は、ここではまったく見られない。「どんな自然物にもきっと何か驚くべきことがあるものだと、どんな動物の研究にもためらわず向かわねばならない」といい、「このようなことをしていると、どんなものにも何か自然で美しいものが認められる」というような確信が、アリストテレスの科学者としての謙虚な

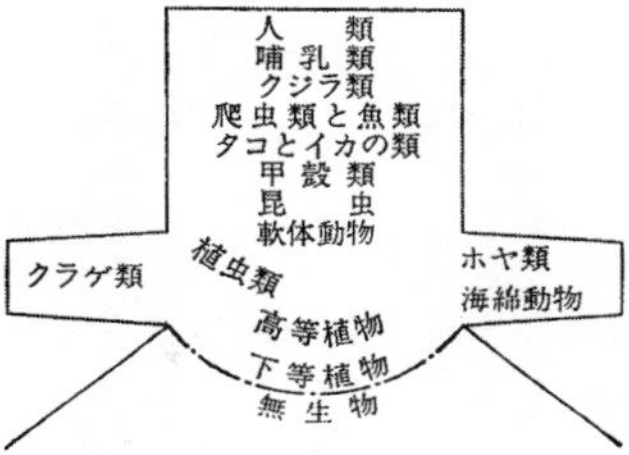

自然の階梯――『動物部分論』において生物から無生物にわたる「自然の階梯」をつくった。

有血動物〈ENAIMA〉(赤血で，胎生または卵生するもの)＝脊椎動物

- I．胎生するもの
  - 1．人間
  - 2．クジラ類
  - 3．胎生の四足獣
    - (a)　下顎に門歯があり，裂けた蹄をもつ反芻類
    - (b)　単蹄の動物
      - i．ウマ類
      - ii．その他の単蹄の動物
- II．卵生(ときには卵胎生)するもの
  - 完全卵によるもの
    - 4．鳥類
      - (a)　爪をもつ食肉鳥
      - (b)　水かきのある遊泳鳥
      - (c)　ハト，小バトなど
      - (d)　アマツバメ
      - (e)　その他の鳥
    - 5．卵生の四足獣＝両棲類，大部分の爬虫類
    - 6．ヘビ類
  - 不完全卵によるもの
    - 7．魚類
      - (a)　サメ類，軟骨魚，アンコウ(？)
      - (b)　その他の魚類

無血動物〈ANAIMA〉(赤血がなく，胎生，蛆生または出芽するもの)＝無脊椎動物

- I．完全卵によるもの
  - 8．頭足類
  - 9．甲殻類
- II．蛆生するもの
  - 10．昆虫，クモ，サソリ
- III．生殖粘液，芽または自然発生によるもの
  - 11．軟体動物(頭足類を除く)
- IV．自然発生するもの
  - 12．海綿，腔腸動物

動物分類表――『動物発生論』において動物の分類を試みた。520 種類以上の動物（当時にしては厖大な数）を観察・調査、その結果から帰納した。ここに掲げたのはシンガー作成の表。

態度の一面をあらわすのである。

『動物発生論』・『動物運動論』・『動物部分論』・『動物誌』というような膨大な研究労作が現代に残されているのは幸せである。ここで彼は数百といういろいろ異なった種類の動物を研究し、数十種類の動物を自分の手を使って解剖した。ここにはイオニア自然学者たちの手、人間に知的進化を遂げさせた手が生き生きと動いている。手職は卑しむべきものとして奴隷に何事も任せ、ただ哲学的明証の中に観想しておればいいというふうになりがちな性向は、ここでは最大限にかげをひそめている。プラトンのイデアのすばらしさを、アリストテレスは、これら地上のものすべてにそれぞれのエイドス〔形相〕において与えたいと願ったことは当然である。この傾向は、手の技術者としての医術に従事していたアリストテレスの父祖からの性向が、彼自身の一面に受け継がれているのである。ここにわれわれは科学者の態度を見る。プラトンの神的な魂には善美なものとして明々白々の天のものとして啓示されたイデアだが、これの神話的説明などが、アリストテレスのような分析抜群の批判力に耐ええたかどうか。

今は少しアリストテレス自身がプラトンのそのイデアについてどう語ったか、その言葉を、じかに聞いてみなければならないと思う。

今のべられた知恵の愛求〔哲学〕につづいて、プラトンの哲学が生まれた。これは多くの点で彼らの哲学に従っていたが、しかしあるイタリアの人びとの哲学とはちがった独特なものをもっていた。プラトンは若いときはじめからクラテュロスに接してこの人のヘラクレイトス的な意見に親しんでいた。

――そしてこの意見だと感覚的事物はすべて絶えず流転しているので、これらのものについては真の認識はありえないというのであるが――この見解を彼は後年にもなおその通りに守っていたからである。ところでソクラテスは倫理的方面の事柄については、これを事としたけれど、自然の全体については何の顧慮もなく、〔倫理的〕方面の事柄においてはそこに普遍的なものを求めたり定義したりすることにはじめて思いをめぐらした。そしてプラトンはこれをソクラテスから受け継いだのである。しかしこれは、ある別種の存在についてなされるべきことで、感覚的存在については、不可能であるとした。その理由として、感覚的事物はたえず転化しているので、共通・普遍の定義はどんな感覚的事物についても不可能であるということにあった。そこでプラトンはある別種の存在をイデアと呼び、おのおの感覚的事物は、それぞれの名のイデアに従い、そのイデアとの関係においてそう名づけられるのだといった。思うに、あるイデアと同じ名をもつ多くの感覚的事物は、そのイデアに関与することによって、そのように存在するからである。ところでこの「関与すること」といったこの言葉だけは、かわった点である。そのわけはピタゴラス派の人たちは、存在する事物がそのように存在するわけは数を「まねること」によってであるといっているが、これをプラトンは言い方だけをかえて「関与すること」によってだとしているのだから。しかしとにかく、エイドス〔イデア〕に関与するとかまねるとかいうことは一体何のことなのか――このことについては、彼らはこれを共同の研究課題としてわれわれに残した。

（『形而上学』第一巻、六章）

とのべている。プラトンが自分に啓示されたイデアを『パイドロス』などで神話的にのべている段はいいとして、いやしくも定義などの概念認識という段になると、どうしても楽しい空想の翼をかって天空を飛んでばかりはいられなくなる。アリストテレスなど鋭い弟子たちの追及に対して、十分の解答がなければならない。

ようやくにしておこったこのイデアをめぐる難点については、さきにプラトンのイデア説に関してその対話篇『パルメニデス』に示されたイデアのアポリアをちょっと紹介したことがあったが、悪戦苦闘の結果、少なくともアリストテレスがたどりえたイデア論（形相論）は、その『形而上学』・『天体論』などで示された「不動の動者」を考えることでまとまりを得た。すなわち最上のものとして純粋形相（顕現態）としての神が、美しい月上世界の外延に静かに、楽しく神々しい休らいをしている。そしてこれに向かってあたかも愛するものが愛せられるものに向かっていくように運動がおこる。最下の純粋質料（まったくの可能性）を起点として、それぞれがだんだんと内に形相化の様相を濃くしながら目的論的に最高の純粋形相の神をめざして、発展的に展開してゆくのである。すべてはこのプロセスの中に解消される。

種子としての生命体が、その可能態の中から、種々の成長段階をへて、それぞれの現実態としての形相（成長した生命体）に成長発展してゆくように、すべての個物はその中に質料と形相をあわせもち、その形相化のプロセスが、現実態への開花過程として進行するのである。アリストテレスは、この可能態から現実態へのエンテレケイア（顕現・実現）の過程としてこの宇宙を目的論的に思考した。その中に総合化・分析化のまれにみる巨人的学才を発揮した。多分に我田引水の感なきにしもあらずであるが、実に精緻に古代イオニアの学のはじまりからプラトンまでを自家薬籠中に体系としておさめたのである。しかしここでも私たちはアリストテレス自身の言葉を聞く方がよいと思う。中央に立って東方ギリシアのイオニア的物質観と西方ギリシアのパルメニデス、ピタゴラス、プラトン的精神主義を総合的に統一する学的巨人の姿がここに見られるのである。すなわち、

原理や原因について語った人びとのうちで誰も、われわれが自然に関する著述の中で区別した四種の原因よりほかには、他のどんな原理、原因ものべていないが、しかしこの四つには、彼らの誰も曖昧にではあるが何らかの仕方で触れていたことは明らかなのである。

（『形而上学』第一巻、七章）

として、例えば、第一に土・水・火・空気などの質料因を求めた人たち（質料にはタレスの水や、アナクシメネスの空気のように物体的なもののほか、プラトンなどの非物体的なものもあるがそれはとにかく）、第二に運動がそれからはじまる運動因の発見に関与していた人たち（エンペドクレスの「愛」と「憎しみ」やアナクサゴラスの「ヌース」はこの宇宙万物の生成に始動的役割を果たした）、第三に事物の本質について十分明確に規定していないが、とにかく本質的な探究に関してエイドス（形相）を考え、形相因というべきものを模索した人たち（ピタゴラス派やプラトンなど）、第四に「それのためにあるそれ」すなわち目的

因を追求し、最も善いことを最終目的として、そのものの追求に励んだ人たち（例えばソクラテスやプラトンのように）など、これら四つの方面から原因を総合的に探らなければならないのである。このように過去を回顧しながら、アリストテレスは自己の説を流れ来るすべての河の流れを総合して、大きな湖をつくりあげた。ここにアリストテレスの集大成の意義がある。

ところでこのように精密に論理をすするめる上で、アリストテレスは論理学をつくりあげた。「AはBである」（大前提）、「BはCである」（小前提）、「ゆえにAはCである」（結論）といういわゆる三段論法については、その種々の形態があり、アリストテレス全体系の論理は『カテゴリー論』・『命題論』・『分析論前書』・『分析論後書』などの中で詳しく取りあつかわれている。がこれをめぐっては、中世を通じては普遍論争をまきおこし、近世においても論争はたえなかったのである。

このアリストテレスという論理学の巨人の呪縛から解放されようとして、いかに多くの知恵ある者たちがいわゆるアリストテレス・コンプレックスから逃れるための努力をしたことか。実はこれははかり知れないほどである。さきにみた『天体論』のごときが二千年にわたってヨーロッパのみならずアラビア思想界までを支配しつづけたが、ほとんどそれと同じ支配を論理学もなしたのである。

しかしこれは現代のわれわれにはなかなか考えられないような言葉の魔術によってである。言葉はたんなる記号ではなくして、ロゴスとしての意味内容までも含んだのである。このことが事柄をこんなにも錯綜させるもとであった。またアリストテレスの論理学はある事柄の明確な規定証明であるというが、その大前提となる命題が決して自明でないところに問題がある。これは形而上学的先入観によっていて、学問による証明でない場合が多い。ドグマとして確認されているから、それでもっていくら何かを論理づけようとしても無理というものである。

「人間は理性をもった動物である」、「彼は人間である」、「ゆえに彼は理性をもった動物である」とか、あるいは、「人間は社会的動物である」、「ソクラテスは人間である」、「ゆえにソクラテスは社会的動物である」といったような論述をいくらしても、大前提そのものが考察の対象になっていないし、同語反復のそしりは依然としてまぬがれないのである。単なる形式論理といわれるわけはそこにある。言葉が正しく使われているかどうかに関して、例えば面白いしかし馬鹿げた例を出すなら、「ねずみは語である」、「語はチーズをかじらない」、「ゆえにねずみはチーズをかじらない」とか、「君は君が失わないものをもつ」、「君は角を失っていない」、「ゆえに君は角をもっている」という三段論法に関してである。これは、それぞれの言葉がその事柄に関して正しく使われているかどうか、言葉の交通整理をしなければならないし、また、このほかにも大なり小なり万般に関して、論理妥当性とか帰納・演繹・推理・定義の諸関係を調べ、包摂関係などが正しいかどうかを調べることは必要である。

誰にも自明的にははっきりわからない神や人間の魂を、自明的なものとして論証する力は、それらの三段論法には存在しえないはずである。「人間が形相として霊魂・理性をもち、質料として肉体をもつ」というようなことから何かを論証しようとしても、それは各人の宗教的信念なり確信をのべるにとどまって決して新しい何ものかを証明することにはならない。「日本は万世一系の天皇の治める国である」といってみたところで、日本という国が永久に存続していき、これからもするものでもなく、各個人の日本人を離れて日本という事物があるわけでもなく、言葉は超越的でなくあるものについての表示機関であるにすぎない。抽象化された日本という国への愛着、愛国心は超越的にはありえないのである。

しかし、アリストテレスにとっては、ギリシアのポリスはほとんどまさしく超越的存在であったものと思われる。国家としてのポリスは死んだとさえいえるその戸口に立って、アリストテレスのポリス神話は何の疑いもなく、『政治学』に関してポリスの善美をうたいつづけ、人間を τὸ πολιτικόν ζῷον（ト・ポリティコン・ゾーオン）「ポリスに生きる動物」といいつづけたのである。この神話がやはりアリストテレスの論理学にもあてはまるのである。彼は論理学という学問のヴェールをもって論理学の神話を語ったといえばいえるであろう。

この神話の生命は、中世神学の中に生きつづけ、人びとを呪縛しつづけて二千年近くも君臨した。そしてこのような論証的神話から脱却する時代は、中世終わりから近世になってやっとはじまったものと考えられるのである。普遍概念を単なる語だとした唯名論がこの呪縛を切り離すきっかけをつくったのである。ここからはまた、近代の科学、おそらくはアリストテレスの科学精神が「そうだったのか」と感嘆するような実証科学がはじまっていく。

テオフラストス、前２世紀頃（？）のものかそれ以前の作品を模したもの（Vill. Albani）

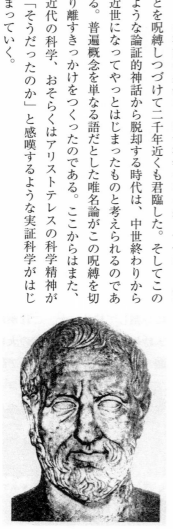

しかし、アリストテレスが、二千年にわたって知識の進歩を止めてしまったといって彼を非難することはあたらないと思う。彼があまりに巨大であり彼の知的労作を越え出ることができなかった時代に責任がある。もっともアリストテレスのすぐ後にリュケイオンの学頭になったテオフラストス（BC. c.287 †）は、植物学の分野においておそらく師を凌駕した。またテオフラストスは、師の目的論的神学的すぎる面の修正批判もしたようであるが、いずれにしてもアリストテレスは古代学すべてを自分を大柱として気宇壮大な神殿を構築したことは否定できない。これが後世一大権威となって有能の探究者たちを抑圧したことは、不幸といえば不幸であったが、これを長い間に吸収し吟味し、ついに長年の努力の結果克服し、近世へと結集した力は、人類の知恵のたまものであり、特筆大書されるべき第二の金字塔ともいえるであろう。

ΘΕΟΦΡΑΣΤΟΥ ΠΕΡΙ ΦΥΤΩΝ ΙΣΤΟΡΙΑΣ ΤΟ Α

テオフラストスの『植物誌』の4巻からなるギリシア語版（Venezia, 1495-98年）の第1頁。

しかしながら、もともとアリストテレスの精神は権威などを求める精神ではなく、『ニコマコス倫理学』の一節（第一巻、六章）にもいわれているように、しかし真理を救うためならば自分のものでさえ取り壊すことがさらによいことであり、また思うに、そうしなければならないであろう。特にわれわれは哲学者なのだから。というのはわれわれはお互いに親しい者であるけれども、その友達より真理を尊ぶことの方が一層敬虔なことだからだ。

という立派な考えをもっていたのである。これはラテン語では〝Amicus《アミークス》 Plato《プラトー》, amicus《アミークス》 Socrates《ソークラテース》, sed《セド》 praehonoranda《プラエホノーランダ》 veritas.《ウェーリタース》〟（プラトンは友であり、ソクラテスも友である。しかし真理はそれ以上に重んぜられるべきである。）という定言になった。しかし、こういうアリストテレスの自由な真理愛の哲学精神が、中世に権威となって、この世界を硬直させたことは、皮肉といえば皮肉なことであった。

第四章　ヘレニズム世界
――拡大された世界、西方と東方の結婚――

第一節　野蛮王国マケドニアの帝国主義的野望

「驕慢」の花は咲き誇り、はては熟れた
「破壊」の果実が滂沱《ぼうだ》の蔵に貯えられる。
（アイスキュロス『ペルシアの人びと』八二一～二）

悪霊にとり憑《つ》かれたように栄光の都市アテナイがまず没落し、つづいてスパルタも没落した。これらの都市連合を中心にギリシアが打って一丸となれば、かつての宿敵ペルシア大帝国を征服できたかもしれない。そしてアジアにエジプトに一つの大きな世界国家をつくることができたかもしれない。しかしこういうことは、今となっては夢のまた夢でしかなかった。狭量なポリスの思想・理念をもっている者たちには、とてもそういうことのできるはずはなかった。ましてや衰退に向かった頑固なポリス精神は、結局連合することを忘れて相互に攻め合い消耗し合った。ペロポネソス戦争という途方もない破壊エネルギーを浪費した結果、ついには共倒れの運命をたどったのである。ペルシア側にもかつての世界帝国再実現への野望はもはやなかった。一万人のギリシア部隊の冒険以来、ペルシアの弱点は鋭くギリシア人たちに見抜かれ、帝国恐るるに足らず、野望をもつ者はすべからくペルシアを打倒し併合して世界帝国をつくる好機あり、と野心をおこさせた。

だがこの野望は残念ながらギリシア生粋《きっすい》のポリス人たちにはできない相談であった。これをやりうる者はどうしても第三者でなければならなかった。しかもこれをなしとげうる者には、烈しい野生の力が必要でありしかも知恵が必要であった。そうしたときにギリシアに留学ならぬ人質として捕らわれていたマケドニア王族の一人フィリッポス（フィリップ）がいた。彼には、幸運にもこれをやり遂げていく才能や力量が付与されていた。ギリシアの北辺にありギリシア文化地域とさらに北方の猛々《たけだけ》しい未開部族たちの間にはさまれていたマケドニアには、いわば両方にもまれながら養分を吸い鍛えられながら繁栄していく兆《きざ》しが芽生えはじめていた。古代ギリシア学問の世界制覇ともいうべき集大成を成し遂げたアリストテレスも、マケドニアのスタゲイロス市出身の一アテネ留学生であった。が、このマケドニアは、またギリシアの政治家たちの亡命地でもあった。こういうわけでギリシアの養分はこの野蛮地帯にばらまかれた。

偉大なことは、文化の中心ではなくその周辺・周縁からよくおこることとは、歴史が証明しているが、その周辺国家としてマケドニアは成長してきたのである。果てしなくつづく政争の渦の中で、アテナイがさらにスパルタが衰退しはじめていた。他方マケドニアはだんだん力をもちはじめ、テッサリアへの南下をうかがっていた。テッサリアはあの名高い『イリアス』の英雄アキレスを育てた土地で、ギリシア中で一番広々とした実践用の馬ゆたかな平原であった。このテッサリアを支配しようとしたマケドニア王朝の侵入防止に、テッサリア諸都市は当時の覇者テーベに助けを求めた。このマケドニア対テッサリアの抗争のまきぞえをくらってさきのマケドニア王族のフィリッポスは人質にテーベに捕らえられてきたのである（前三六七年）。

しかし頭のよいすぐれた青年フィリッポスはさすがに無駄にここで過ごすことはなかった。テーベの名将エパミノンダスの新戦術、兵術からいろいろと勉強した。覇者テーベから有名なテーベ方陣を学んだのである。野心家フィリッポスは折よくマケドニアに帰ってからはすぐ自分の軍隊の大改革に着手した。すでに騎兵隊はマケドニア軍にあったが、何といっても強い歩兵軍が必要であった。ここへテーベ方陣を利用したいわゆる「マケドニア方陣」をつくったのである。この方陣は一つの密集隊形であったが、どの方向にも機動的に進むことができるために間隔をとり列を少なくして、後の兵士が前の兵士の肩に長い槍をのせ、やまあらしのような格好で敵に襲いかかる隊形であった。しかし敵軍かく乱の最先峰として突入するのは騎兵隊であった。彼らは敵の両翼を突破して側面から背後にせまり、敵の突撃用・戦車用の馬を射殺し、敵軍を混乱におとし入れ戦闘力を喪失させる戦法である。馬にのる者たちは身分のよい者たちで、これが率先したものだから、全軍の士気をいやが上にも高めた。これがフィリッポスのあらましの戦略であり、息子アレクサンドロスもほぼ父王から受け継いだ戦略を用いた。

とにかくフィリッポスは二十一才の青年としてマケドニアの摂政をしてきたが、すさまじい勢いで四方に襲いかかりどんどん領土を広げ、トラキア（東）からアドリア海（西）に至る北方のすべてを領有し、そののちはうまく策略を用いてギリシア各都市の不和に乗じて同盟者を買収した。その帝国主義的野望はまずギリシア征服を成し遂げることに向けられた。やがて、その実力を発揮してマケドニア王となりフィリッポス二世を名のるに至った。その野心は、すでに汎ギリシア同盟をもって世界の覇者たることを提唱した雄弁家のイソクラテスに鼓吹されたものであったが、そのお株をいわゆる野蛮人のフィリッポスがとってしまったのである。

それまでギリシアにとってまったく恐るるに足りなかったマケドニアが、ときが移ってまったく恐ろしい存在となった。ペロポネソス戦争の疲弊から立ち直りかけていたアテナイの北方領土を、全部奪い取ってしまったフィリッポスに対し、アテナイはいいしれぬ脅威と憎しみを感じはじめていた。しかもアテナイの生命線であった黒海穀倉地帯への通路（海峡）を制圧されかけていた。しかし、アテナイに、世界の雄弁家デモステネスが出るにおよんで、この都市国家は感動的な「第一回フィリッポス王攻撃演説」により大いに奮い立った。しかしもはやこのポリスに昔日の誇りはなく、心血を注いだデモステネス演説もアテナイ市民を結局は動かすことができず、フィリッポスこそが汎ギリシア帝国主義支配を実現できる実力があると信ずる者たちがかえって増えた。反フィリッポスの先鋒・デモステネスと並ぶ雄弁家のアイスキネスは、親フィリッポスであった。しかし前三四四年に、デモステネスが「第二回フィリッポス攻撃演説」をおこなったときは、かなり親マケドニア勢力を制圧しその後はしばらく順調なようにもみえた。しかし結局はうまくいかなかった。アテナイはテーベと連合することに成功したカイロネイアでマケドニア軍と相対することになったが、これがギリシアの死命を決する大決戦となったのである（前三三八年）。

このときそれまで無敵を誇っていたテーベ方陣の神聖部隊が、マケドニア方陣と対戦した。しかしマケドニア方陣はギリシア連合軍を見事に潰滅状態におとし入れた。総崩れとなったアテネ敗走軍の中にデモステネスの姿もみられた。アテナイ軍は逃げたが、テーベ神聖部隊は最後の一兵まで戦い壮絶であったといわれている。ここでテーベの気骨を失ったギリシアは、フィリッポスの支配のままにならざるをえなかった。ギリシアの気骨の喪失をすでに予知していたのか、このとき、九十八才にもなっていたギリシアの偉大なる知恵者イソクラテスは、虫の息になりつつも、フィリッポスを先頭に立て対ペルシア大遠征をおこすという夢を抱きつづけながら死んでいった、といわれる。

名実ともについにギリシアの支配を勝ち得たフィリッポスは、前三三七年のギリシア諸都市会議でペルシアと戦いをすることに決めた。会議はフィリッポスを最高司令官に選んだ。ペルシアのギリシア大侵略から数えて一五〇年がたっていた。しかしフィリッポスの家庭内の不和がもとで中途で暗殺されたため、その後はギリシア諸都市には再びしばしの自由の気風がよみがえった。マケドニア支配から脱しきれると思ったものも多かったが、フィリッポスのあとを継いだアレクサンドロスはさらに偉大な青年（二十才）であり、あらくれの野蛮人であった上に、世界の大哲学者アリストテレスに、十三才のとき家庭教師として知性を鍛錬されただけあって、ギリシア的教養の精神も、彼なりに相当身につけていたのである。そしてこのことは重要であった。文化要因はどこまでもギリシア的なものであったのである。

アレクサンドロスは十八才のとき、カイロネイアの大会戦で先頭に立って無敵の神聖部隊に突入する勇名をはせていた。しかし二十才の王者は、精悍な威力をもって反対者をただちに処刑するという専制ぶりも示した。もっとも、アレクサンドロスをとりまくマケドニア王朝周辺を一体にまとめるには、最大級の強権が必要であったかもしれない。アレクサンドロスは、周辺を整理すると荒れ獅子のようにギリシアに南下し、父親のあとをついで対ペルシアのギリシア連合軍最高司令官に選ばれた。

　のち、この青二才の王をだまそうとする勢力もギリシアの中にいろいろあらわれ、油断も隙《すき》も与えなかったが、これらを猛然とけちらし、抵抗するものはすべて撃破し、徹底破壊を行った。そうでない者は寛大にあつかったので、まもなくアレクサンドロスの足下にギリシア全土がすっかり屈服する形になった。こんなとき討伐の対象であったかつてのギリシアの宿敵・ペルシアには内輪もめがあった。前三三四年アレクサンドロスが大遠征の道についたとき（二十二才）は、ペルシアは非常に弱体化して、すでに昔日のおもかげもなかった、といわれる。アレクサンドロス

前 334 年のイッソスの戦い。左の馬に乗っているのがアレクサンドロス大王、右の馬の人がペルシアのダリウス大王（Mus. Nat., Napoli）。

は、かつてのはるか昔ギリシア方の大軍がアジアに攻め寄せたトロイアの遺跡で、かつてのギリシアの英雄にあやかる供犠の式典をおごそかに執り行ったのである。

第二節　アレクサンドロス大王とヘレニズム世界への道

何といってもペルシアは奥深い国であり、フェニキア都市の艦隊を自由にして海上を制覇していたので、海岸沿いの諸都市を降伏させ、ここに守備隊をおいておかないと、いつ通路を遮断されるかわからぬ、とアレクサンドロスは考えた。彼は、次々と海岸沿いの諸都市を劫掠《きょうりゃく》していった。マケドニア戦術の研究家（ギリシア人）の率いるギリシア傭兵隊もペルシア方にはいて、善戦したけれども、次々と打ち破られた。ダリウス三世は臆病者であったが、敵方をはるかに上まわる大軍隊に気をよくしてアレクサンドロスをイッソスに迎え撃つ場面も見られた。しかしこれは巨大とはいえ、敵方に比べるとまったく烏合の衆に近く、役人などの非戦闘員ばかりか後宮（女）までも引きつれての軍隊であった。ペルシア方にいたギリシア傭兵はよく戦ったのであるが、ついに大敗を喫《きっ》した。ペルシア征服にあたって、アレクサンドロスは徹底したペルシアの全面無条件降伏を要求していたので、ほとんどどんな妥協にも応ぜず、どんどんシリア海岸を南下した。徹底抗戦を挑んだフェニキア都市テュロスは七ヶ月もちこたえるほどの抵抗を示したが、ついに降伏した。しかしそのときは、復讐に燃えるマケドニア側に徹底破壊を被った、とつたえられている。

しかし、アレクサンドロスがエジプトに入ったとき、彼はこの国から「ペルシア圧制からの解放者」として歓迎された。前三三一年にはいい気持になって、自分の名にちなみ、アレクサンドリアという大都市を建設した。彼は、長い間海上交通で栄えてきたフェニキア都市から交易を奪って、ギリシアのために執念の復讐をここでもまた果たすことができたのである。フェニキア商業都市は徹底抗戦したために、ここでまったくその息の根をとめられてしまった。一方アレクサンドロスを寛大に受け入れたエジプトは、アレクサンドリア都市を中心にその後の殷盛を誇るのである。すでに、その勝運に神気をはらんでいた英雄アレクサンドロスは、このおっとりした包容的な呪術宗教の王国エジプトの雰囲気に慰められたのか、ゼウス・アモンの神殿では自分をアモンの子と呼ばせて悦にいった。

その後、一休みして、とってかえし、奥深くペルシアに攻め入り、古事に名高いニネヴェやバビロンの付近では、ダリウス王の軍をさんざん蹴散《けち》らした。ペルシア王国の都スサに入場したのち、さらに一五〇年前ギリシアを侵したペルシア王クセルクセスの首都であったペルセポリスでは、大いに勝利の祝宴をはった後、かつてのアテナイ大破壊の復讐として、この都城を気持ちよく焼き払ったのである。その後、アレクサンドロスはダリウスを追った。臆病なダリウスは逃げに逃げた。しかし、結局はペルシア帝国の東の果ての方でこともあろうに自分の部下によって殺されてしまった。それからのペルシアはもはや敵ではなかった。が、いろいろの周辺の野蛮人と戦い、さらにはインダス河上流に出てインド王と会戦し、象軍と戦って数々の勝利を飾った。アレクサンドロスはさらに血気盛んにインドを横断してガンジス河まで進撃しようとしたが、それはさすがに将軍たちに諫止された。それから、前三二四年には、再びスサに帰還し、ペルシアの服や冠をつけてすっかりエキゾチックを楽しんだといわれている。帝国主義専制帝王の権化のように、ギリシア的教養を忘れたその東洋的権勢意欲は、アレクサンドロス大王の側近をひんしゅくさせたともいわれている。そのエジプト的王者、ペルシア的専制帝王の態度に批判的であった側近に対しては、情け容赦なく処分し、あくまでたてつく者に対しては斬殺に処すこともあったという。彼は、オリュンポスの多神教時代の神々のように、それぞれの征服地にあらわれては、混淆宗教の種をまいた。自らエジプトやバビロニアにあっては旧信仰の継承者としてのぞみ、自ら神の子として君臨した。

アレクサンドロス大王は、みずからペルシア王ダリウス三世の娘などと結婚し、かつてのゼウス大神のように、彼の精を異国の女たちに注入し、また自分の部下たちも、ペルシア婦人やバビロニア婦人と結婚するように奨励した。ギリシア純血種の優越感などもちあわせぬ異種族のアレクサンドロスは、ここに原地人たちと結婚・混血をすすめることによって、東方と西方の実り多い土壌をつくろうとしたのである。ギリシアの優秀さをよく理解していた彼は、ギリシア的優性の種をこの未開の地に植えつけようとした。万物に優越するオリュンポス神の多産な豊穣を、結婚によって、彼は、インダス河のほとりに至るまで各地にギリシア風の都市を建設し、ギリシアの諸制度を適用したが、ある程度自治を許し、それぞれの地域の友好統合をはかろうとした。

このようにしてギリシア文化は、アレクサンドロス大王の鳴動するような天才の強引な計画のもとに、広大な地域にひろがり、植えつけられた。そのもともとの優秀さによって、ギリシア文化は指導性を発揮しながら、その土地土地の文物と混ざりあっていった。呪術宗教に骨の髄まで浸透されていた未開の東洋種族たちは、アレクサンドロス大王のそれぞれに姿をかえたその土地の神の子としてのぞむ態度に、かえって和らげられた。このようにして、いとも従順にアレクサンドロス大王には従ったのである。しかしその輝かしいヘレニズム世界の帝王的統一がほんの緒についたところで、彼は熱病にかかり突如として死んでしまった（前三二三年）。

広大なヘレニズム世界は統一の神人を失って再び分裂せざるをえなかったが、ブルドーザーのような強引さによってひろびろとうち広げられた地平は、もとの小区分には戻らなかった。ヘレニズム文化（ギリシア文化）のこの広い地平には、何か共通の精神が芽生え、すぐれたギリシア文化の伝播役として、コイネー（共通）のギリシア語が広い伝播力をもって人びとの眼をこれまでの視野ではない視野へと見開かせた。その共通した精神は、ヘレニズム時代の哲学者ゼノンによって象徴される。

もはやわれわれは町や州によって区分されない。各人は皆同胞である。各人は一様な制度と生活をもっている。

という定式に結晶した。

ヘレニズム時代を切り開いた英雄アレクサンドロス大王の偉業は、十年の短期間で終わったが、この奇蹟的現実はヘレニズム世界の人びとに生きつづけた。しかし、これはある意味では奇蹟ではなく必然であったといえよう。ペルシアの帝国主義がギリシアへとその牙をむいたその強い反作用が、ギリシア方の帝国主義的復讐としてそれをアレクサンドロスが代行したのである。しかしその知恵はギリシアが植えつけたものであった。このような知恵の強さと広がりをギリシアは死んでももちつづけた。しかし、これはギリシア人の独創品というよりも、人間の知恵の鳴動する火山がギリシアという地域におこり、それが天才の力を借りながら、大きく爆発し、そのすそ野を広げていったことにほかならないのだ、と思うのである。

第三節　アレクサンドリア新世界都市

アレクサンドロス大王の死後、その帝国ははてしない争奪の渦が巻きおこり、有能な数十人の将軍たちが入り乱れ、お互いに権力を求めて攻め合った。特にアレクサンドロス大王のように特に傑出したものがなくなって争いあっているうちに、これらの中で結局五人が残った。その中の一人アンティゴノスは、アレクサンドロス大王のごとく一手にこの帝国を手中におさめようと、牙をむいてこの中の一人を戦いの後殺害したが、残った三人の連中に阻まれた。その結果それぞれが帝国を分割統治することになり、カッサンドロスがマケドニアの国王に、アンティゴノスが小アジアの国王に、プトレマイオスがエジプトの国王に、さらにセレウコスはアンティゴノスからバビロニアをとってその国王の座について、一応の決着を得た。

この中で最も成功したのが、エジプトを支配したプトレマイオス王であった。エーゲ海を制圧したアテナイがギリシアの栄光を担ったように、プトレマイオスはすでに地中海の海上交易の中心的位置を占めていたアレクサンドリアを首都として、そこに新しい栄光のシンボルである学問の大殿堂を建てたのである。アテナイの海上制覇はすでにペロポネソス戦役のときのシチリア大遠征の失敗でついえ、その後はペルシア軍支配下のフェニキア艦隊が海上交易の利益を握っていたが、この重要な根拠地である海港都市（なかでもテュロス）は、アレクサンドロス大王によって徹底破壊された。大王は新都市アレクサンドリアに交易の中心を移した。

だからアレクサンドリアをもつプトレマイオス・エジプト新王は、当然海上を制覇し、その巨大な富をおさめた。彼はまた海上交通の要所ロードス島とも同盟を結び、ここが敵に襲われたときはこれを救ったということで、彼はプトレマイオス・ソテル（救世主プトレマイオス）という称号をロードス人からもらった。この海上の制覇者は、その富をもって、

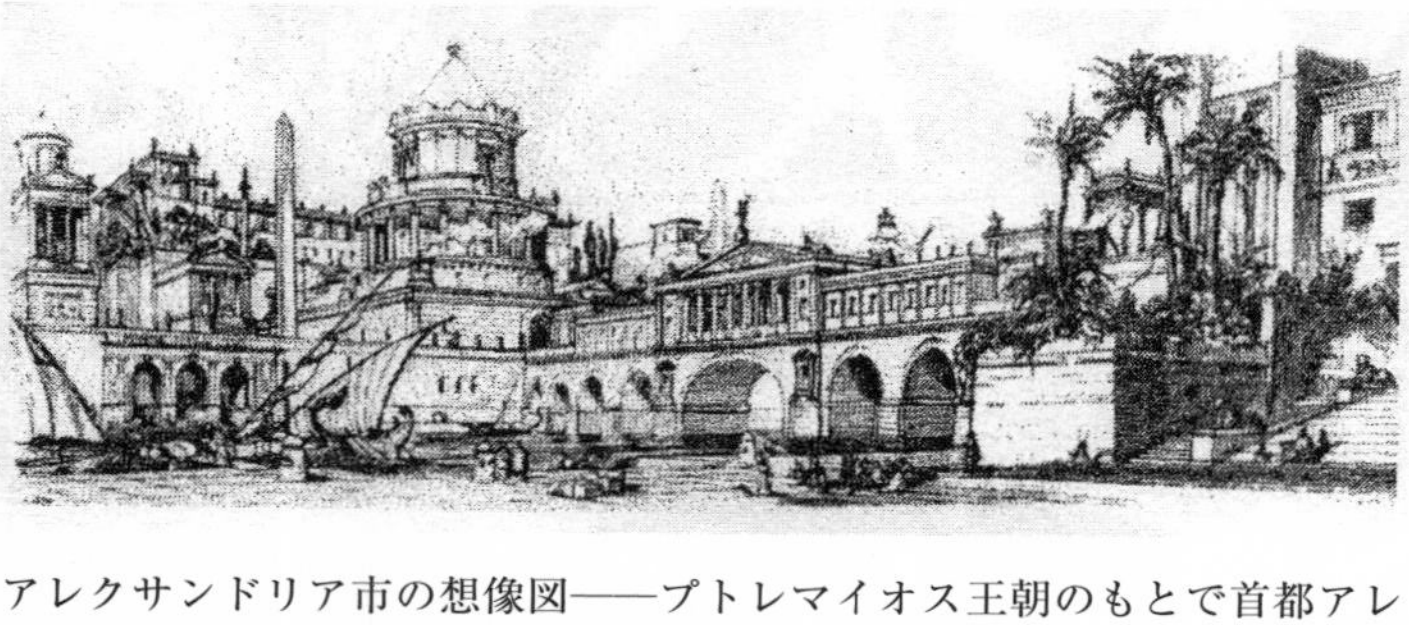

アレクサンドリア市の想像図――プトレマイオス王朝のもとで首都アレクサンドリアは経済的・文化的に栄える。

かつての一小アテナイをはるかに凌《しの》ぐスケールの文化都市をつくった。そして文字通りヘレニズム世界の文化の中心である地位を確保した。彼はギリシア世界全土から学者を集め、その豊かな財政援助で大がかりな実利を中心とした研究を行わせたのである。

ギリシア人の知恵がいかに万事に有能であり有効であるかは、その当時に歴然としていたし、マケドニア王国興隆の祖ともいうべきフィリップ王もギリシアからいろいろなことを学びとり、その有効さをよく認識した。そうなればこそ、わが子のアレクサンドロスにも、アリストテレスという知恵者を家庭教師につけたのである。フィリップとアレクサンドロスの軍事上の大成果も、ギリシアの数学・物理・化学・地理・医学など（この時代はまだこんなふうに分科はしていなかったけれども）、すべての科学技術分野の総合利用によることは、聡明な君主のよく知り抜いている点であった。それだからこそ、コリントスでギリシア会議の推挙という形をとり、ギリシア人たち多数（なかには数々の技術者、商人たちも含まれていた）の応援を得て、ペルシアの大遠征の道についたのである。

そしてまたどちらかといえば、純粋学問の追求の府・「プラトンのアカデメイア」に対抗して、種々の応用科学などの現実面の研究に精力を向けたアリストテレスの「リュケイオン」に対しては、相当な財政援助を惜しまなかったのである。この学園は、各地にひろがる膨大な調査資料をできるだけ集めたがっていたし、例えば、すでに各種の国家形態を百数十におよんで調査研究していたというから、アレクサンドロス大王のヘレニズム化には好個の参考資料を提供しえたはずだし、また旅行好きの研究家たちも、広げられた地平を利用して大いに調査研究に励んだにちがいなかった。

しかし、こうしたものを、アレクサンドロス大王亡きあとは、まさに富めるエジプト王プトレマイオスが、その名高い首都アレクサンドリアにどんどん吸収したのである。アテナイのリュケイオンではアリストテレス亡きあと、植物研究の第一人者テオフラストスが学頭になったし、そのあとは自然学者ストラトン（BC. c. 269 †）がついたが、このストラトンは学頭となる前にプトレマイオス・ソテル王の息子（あとのプトレマイオス二世）の家庭教師に任命され、その職を立派に果たしたようで、エジプトの新王朝プトレマイオス家は、この二代にわたって、特にギリシア科学を重視し、適材のギリシア人を多方面に適所に利用した。こうしたことによって、押しも押されぬ世界中心の栄光をアテナイから奪いとったのである。

プトレマイオスⅠ世ソテルの像（Louvre,Paris）。

アレクサンドロス大王がその領土に対してなした支配を、アレクサンドリアは文化・商業・政治・宗教などにわたり、文字通り世界一大中心地としてなしとげた観があった。ここのミューズの女神たち（学問を司る女神たちでもある）に捧げられたムーセイオン（Museion, ミュージアム）は一つの神殿で、エジプトらしく、またその館長は司祭長でもあった。ここには付属の大図書館があり、五十万巻の蔵書を擁し、研究室あり教室あり書斎ありで、内外から集められた有能な学者・教授の数は百名近く、これらの財政のバックアップは、全面的に国王がその富をかけて行ったのである。

このような国家規模の研究・教育機関はアテナイのリュケイオンの比ではなく、植物の研究にと植物園が、動物の研究にと動物園が、天文にはもちろん天文観測所がというふうに、これらがアレクサンドリア大学ともいうべきムーセイオンに設置されたのである。こんなふうで、アテナイの誇り高かったリュケイオンは、ストラトンの死後急速に衰微していったのであるが、他方ムーセイオンはそれ以後二世紀間の全盛時代を迎えるのである。ヨーロッパ中世時代一千年を支配したばかりか、現在に至るまで深く広い支配的影響をおよぼす科学上の業績は、多くこの時代のアレクサンドリアの大学堂の影響下になされた。エウクレイデス（ユークリッド）幾何学、アルキメデスの物理・数学、プトレマイオス（トレミー）の天文学、その他種々の業績があったことは誰も知るとおりである。

後６世紀の手写本の微細画。おそらくエウクレイデスと推測される。

以上科学上の業績は宗教・軍事・政治・産業いろいろな方面において大変な貢献をした。プトレマイオス朝の膨大な学術振興資金は宝を生みつづけ、その王朝の威光を内外にわたって燦然と照り映えさせたのである。例えば、このエジプトという宗教国にあって、ギリシア地域から移入された神とエジプトの神との合成であるセラペイオンを祀る神殿には、サイフォンを利用して仕掛けがつくられた。一方から注入される水が、他端から出るときは、ブドウ酒に変わっていたり、空気の膨張力を利用して祭壇で供物の燔《た》きものをすると、その熱による空気の膨張力で御神体が扉を開けて前面に押し出されたりする仕掛けである。その他もろもろ霊感あらたかな宗教心をおこさせるような装置が、科学の魔術から、どんどん生み出され利用された。これやあれやの奇蹟により、セラペイオン神は、小アジアからローマに至るところにその神殿・神域を獲得していったのである。もちろん神の霊験は、何も科学上の仕掛けによらなければあらわれないというのではなく、神信仰の心理に与える不思議やその他によってあらわれるものであるが、一般人に不思議とうつるものが、その宗教心をあおりたて、特に呪術的魔圏の中にあった古代・中世においては相当な影響力と支配力をもった。科学が、多くの呪術を実演してみせたことは確かであろう。

世界の注目の的となったアレクサンドリアには、陸路・海路でいろんな珍奇な品々、美しい品が山と集まり、多種多様の人びとが集まって取引をしたり住んだりした。アレクサンドロス大王によってひろげられた地平は、とりもなおさずアレクサンドリアの世界都市に集中してきた。商業規模はどんどんひろがり、以前はギリシア商業は主として地中海周辺、特にその東部中心であったが、今や北はドナウ河から南はエチオピアまで、東はインドをこえて中国から、西は大西洋岸に至るまで拡大され、船の速さもその大きさも増し、商業的意欲はますます増大していったのである。

ギリシア語・ヘブライ語・エジプト語・ペルシア語・ラテン語と種々の言葉がにぎわい、白人・黒人など種々の膚色の輝きとあいまって、太陽の光やその他の妖艶な光に照らされて怪しく光る宝石の輝きなどは、想像力をかきたてる特有の不思議さを演出してみせた。偉大なる混淆の世界、この豊穣の宝庫も、しかし時移り王朝の推移と運命をともにするが、次におこるローマ帝国圏、さらにはアラブ帝国圏に入るアレクサンドリアであるが、この偉大なる記念は人びとの心に永遠に残り、受け継がれていったのである。

第四節　技術的科学への道
─科学的人間像・アルキメデス─

プラトンの教育の主力はポリス国家の理想的哲人政治を生むことにあったが、もうそのポリス国家自体がなかった。これは帝国主義的啓蒙専制君主の支配する広大な王領の中にのみこまれてしまった。有無をいわせず、世界の文化の中心は、栄光のポリス・アテナイを去って、エジプトのアレクサンドリアに移った。西方と東方の偉大な結婚は成し遂げられたが、東洋専制君主化したアレクサンドロスのように、アレクサンドリアは当時の文化の専制的地位を占めた。アテナイの栄光はもはやアテナイには帰らなかった。アテナイの名主ペリクレスが「アテナイはギリシア全土の教師である」と自負したように、プラトンもポリスの精神的核であろうとしたが、そういう知恵を誇ったポリスは、想像もつかぬような専制的軍事力を背景とした帝国によってねじふせられてしまった。

この軍事力・経済力をバックにしての学術は、プラトンの教育のヴィジョンを一時的には古いものにしてしまった。アレクサンドリア図書館にはたしかにプラトンの多くの本はあったが、それは多くはほこりをかぶって眠る古臭いものに変わっていったと思われる。プラトンの理論は本場のアテナイのアカデメイア学堂自体においても懐疑論にかわっていった。

アレクサンドリア文化の経済的バックをにぎるエジプトのプトレマイオス王朝は、何よりもその専制君主国家に現実に役立ついろいろのものを求めた。アレクサンドロス大王の残した帝国は大体三分されたけれども、それぞれが大きな国で、いかにギリシア的教養をもつヘレニズム文化圏にあるとはいえ、その昔のごく小さい都市国家ではなかった。大きな王国というのは強い専制国家であり、強引な侵略をし、強引な敵から自国を守る帝国でなければならなかった。

アテナイのかつての直接的民主国家などというものは、もはや夢物語のようなものでしかなかった。王によって呼び集められ養われる多数の有能な学者たちは、それぞれの能力に応じて学問に専念すればよかったが、いろいろのきびしい束縛もあった。調査研究のためのかなりの遠出の旅行、いろいろの実験設備費などは、物惜しみせぬ王の財庫から支出されたが、王は決してただ単に好事家風にお金を出すのではなかった。

しかしプラトンにあった神的で純粋な学問にのみに奉仕し、現実的な目的に奉仕することは蔑視するという風潮も、学者にはあった。だからこそ次のようなエピソードも生まれたのであろう。あるときエジプト王プトレマイオスがユークリッド（エウクレイデス、前三〇〇年ごろ活躍）に対して、そうしちめんどうくさい堅苦しい定理だ公理だ証明だなどといわず、もっと簡単に幾何学を勉強する方法はないかとたずねたとき、ユークリッドは、「幾何学に王道はない」と答えたという一事である。これは学者と実際家との間の性格のちがいをよく物語るものであろう。

しかしとにかく幾何学原理がどんなに非現実的にみえようとも、これは軍事力に役立つし、崇高な天体の運行を定式化もできるし、この天文学を通じて占星術的魔力をもって王権をほめたたえ、その権力をゆるぎないものにすることもできた。とにかくあらゆる科学は、使いようによって王国にとっては偉大な武器となりうるのだ、という現実的な考えが啓蒙君主にあったにちがいないのである。軍事的要塞の構築に航海に健康管理に、物理学も天文学も医学もそれぞれ奉仕した。詩人や哲学者たちも、王をたたえたり神をたたえたり、詩の言霊で人びとをうっとりさせたり、弁証で人びとを説得したりもした。文学・哲学も大いに役立ったのである。ホメロス詩篇の研究も考証もいろいろとなされた。

さきのユークリッドのエピソードにもあるように、たしかに数学という純粋学問は実際家たちにはたいそう迂《う》遠に思われた。しかしこれこそギリシア科学の華でありその知性の核であった。ユークリッドの後継者たち、特にアルキメデス（BC. 287-212）とアポロニオス（前二二〇年ごろ活躍）とに至って、ギリシア数学はきわめて高度化され、一般人にはますます近づきがたいものになった。しかし現在のむずかしい高等数学や原子物理学が一般人にはとんとわからぬ超高度な理論でありながら、彼らの眼の前にはいろいろと手品のように種々の便利な文化製品をつくり出してくれるように、アルキメデスの数学も便利な機械を

アルキメデスと思われる浅浮彫り像（Capit. Mus., Rom）。

いろいろとあみ出してくれた。

当時の根強いギリシア知性の誇り（ホモ・サピエンス）から、彼もいわゆる技術者の仕事にはいろいろの不満をもっていたが、当時の広大な技術分野の潜在力が（結局は近世におけるようにとても伸びきれなかったが）、彼の中に眠る技術者的天才を刺激した。ホモ・ファベル（工人）としての人間の本性が、アルキメデスの中に燃えたのである。やみがたい彼の技術への性向と、見逃さないでそれを利用する実際軍事政治家の要請によって、彼もイタリア・シチリア島のシュラクサイ宮廷におけるかけがえのない軍事顧問であり技師になった、といわれる。さきにもみたようにアレクサンドロス大王の切り開いた軍事大帝国の平面は、そのブルドーザー役を果たした技術者たちに負うところが大きかった。新しく開けた大きな統一の地平をおさめるには、物心両面において企業家的大規模体制が必要であり、特に数学・物理の才能が必要とされた。こうして技術への関心が、その手厚い保護と要請によって高まってきた。こういう時代の背景にあって、全体のエネルギーによって押し上げられていくピラミッドの高みに、アルキメデスの天才は噴出していったといえるのである。

アルキメデスにまつわるいろいろなエピソードや実話は、その間の事情を象徴的に物語ってくれる。彼は自分の発明した機械を動かしてシュラクサイ王のビクともせぬ大型船をいとも簡単に進水させたとか、プル

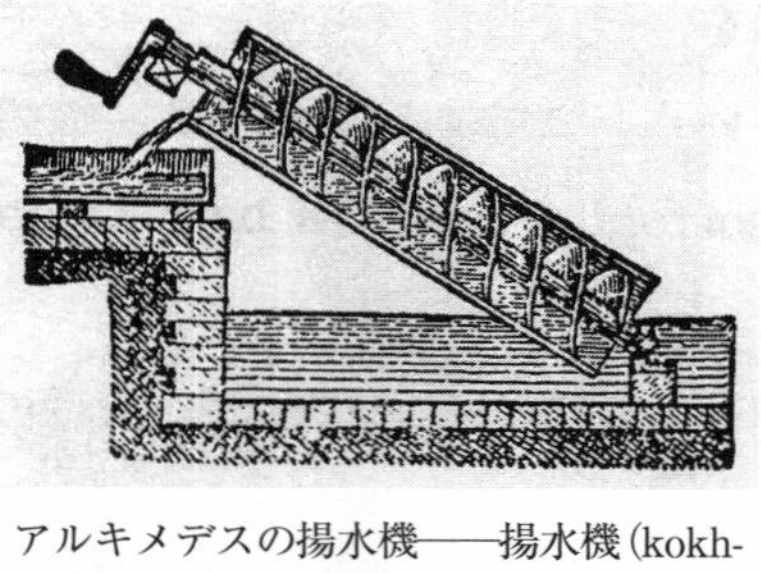

アルキメデスの揚水機――揚水機（kokhlias）の原意は「螺旋状の殻をもったカタツムリ」。

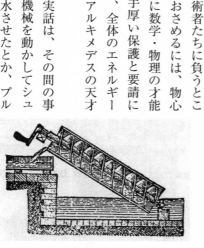

タルコスがつたえるところによると、いろいろの破壊的な兵器を使って、侵略されるシュラクサイ人のためにローマ軍に決定的な打撃を与えたとか（しかし彼自身はそのことを恥じていたとか）、また彼のつくった螺《ら》旋形揚水機がエジプトの農業用（灌漑用）に大いに役立ったとかの話である。そしてこのようなことは、ホモ・ファベルとしての彼の一面を端的に示すものにほかならないが、ここにホモ・サピエンスとしての彼の知恵が、それと一体になっているすばらしい姿をみることができるのである。序説でもすでに触れたように、彼は、人間の自然力統御への傾斜を高め、自然の偉大な技術を駆使する工人・技師（デミウルゴス）としての神の崇高な知恵への参画者となった。それはまた人間に火をもたらした技師としてのプロメテウス的知恵の自負ともなった。それがはからずもあの天才の叫び、「われに足場を与えよ、しからば大地をも動かさん」という言葉になってほとばしり出たのであろうと思われる。しかもこの知恵は力学（技術的科学）の問題を中心としている。テコの原理も、浮体の原理も皆こういう問題の圏内で見つけ出された。

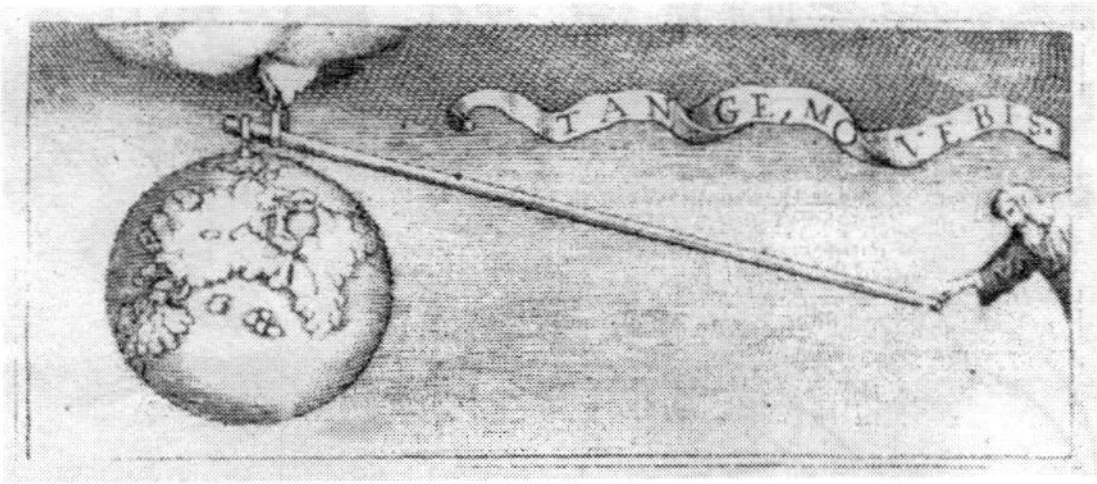

帯には ‘Tange, movebis’（それに触れると、動かせるだろう）とある。17 世紀の絵本（Harverd Univ. Lib.）。

　数学と物理の合体で行われるこういう思考が、近世のガリレイ、ニュートンなどの科学者像と密接に結びつくのである。ここに科学的人間像をはじめて明確に刻んだアルキメデスの知恵の面目が躍如としているのである。ところでこれらの原理は、ユークリッドのやり方のように、いくつかの公理・定理をたててそれに沿いながら演繹的に現象を説明していくのである。現実面への欲求は物欲・所有欲・征服欲に目のくらんだ王侯たちから矢のような催促があったであろうが、それを受けるアルキメデスの眼は、目まぐるしく絶えず変化するものの渦中へではなく、非現実的な点とか線とかの描き出す美しい静かな理想の図形に向けられ、永遠不滅の原理、定理を見つけることに向けられたにちがいない。

ローマの兵士に襲われたとき（『科学・技術の歴史』48頁）：アルキメデスは円を描く、彼の後ろにローマの兵士。モザイク画（Städisch. Kunstinst., Frankfurt）。

アルキメデスがローマの兵士に襲われたとき、ちょうど地面に円を書いていたが、そのとき自分の身の危険、生死も考えるものかは、何より大事なものはその円であり、思わず「私の円を乱さないでくれ」(Noli《ノーリー》 turbare《トゥルバーレ》 circulos《キルクロース》 meos《メオース》) と叫んだ、ということがつたえられている。こういう純粋ひたむきな科

「王冠の真偽の判定。浴槽のそばにはヒエロン王の王冠と、純金と純銀の球や、種々の高さの栓のついタンクがある。ただし、古代には木製のたがのある浴槽はなかった（16世紀の銅板画）」（平田寛著『科学・技術の歴史』より）。

学者が科学的人間像の代表者にはふさわしいのである。

アルキメデスの著作はいろいろあるが、『力学的諸定理に関する方法』は面積とか体積の測り方の研究を行っているし、また放物線の弓形面積を求める方法、さらにそれを幾何学的に証明するやり方がとられている。幾何学では円周率を求める方法を考え出している。現存している幾多の著作、『放物線の求積法』とか『円錐曲線体と回転楕円体』、『渦巻曲線』などは、きわめて高度な数学の素養を示すものであるが、ユークリッドからアルキメデスへと受け継がれた数学は、さらにその立派な後継者、アポロニオスによって発展させられた。この人の著作『円錐曲線論』によって、いろいろな曲線理論が整然とした形にまとめられた。しかしこれら数学理論の中で、アルキメデスは、その原理となるものを絶えず力学的な実験によって見通しを立てて、それを数学の定理によって演繹的に導き出せるようにしているところに特徴がある。これがさきにも触れたホモ・ファベルとホモ・サピエンスの合体を示すものであることを忘れてはならない。そしてこの定理こそ、彼にとってはいわば神の思惟、宇宙構成の原型となるものであった。永遠の神性を宿すこの図形と力学理論に、彼はこの宇宙の創造者の尽きることのない妙

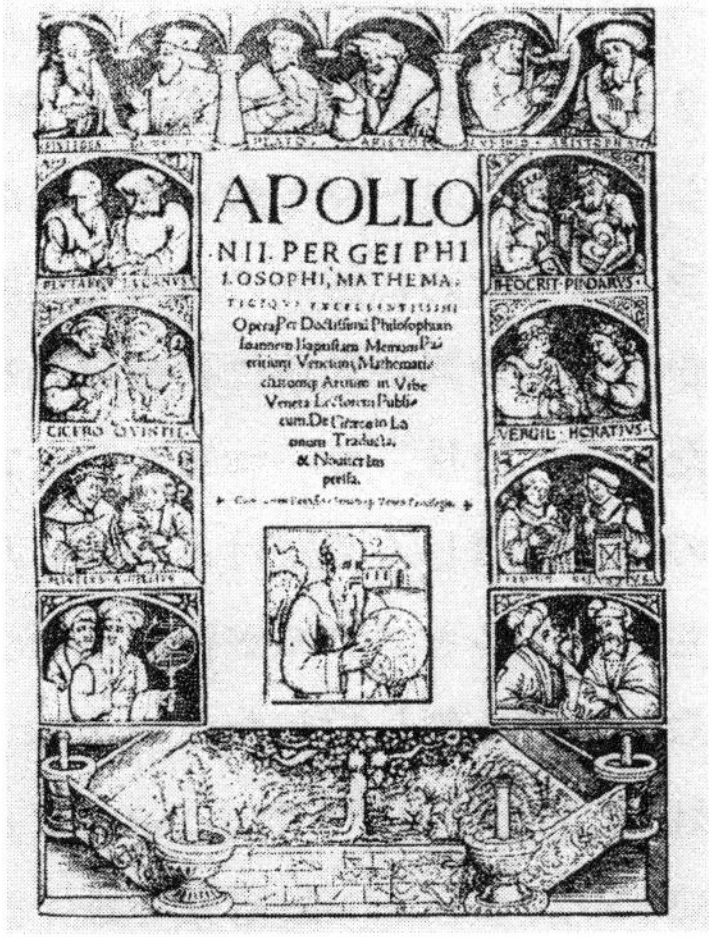

円錐曲線論（『科学・技術の歴史』51 頁）：アポロニウス『円錐曲線論』のラテン語訳（Venezia, 1537 年）。中央に描かれている人物はおそらくアポロニウス。

を見たのであろう。

アルキメデスはすでに太陽中心に地球が回転しているという見解の持ち主であったアリスタルコス（前二八〇年ごろ活躍）を知っているし、地球の周囲をほとんどまちがいなく簡単な方法で測定したエラシステネス（BC. c.276-c.194）とは、個人的に親しい関係にあった。このような、偉大な天才が出没するアレクサンドリア時代は、近世初頭のガリレイからニュートンの時代にかけての力学（科学）研究全盛時代を、いささか思いおこさせるものがある。

しかし何故にこのアルキメデスの時代からニュートンの時代までに実に長い二〇〇〇年もの停滞があったのか。これはいろいろな原因が考えられるであろうが、一つには技術生産の社会構造が充分に円熟していなかったことによる点が大きいと思う。アルキメデスの技術はたしかにある力学を志向していたが、それが生産社会に直接結びつき、いろいろな工人の生産活動や商人たちの流通機構や大衆の消費生活に結びつかなかったのである。アルキメデスたちの中にはデミウルゴス（工人）の情熱があやしく燃えていたが、何としてもその点では、ごく少数の荒野の孤独な巨人たちであった。種々わきおこってくる天才の技術の着想は、その

ARISTARCHVS

ARISTARCHI
DE MAGNITVDINIBVS,
ET DISTANTIIS SOLIS,
ET LVNAE, LIBER
CVM PAPPI ALEXANDRINI
explicationibus quibusdam.
A FEDERICO COMMANDINO
Vrbinate in latinum conuersus, ac
commentarijs illustratus.
Cum Priuilegio Pont. Max. In annos X.
PISAVRI, Apud Camillum Francischinum.
M D LXXII.

アリスタルコス『太陽と月の大きさと距離について』のラテン語訳（1498 年）。

当時の奴隷制下にあって、実際の技術を軽視する風潮がアルキメデス自身をはじめとして多くの識者の中にあった。手は卑しいものとして、はるかに頭脳だけの働きを尊重した。だから機械をつくって満足するふうさえあったといわれている。要は手の労働をするものと頭脳の持ち主であるガリレイが兵器工場の労働者たちに学ぶ気持ちをもつような時代ではなかったのである。

拡大していく生産過程の社会にあって手仕事の種々の改良はあったし、それなりの機械・道具の開発もありはしたが、多くは低次の一般大衆のそのときどきの小才にゆだねられる傾向が強かったのである。ローマ衰亡とともに奴隷による労働力資源が得られなくなった中世において、やっとアレクサンドリア時代に開発された技術なども、だんだん人手に代わる労働力として登場してきた。そしてこれらは、それなりに拡大されなければならない生産体制の中に組み入れられたが、純朴なキリスト教支配下の中世にあって技術の道はなお遠かった。しかし中世後半になり食糧増産人口増加という転機を迎えて、修道僧たちのたゆまぬ労働、一般人の生産活動の勃興を見るようになった。特に近世に至ってうつぼつとしておこる現実世界への刮目によって情勢は急転した。人びとはこの地球上にできるだけ快楽を満たす場を見つけるようになり、経済活動がその生産性をいやが上にも拡大することになって、やっと技術の領域が知的な領域を刺激し、ここに両者が手をつなぎ、大手を振って社会の発展へと寄与する道が開かれていくのである。

第五節　ヘレニズム世界とその哲学
―「知ること」から「信ずること」へ―

ギリシアの知性は何よりも「知ること」を求めた。しかもそれははじめから「全体として知ること」を求めた。人間精神が若々しく知的冒険によって開拓される分野の開けていく状況のもとでは、それはくったくなく行われた。そしてそこに何ものにも代えられない充足感や生きがいがあった。しかしこの知的探求のエネルギーが当時のギリシア人として行きつくところ来たとき、人間精神の有限な充満の湧出は止む道理であった。力の充足を覚えていたギリシアのポリス国家も、打ちつづく内紛・外患によって極度に疲弊し、自壊作用を呈しはじめていた。そしてついに、北からの野性的なマケドニア部族の侵攻の前についえることになった。

このエネルギーの消耗とともに、ギリシア人の知的地平線の前にはもはや希望の曙光はなく、ただ黄昏と不安な暗黒がほの見えた。「全体的な知の探究」の意欲はおのずからしぼみ、未来への冒険の力は失せはじめた。それに代わって、今までのポリス国家観にはどうしても適合できない世界帝国的版図の出現があった。ポリスといういわば神話的世界・安全地帯の中に守られていたこれまでのギリシア市民たちは、各個独立のポリスの崩壊に直面して、今やまったく茫漠とした世界に放り出されてしまった。

このとき彼らは何を頼りに生きていくことができたであろうか。「ポリスは死んだ」という寂漠の中に彼らはさまよう。戸惑う。悩む。この悩みを救済してくれるもの、それは何であったか。急にひろびろとうち開かれた大帝国の中にあって、これまでお互いにこせこせと駆け引きしあっていた政治活動の場も順次に奪われて、それらの当事者たちはまったく戸惑ったが、この時代の潮流に乗る新しくたくましい野人たちが登場してきていた。

ところでこれら野人はまるっきり野人であっては、そこに指導性を発揮する文化の担い手になれない。しかしこれらの野人たちの中の割合知性のある者たちは、ギリシアの知性によって洗練され、またそれらの知性をギリシア・ポリスの枠組みを突き破ってより広い世界に適応できる融通性を身につけていた。ギリシアの教養を身につけたこれらの外来者が、どちらかというとこの時代思潮によく掉《さお》さすことができたのである。ここにポリテース（ポリス人）ならぬコスモポリテース（世界人）が出現する。しかもこのコスモポリテースは、その人を縛る特別の伝統も慣習も都市もなかった。彼らはかつてイオニア植民自由都市民のように、自由に世界を見ることができたといえよう。彼らが見たものは広い広い世界であり、その中にポツネンといる自分一個の存在であった。自分を見つめ、大海の木の葉の船として自己を自覚したとき、そこに最も身内・身近な支えとしての自分の人間としての「魂」の問題があった。この「魂」は、凋落いちじるしいアテナイにあって、すでにソクラテスにとり上げられ、プラトンによって叙情的に歌い出されまた知性的に解明されていた。しかしそれはやはりアテナイ・ポリスを中心として動く思想の枠組みから解放されていなかった。この魂をそれ自体としてとり上げ、新しい時代の行動原理として真の幸福追求へ向かわせることは、アテナイの異国客人ならではなしえないところだったであろう。もちろん生粋のアテナイ人とても新しい時代への適応を考えたが、新時代の指導力ヴァイタリティは生まれてこなかった。他の有力ポリスとて同様であったであろう。新時代に生きぬく者たちはたくましい田舎人、バルバロイたち（生粋のギリシア人以外の種族）であり、たくましい混血種である方がふさわしかった。

折からこの新時代は種々の部族がまじりあいよく混血が行われていた。アレクサンドロス自らも、生粋のギリシア人種ではなく、辺境の野人であった。また自ら率先して東方の王女をめとり、混血を奨励した当人であった。しかしこの時代精神のピカ一のたくましい種を後世に残したのは、まぎれもなくストアの一群、その総帥フェニキア系のゼノン（BC. c.336/5-264/3）であった。ストアの学統を受け継ぐそれ以後の面々、クレアンテス（BC. c.300-233）もクリュシッポス（BC. c.280-209）（以上初期ストア派）も、さらにパナイティオス（BC. c.185-c.110、中期ストア派）などはみな異邦人であり、セム血種の逸物ぞろいだったといわれている。ストア派の開祖ゼノンは、ギリシア・ポリス圏に入り、ここで揉まれてここから脱却した人である。メガラ派、アカデメイア派、特にキュニコス派とその門に入り、それぞれをくぐりぬけて、自ら独自にアテナイのストア・ポイキレー（「色とりどりのある柱廊」の意）に学校を開いて哲学を教授したのである。

ストアの哲学はゼノンの学問の折衷的性格を受けてかなり多彩である。論理学、自然学、倫理学と三部門をもっているが、新時代を生き抜くヴァイタリティを示し、きわめて実践的で倫理学を重んじ、世界意志を説いた。また万物生成がヘラクレイトス的火気元素を中心としておこなわれる必然の法則を説き、それを達観して生きる賢者の生活を理想とした。初期ストア派の代表はクリュシッポスといわれ、その説は大体以上のようであるが、中期（前二世紀）になるとパナイティオスがローマ強権支配化の忍従哲学とローマ自然法哲学を説き、紀元一世紀には帝政ローマ下で後述する多彩なストア主義者の面々がこの哲学興隆時代を形成するのである。

ヘレニズム世界を生きる哲学としてストアと対立するものに、エピクロス派があることは周知の通りである。これは一般には快楽論者のことをエピキュリアンと呼ぶことで知られているが、ストア哲学・エピクロス哲学ともに、時代の子として非常に似た面をもっている。ただストア派の積極性に対して、エピクロス派の消極性が目をひく。しかもストア派が異邦人を主体としていたのに対して、エピクロス派を開いた当のエピクロスは生粋のアテナイ市民だったといわれ、凋落するギリシア文明の威信をよそに、繊細で優雅な友情の庭園学校をアテナイに開き、悲喜こもごも至る内憂外患から超然として過ごした。各人が心の平静（ἀταραξία アタラクシア）を保つ一種の消極的な保身術を説く傾向が強かった。ストアでも同じくアタラクシアを説くけれども、その姿勢がかなり野人的であり積極的なのである。

しかし、エピクロス自身、新時代の不安な大海の中にあって頼るべきものもあまりない孤独の中で、どんな不幸に身をおいてもなおかつ真の平静を保つことにより幸福の充足感をしみじみ味わう、という自由人の境涯を謳歌しているのである。さきにものべたように、エピクロス派とストア派とは、その依拠するところ、信条・内容において相対立するものでありながら、共通するものが多いのも、やはり新時代の落とし子である感を深くする。両者とも一種の唯物論、感覚主義、個人主義、倫理中心主義、新時代を生き抜く賢者の処世術などの点で共通している。

ストアがヘラクレイトスの火気元素を受け継ぐ唯物的なものであるのに対応して、エピクロスはデモクリトスの原子論を受け継ぐ唯物観に立っている。人間たちに恐ろしい罰を与えたりする神への迷信・迷妄を否定し、このような神信心を愚かしいとする無神論の傾向も、エピクロス派にみられるが、俗信を否定したのであって、神の至高・至福・不死性そのものが否定されているのではない。デモクリトスの原子に重さの概念や偶然の可能性を与えたことで、エピクロスの進歩的な識見を評価する向きもあるが、そのピトクレス宛の手紙のごく一部を見ても、彼の科学的知見の鈍重さがうかがわれ、またしてもこの時代の「知ること」への著しい停滞がうかがい知られるのである。

エピクロスの手紙を見ると次のごとく書かれていることに注目したい。

太陽も〈月も〉その他の星も、大きさはわれわれに対するかぎりではあらわれているとおりの大きさであるが、それ自身としては、われわれの見る大きさよりも、やや大きいか、やや小さいか、見えるとおりであるか、そのいずれかである。

という具合である。「知ること」よりも処世術が大事なのである。しかしその処世術哲学でも、哲学の主流は積極的なストア主義に握られてしまった。

ストア派が賢者の理想にソクラテスを仰いだことは注目される。この点では、きわめてギリシア・アテナイ的代表者をその理想像としているが、この代表者ソクラテスが、アテナイの衰退期にあり、突如として現われたこと自体非常に象徴的なのである。華やかな文化が、その今は死なんとする衰退期にあって、種々の癒しがたい病根をはらみながらその醜怪を露呈していく中にあって、進行していく病気の力強さの反作用として、最も野生的で力強いソクラテス精神を生みつけたことが印象的なのである。あまりに偉大であったから当時のアテナイからは大勢として理解されなかった。凋落の都市国家の中に最も忠実に生きようとしたソクラテスであったとはいえ、彼の関心事は、政略に明け暮れるポリス政治にはなく、人間各個の魂を純粋にながめ世話し、「いかにして善く生きるか」の問題に集中した。

最も素朴な問いかけをしたこの人間像は、ミクロの人間個人を単純化し、個人そのものの丸裸の姿を見通すことによって、そこにもはやポリスとかアテナイとかギリシアとかにまつわるいろいろの夾雑物をとり除くことになった。そこには、すでにコスモポリテースとしての普遍の性格が潜んでいた。種々のかたくなな殻をもつものは、変幻自在にそれぞれの時代に貫いて生きていくことはできないが、ソクラテスにはそれが立派にできたのである。特に克己を必要とする人間社会では、特に単純な彼の強靭性がものをいった。アテナイに生きることができなかったソクラテスは死んでストアの中に生きたといってよいだろう。しかし、プラトンに受け継がれたソクラテスが変貌したように、ストア派に生きるソクラテスも変貌した。しかしその中核は生きつづけたのである。

ところでギリシアの知性は、もちろんソクラテスも含めて、どこまでも「知ること」を求めた。知る探究の道程には、結果がどうであれ虚心に従うという自由があった。しかし、新時代にはそのような自由な知性ではとてもよく生きぬけなくなっていた。こういう時代には、ただ何が何でもまず何かあるものを絶対に「信ずる」という心性が求められた。しかし考えてみれば、ソクラテスを支えたものがダイモニオンであり、ソクラテスの知性自身がダイモニオンの声を信じて生きていたのである。その信ずる力の上にソクラテスの知恵や行動があったことを考えるならば、すべてどんな知性にもこの確固とした信念がなければならぬのは、ギリシアでも同様であった。しかしギリシアのソクラテスには、このダイモニオンの声を人に信じさせ信仰の対象にするというような強要的なものはなかった。ここにギリシアの知性の自由があった。

しかし強権帝国主義体制・東方的独裁制下にあって、ストア派にしてもエピクロス派にしても、それぞれの信条は「知ること」の自由によりも、信条を「信ずること」の強制の方に重点がおかれてきたのだと思う。こういう傾向は、帝政ローマ以降のキリスト教世界で一段と強まるのである。もちろん古典ギリシアにおいてもオルフェウス教団、ピタゴラス教団のようなグループもあったが、これらはその時代の一般現象にはならなかった。しかしストア派の教説は、動揺する広大な海原的帝国領内において、それにしがみつくことによってあらゆる事態に耐え抜き波を乗り切る信念を植えつけたと思う。しかもこの教説が、ややこしい理論をもてあそぶことをあまり好まぬ武人気質で厳格主義のローマ帝国の指導者層に幅広い支持を得た。これがストアの存在をより強く長く持続させる大きな力になった。私たちはストア派の中に強い「意志」によって貫かれた人間精神の核心を見出し、エピクロス派の中に人間精神の他の一面すなわち「情念」によって染め抜かれる美しい核心を見る。

しかしこれら情と意と並んで、ギリシアの知性がどのような形で新時代にこれらの諸派に立ち向かったかは、エリス（アテナイの真西の海岸にある都市）生まれのピュロン（BC. c.360-c.270）の懐疑説やプラトンがつくったアカデメイアの「蓋然主義」などが、この間の様子をよくつたえていると思う。彼らはギリシア的自由な知性の伝統を受け継ぎ、例えば、懐疑派創設者ピュロンの弟子ティモン（BC. c.320-c.30）の『断片』にある

蜂蜜はほんとうに甘い、と主張することを私は拒否する。それは甘く感ぜられるということを私は十分に承認する。

というふうに、種々のことがらについて批判精神をもって臨んだ。プラトンの師ソクラテス自身が自らの知をきびしく反省し、「無知の知」から出発したその精神にのっとってあらゆることを疑い、人間には何一つとして絶対に確実なものとして知られることはなく、「蓋然的」に真であることが人間知性にとって承認されるにすぎないという議論を生むに至った。エネルギーの勃興期・創造期にあってこそ、これは批判精神として近世の哲学新生の推進力となるのだが、衰退の知性のもとでは、その内実の精神がいいかげんの蓋然論に毒されたきらいがあった。

結局これからでも知的な論駁の一応の満足感は得られたかもしれないが、その当時の人びとが求めていた確固不動の心のよりどころ、宗教的な要求・信仰は決して得られなかった。例えばその当時のアカデメイアの学頭カルネアデス（BC. 214-129）は、前一五六年にアテナイからローマに派遣され、ローマで

連続講義を行ったが、第一日目には正義を教え、第二日目には第一日目の正義をまったく翻弄するような反駁を行い、厳格なローマ古来の礼節をモットーとする旧式の老人たち、特にカトーを大いに憤慨させる一幕もあったという。カルネアデスのソフィスト的知識は、インテリの知性を満足させ、当時新しい風潮となりつつあったローマ若年層のギリシア化、学問とか雄弁術のカッコヨサを示しはした。しかしカトーたちには、これはきわめて軽薄でローマの法体制を乱す堕落漢の詭弁と考えられたのである。そしてローマ社会にも、一つの勢力とはなりえなかった。

健全な軍国ローマを支配するものは、やはり何といっても強力な人格とその意志でなければならなかった。エピクロス派の小さな園の愛情は、あるごく片隅に咲く友愛という平和な楽園か放蕩に流れるエセ非の多くのエピキュリアンの集団をつくるにすぎなかった。強力な知恵の担い手は、やはり、ローマ帝国という広大な混淆の世界の中で、西方と東方の接点に生まれたセム族の野生文化人によって生み出されたストア哲学にほかならなかったのである。

第五章　ローマ世界の精神

第一節　古代ローマ人たちと「法の精神」
―ローマの共和精神の性格―

ギリシアの詩人ホメロスと並び称されるローマの詩人ウェルギリウス（BC. 70-AD. 19）の詩『アエネーイス』に美しくその建国をうたわれたローマは、その伝統的歌唱によるとはいえ、ギリシアとはとにかく深い因縁をもっていた。ギリシア本土勢がエーゲ海をわたり大挙してトロイアに攻めかかったことは誰も知る有名な話である。長い十年の攻防ののちトロヤはついに落ちた。その燃えさかる城をあとに、トロイアの勇将アエネーアスが手勢を引きつれておちのび、新都市を建設しようと海をわたりたどり着いたのが、ローマ発生の地ラティウムであったということも、有名な話である。

この伝説は、ローマを打ち立てた者がギリシア人と共通の地盤をもつ外来者であることをつたえている。そして結局この子孫が七代にわたってローマの丘に王制をしくことになったという。ラテン語そのものが語るように、これはギリシア語と共通のインド・ヨーロッパ語に属している。インド・ヨーロッパ（インド・アーリアン）に属する部族たちが北部から大移動を開始して、東はインドへ侵入していったものもあれば、西南方面ではギリシア本土に入ったものもあった。ギリシアの波から数百年遅れてイタリア北部へ中部への浸透があったことも事実であろう。しかも文明は東のメソポタミアからギリシアへイタリアへと西漸する動きをとっていた。

東の文明の光が順次にギリシアを照らし、次に幽暗の闇《やみ》に包まれていたイタリアを照らし、さらに西や北のヨーロッパへとその光被を広げていく中で、ローマの存在は、古代最後を飾る最も偉大な広大な文明の地平であった。あらゆるものがローマに流れこみ、そこにつくられた豊穣の大海がローマの精神となった。しかしこのローマの精神による文明を形成する前にはどうしてもギリシアのポリス精神が先行しなければならなかった。さらにこの精神を各地域に広く仲介していくヘレニズム世界が、ローマに先行していなければならなかった。ローマの精神もギリシアと同じくポリスの共同体精神であった。

こういうギリシア、ローマの精神であったからこそ、これは東洋的専制支配に対してははげしい抵抗を示し、ポリスの自主独立の文化を創造することができたのである。しかしギリシアは小さな自主独立の各ポリス間のはげしい嫉妬、反目とそれによる疲れから衰運に向かった。ギリシア人たちの美しい幾何学精神は天上のすばらしい均衡の調べを奏《かな》ではしたが、ややもすれば現実を離れ、理論に走りすぎた。その理想主義は現実の処理にだんだん適切を欠き、四分五裂して現実の力を失っていく傾向が強まった。現実はたしかに大きな統合を欲していた。しかし大きな地平を切り開きそれを統一していくには、強い軍国的中核体となる野生のエネルギーと、文化を十分に広く享受する豊かな政治力がなければならなかった。ギリシアの植民活動はそれぞれの利権を求め、自主独立の天地を各沿岸都市構築によって獲得したが、それらは一つの統合的なピラミッド構築の中央統制力をもっていなかった。都市連合は幅広い政治力を欠いていた。細切れのそれぞれ各個には、あまり豊かでない自主共同体が各地に散在したにとどまった。そしてこれらが何らか大きな統合をかちとるには、かつてのペルシアの東洋的支配力をギリシアの教養のもとで培《つちか》うことのできたマケドニアのアレクサンドロス大王のような人物を必要とした。しかし事実この天才的軍事勢力は、たしかにかつてない大きな統合の地平を切り開きはしたが、この一人の英雄が死ねばまたあとは四分五裂であった。

アレクサンドロス大王自身、アリスティデス（117-189）の『ローマ頌詩《しょうし》』によると、ただ、世界帝国をがむしゃらに獲得したのであって、決して支配し統治したとはいえなかった。同じ著者は、大王の後継者たちの統治方法を、正しい指導というよりも略奪のようなものであって、決してローマが後で成功したような統治ではなかった、という意味のことをいっている。がしかしローマに先行するものがそれぞれ試行錯誤的であったにせよ、とにかくそれぞれの力量に応じて各地平をならしていった。このようにして、地中海周辺は大揺れをへるごとに一つの共通な文化圏、統一文化圏への下地を用意していったのである。しかしさきにものべたように、この統合の素材を一つの大きなピラミッドに完成しうるものは、すべての文化をそれなりに十分に享受することのできる一つの共同体精神でなければならなかった。これがローマであったのである。ローマ人たちは古今まれな自治体統合をなしとげた大政治家国民だったのである。

ローマは一日にして成らず。

という格言にあるように、ローマの政治的大ピラミッド構築には、その中核となる営々辛苦のポリス共同体各個人のなみなみならぬ自治尊重精神がなければならなかった。ギリシアの王制がポリス精神によって打ち倒されたのは、前十二世紀ごろであったが、ローマではやはり鉄を使う同系統のインド・アーリアンの一部族を中心に約六〇〇年遅れた前六世紀（前五〇九年）だったといわれる。

ギリシアの文化を主として創ったものは、植民活動・商業活動によって多くの知見を獲得したイオニア種族であったことは、前述の通りである。このギリシア人や他の種族のギリシア人たちは総じて植民にすぐれ、豊かなイタリアの南部にも早くから植民を行い、土地を開発していた。土地のきわめて痩せたギリシアとはちがい、イタリアは緑にも恵まれ、ギリシアとくらべればかなり肥沃な土地をもっていた。もっともこれらの土地も、たえず世話されなければ泥沼化されたり、砂漠化されたりする土地柄であり、小さな共同体のたゆみない努力が必要だった。しかしイタリア半島は、ギリシアよりずっと地中海全体に雄飛する強力で豊かな心臓部をつくっていた。

すでに文化創造のエネルギーを出し尽くしかけていた他の国とはちがい、この周辺地区は野性的な大きくエネルギー化する潜在力を内包していたといってよい。しかしこれには、何としてもイタリア全土が統一され、強力な自治体の政治力のもとに協調・団結したエネルギーとなる必要があった。

イタリア本土の中味は、大別して北部のエトルリア人、南部のサムニテ人、中央のラテン人というような勢力分野に分れていた。しかし北から南から西や東からの多種族の各移民たちが、ここを足溜まりとしてきわめて悠久の昔から住みつき、一つの重要な混成文化要素となる力を秘めていた。種々雑多なものを統合するには、それぞれの文化要素を巧みに織りなす創造力が必要で、これなくしてはローマの大ピラミッド帝国はとても創りえない相談であった。この力の創造こそ、多くの人たちの血と汗の犠牲の上に醸成された中央部ラテン人の生きる知恵、すなわち「強力な共和の精神」によるところが大であった。

文化・芸術の上ですぐれ、そのエジプト的建造文化において特にローマに大きな影響力をもったエトルリア部族も、その団結力・野生力においては、ラテン人にかなわなかった。オリエントの要素を濃くもっているこの文化部族・エトルリア人たちが、もし単一の強力な団結国家をつくっていたら、ラテン人たちは、たやすく征服されていたであろうといわれている。都市の団結という政治力を駆使できないところに、エトルリアの欠陥があった。またその点ではやはり、南部に一勢力を占めていた土着の武力には強いサムニテ人も、都市団結力や政治力には欠けていた。ラテン部族は、こういう勢力の中にあって、またラテン内でも、土着・新来の雑多な混成分子の中で、いかに生きていくかを真剣に考えなければならなかった。

ラティウムの一角に陣取ったラテン族は、それ自体としても決して単一ではなかった。しかしいろいろな勢力にもまれながら、その長所をそれぞれとり入れたラテン人（ローマ人）たちは、その七つの丘といわれる丘陵地帯に早くからそれぞれの都市生活を営んでいたといわれる。これらはそれぞれ土着と新来との混成からなっていたにちがいないが、早くからそれらの都市がラテン都市同盟をつくり、当初からかなり共和の精神が片鱗を見せていたといわれる。富んだ大土地所有の支配階級（貴族）と多くのいわゆる無産階級の市民・農民たちに分れていったのは事実であるが、これらが何とか協力してローマ共同体をつくっていけたところに、ローマの知恵があった。

生きるか死ぬか、戦いに破れて奴隷にさせられるか自主独立の国を享受できるかは、各階層の人たちが協力できるかどうかにかかっていた。すでに、古代ギリシアのホメロス時代の英雄たちのような一騎打ち戦はもはや時代遅れであったし、どうしても重装備の軍隊を集団として組む必要があったことからも、一致協力した都市市民団・農民兵団を組織しなければならなかった。都市内のおのおのの社会集団は、それぞれはげしいエゴをもっていた。しかしこのエゴをむき出しにすれば、内部分裂で他の部族国家に倒される。おそろしいのはかえって外部の敵ではなく内部の敵であった。内部の協力の知恵を欠くものは滅び、この知恵にすぐれたものは生き残り発展していった。

ところでローマの社会も、家族制度の基礎の上に家長の権利は絶大で、それらがそれぞれにさらに大きな部族団体をつくり、それぞれの代表者会議によって組織がそのまま軍隊組織ともなり、一体となって外敵にあたっていた。これらの中核はゲンスといわれる大家族団であり、一人の有力な貴族王のもとに一種の王族体制をしていた。しかし絶対王制はそれぞれの気概をもつローマ人たちの気質にはあわなくなり、暴虐王スペルブス（第七王）のときこれを追放し（前五〇九年）、貴族と平民による共和体制をつくった。この体制は、しかし貴族を主体としこれにリードされたが、やがてその横暴が平民階級の反撥をうけ、ここに大変な内乱がおこることになった。その後賢明にもそれまでの不文律をあらためて、平民の利益となる法律を制定した（前四五〇年ごろ）。ここに民権を拡張する基礎がおかれ、ローマを特徴づける「法律」（十二銅表）が、しかもそれによってローマ部族一体となる体制がととのったのである。ここに内部結束をかためたローマは、はじめて北のエトルリア人を制し、南の強い武力を有するサムニテ人を征服することができた（前四世紀半ば〜前三世紀はじめ）。

しかしこの前にローマ人は、しばしば外敵からの脅威をうけていた。前三九〇年には、北方のガリア人がローマ市に突入して残虐な殺人をほしいままにした。が、これにはよく耐え抜きそれを撃退した後は、ますます勢《いきお》いにのって、イタリア全土の征服へと歩武を進めた。ラテン人たちは、この征服をはじめる前に、平民階級である農民をその主要な戦列に加えた。さきにものべたように、辛抱強く排水工事や高原の開墾をしなければ、泥沼化し砂漠化しやすい地中海性気候のもとにあっては、農民の一致協力は何としても必要であった。ギリシアのようにめぐまぬ土地ではなく、それなりに労働すればより豊かな産物をめぐんでくれる状況下で、また小区画の小平原の環境にあっては、自然と家族単位とか派閥とか農民とかを重視する風潮が生じていた。そうしたとき、前三六七年に護民官リキニウスの知恵によって成文化をみたいわゆる「リキニウス法」なるものは、二人の執政官を貴族、平民からそれぞれ一人ずつ選び、また土地の貴族独占化を許さず、平民にも分配するなどラテン人一体となる素地をつくった点において、非常に重要な共和精神の結晶であった。成文法には、その基底にたしかにはげしい相互不信の感情があるが、またそれぞれの自己の顕示欲・名誉欲・政治欲がそれと一体になって大きくエネルギー化した。

ローマの政治手腕は長年の市民たちのきびしい共和精神のもとで十分底練《そこね》りの試練を受けていた。彼らはそのお家芸のローマ市民権を征服地に対して効果的に与えていた。ローマはいたずらに軍を進めることを得策とは考えず、政治的解決で済まされれば済ますことを得策と考えた。徹底攻略ということは特殊の場合を除いては考えなかった。ローマ軍の侵攻に際して簡単に服属した町々に対しては、ローマ市民権を多少の制限つきで与え、ローマ官吏の監督下にある自治を許した。相手が徹底抗戦をあえてした場合は町の徹底攻略をやり、ローマの移民を送って一種の植民市とした。また戦わずしてローマの友邦同盟国となったところに対しては、行政とか課税などは一切自由にし、ただローマに対して援軍を送ったり、船舶を提供したりする義務づけを行った。そうしてこのようなところほとんどすべてに通ずる道路、いわば軍用道路をローマを基点としてつくり、いったん反乱とかの何かの事があるときは、すぐに強力な軍隊を差し向けることができるようにした。こうしてローマはあくまでも軍国ローマの睨《にら》みを東西南北にきかせたのである。

ローマ軍団はマケドニア方陣にみられたようなファランクス戦法をさらに改良したものであった。給料制をとることにより強力な農民を常備軍として特殊専門訓練をすることができるようにした。これは、急速な機動展開ができるように軍団を複合的にイタリアの起伏の多い丘陵地に適するようにした強力なものであった。ローマはその世界制覇の過程の中でアレクサンドロス大王を知り、また彼が切り開いた大帝国を知った。大王がローマの世界征服の前に大帝国を遮二無二つくりあげていなかったなら、ローマの世界制覇はかくも広々とは進まなかったにちがいない。そのローマがイタリア半島を手中におさめるのにまず立ちふさがった最大最強の敵は、何といってもアレクサンドロス大王の残した先鋭部隊であった。すでに大王死してマケドニア大帝国は分裂していたけれども、破竹の勢いのローマ軍団の前に立ちはだかったのは、象群の部隊や騎兵隊を擁する強力なマケドニア・ファランクス兵団であった。ローマ軍団はこれによって鍛えられたのである。ローマはこの過去の歴史遺産に大いに学んだのである。アレクサンドロスのローマに残したものはやはり大きかった。しかもアレクサンドロス一人でやれなかったことを、ローマは、その建国神話にも示されている都市民たちの共和精神と次節でのべる不撓のストア的世界意志力で達成した。世界への版図はこのようにして着々と実現していった。

しかしその版図拡大にともない、ローマ人たちの取得した富はすみやかに増大し、その個人主義的権力欲は征服地を独占する傾向が強くなった。従来の質実剛健の農業主体の経済機構は、奴隷を自由に行使する資本家的経済に移行した。そして従来の健全な小農的良民を極度に圧迫した。第一、第二、第三ポエニ戦争（前二六五～一六四年）を通してカルタゴを征服し、地中海の制覇を成し遂げ、それによってヘレニズム化されていた広大な地域を掌中におさめてからローマのその後の商業発展は、まことに目覚ましいものがあった。

商業資本は土地をいかし、ブドウ、オリーブなどの栽培や牧畜に精出し、南の属州からは大量の安い穀物を買い入れ、征服地から続々ともたらされる大量の奴隷労働を行使したため、これまでの隆盛の原動力であった小農たちは没落し、富者はますますこえ太り、貧者はますます衰えた。経済規模を拡大したローマには、しかしまだ共和の精神は失せず、その良識あるローマの知性はローマ法の正義をその帝国内に貫こうとした。しかし時の勢いには勝てず、その堅実性は失われていった。

ローマ人たちによる一致団結した国家建設ができていたならば、帝国の存続はもとより強固なより永続的なものになりえたかもしれない。しかしたしかに、勤倹素朴なリキニウス法の精神は、当時もう有名無実にされていた。前二世紀後半グラックスによってそれは復活されようとしたことがある。しかしこれも空しく、彼は富者の徒党によって暗殺された。彼の弟の再度の努力もまた実らず、同様に憤死に終わった。国民皆兵の精神も失われた。新興の騎士階級は、専門の職業軍人を生み出し、これらはまたローマ帝国の事変に出動し、外征に武功をたてると、当然勢力を獲得した。これは旧勢力の貴族との対立を深めた。

しばしばおこる遠隔地への征戦は、これらの軍陣勢力をますます必要とし、また貧しい平民たちからも兵力を募《つの》り、貴族との抗争を深めていった。この内憂外患の真只中にあって、東に西に北に征戦をふる中で、ある武将たちが練磨されていった。中でも、太陽を求め豊かなローマの富を求めて南下をはかるガリア勢の征伐に、天賦の才を発揮したカエサルが光っていた。本拠ローマの政争によってここに帰り主権をにぎることになったが、このカエサルによる縦横無尽の活躍は、幸運にもその当時の領袖たちの次々の死によって、文字通り帝国の大権を一手におさめさせた。混乱に混乱を重ね乱れ果てていたローマにとってカエサルの権力政治は、市民の生命・財産の安全を最重点に民心の安定をはかったので、その人気はますますあがった。彼は歴戦の勇士でもあり、武人らしく、苦労の経験をいかして種々の良策を断行していった。平民たちの不平をなくするためにその貧民対策にも乗り出し、植民市の増設と移民、各地域の治安維持を行い、人民搾取を取り締まった。

また暦法の改正、学問・芸術の振興にも努め、千々に乱れかけた大帝国にしっかりした筋金をとおした。人心収攬のその才はローマ市民賛嘆の的となり、帝王の冠をさずけても辞さないほどであった。まさにカエサルはアレクサンドロス大王の再来とも仰がれ畏敬された。しかし彼のローマ共和精神が、大王としての帝冠を受け取らせなかった。だが彼の中にはこのローマの共和精神とともに、ローマの生みの親・軍神マルスの子としての英雄意識もあった。彼の心中は、やはりローマ帝国の幸運なピラミッドの頂点の存在として、今一層の高揚を求めたにちがいない。年は五十才代、油ののりきった彼はこれからというところであった。しかしあまりにも幸運だったカエサルの行く手に思わぬ不運が待っていた。大ローマ帝国を一手に握ったも同然のカエサルは、当然その軍人性格からいろいろな動乱を兵力によって鎮圧し、その全国にわたる統制力はどうしても専制的にならざるをえなかった。これがローマの共和精神を反作用として強める結果になった。これは悲劇的にもカエサルの親ブルートゥス（ブルータス）の彼への反逆を呼び、カエサルを暗殺するという急転劇に追いこんだ。が、カエサルを殺してしまったあとの混迷のローマにあって、当然その共和精神はカエサルの残した武将や親族を相手取らねばならなかった。

しかし広大なローマを救うものは、もはや昔の素朴な共和精神ではありえなかった。こういうわけで、カッシウス、ブルートゥス、キケロなどの共和主義者たちは敗れ去り（前四三～四二年）、帝国はまたしても第二回の三頭権力者のもとに三分される形となった。そのうちの一人は無能であったために脱落し、天下はオクタウィアヌス（カエサルの甥）とアントニウス（カエサルの武将）に二分された。しかし、エジプトの女王クレオパトラとの関係で、ローマからの離反をはかったアントニウスが、ローマ人たちのバックを得たオクタウィアヌスに敗れ（前三一年）、ここにオクタウィアヌスの君主体制が確立されるに至った。東方的なものと西方的なものと人はよくいうけれども、オクタウィアヌスとアントニウスの戦いは、まさに東方と西方の決戦であるといってよかった。東方的専制国家形態は、このような膨大な領土を治めるには、やはり在来からの魅力ある形態であった。アントニウスをそそのかしたエジプトの女王クレオパトラに宿る大エジプト帝国の古来からの独立への執念からいっても、ここを先途《せんど》と戦うその東方的専制の気概はよく理解できた。

しかし歴史の運命は、東方エジプトの専制に利あらず、アントニウス勢は西方ローマの共和勢力の前に潰《つい》え去った。西方に冷静な知性と共和精神が生きていたことによるであろうか。このようにして、オクタウィアヌスは勝利者となり、ローマ帝国を名実ともに支配することになった。しかし、カエサルの例もあったので、彼はローマ伝統の共和精神を尊重し、専制君主として臨むことを差し控えた。彼は、元老院勢力との妥協の上に、互いに互譲の関係を表面上は保った。実質においては、しかし君主政体であったといってよい。形式はともあれ、権力を中央に集中させたオクタウィアヌスは、ローマ自体の平和を願って軍隊を充実し、それらを国境警備にあたらせた。しかしこれらの大軍隊を養うためには税金を徴収せねばならず、またその体制としてローマ帝政の黄金時代をつくりあげることに成功した。多少の動揺はあったが、何とか二〇〇年ほどは事なきを得た。しかし広大な帝国内には軍人の跋扈がますます著しくなり、下剋上の風潮は帝国の混乱をきたし、しかも内憂外患あいついだ。

三世紀末にディオクレティアヌスが出るにおよんで、ついに帝国は東西に二分せざるをえなくなった。しかも元老院との共和体制は崩れた。こうしてついにローマにも文字通り東方の専制君主政治が確立されるに至った。以後の帝国はその精神を失うことによってすみやかに自滅の道をたどることになる。ローマの共和国家もギリシアのポリスと同じように、時代の潮流には抗しきれず過去の残骸をさらす身となった。しかしギリシア・ポリスのエッセンスがすぐれたものとして残り他に伝播していったように、ローマの立派な共和精神は「法の精神」・ローマ法として、次代を背負うヨーロッパや世界の人びとに立派に受け継がれていったのである。

第二節　ローマとストア哲学

ローマの偉大さはその相当長い間つづいた世界制覇にある。それによって統一された政治圏・文化圏の大きさにある。しかしそれはいわば外面の世界である。もちろんこれにはそれを主導する内面があった。ローマ帝国建国の推進力はまぎれもなくその強靭な意志の力であった。しかもこれと共通した世界意志を有するものがすでに用意されていた。それがストア哲学であった。この点でローマとストア哲学との結びつきは必然であったといえよう。

ストアの哲学は、前にものべたように、その源流をソクラテスに仰ぎ、その不動の意志はポリス崩壊ののちのシノペのディオゲネスに受け継がれた。広大なヘレニズム世界建設の立役者・不敵のアレクサンドロス大王がこの世の覇者ならばこのディオゲネスは自由な魂の世界の覇者であろうとの気概をもっていた、とよくいわれる。これら両者にまつわる逸話も多いが、中でも一介の乞食哲学者ディオゲネスに出逢って、その何ものをもおそれない自由人の姿にひどく心を打たれた大王は、思わず「自分がもしアレクサンドロスでなかったなら、自分はディオゲネスであることを欲したであろう」とうなったことがつたえられたことは、前にも触れた。

大王と同じように、ディオゲネスは、もはや小さなポリス国家に跼蹐《きょくせき》する者ではなく、世界人（コスモ・ポリテース）であった。彼は、故郷はどこかと人から聞かれて、

わたしは世界人である。

と答えた最初の人であることがつたえられた。

世界人である知恵はまた、あらゆる運命の変転に対して動揺しない意志強固の賢者だけがもつことのできるものである。ローマの世界覇者の意志がローマの知恵あるものたちをとらえたとき、彼らはそのまま運命の変転に対して不動の意志の力をもつ知恵を求めた。それがさきほどからいったストア哲学の知恵であった。

これは、哲学史の上では後期ストア派といわれる。その領袖はセネカ（BC. c.4-AD. c.65）、エピクテト

ス（AD. c.60-c.130）、マルクス・アウレリウス（120～180）であった。ローマ帝国下の知性と政治を代表するセネカ、さらにローマを語るにかかすことのできない奴隷を代表するエピクテトス、さらにローマの象徴である皇帝を代表するマルクス・アウレリウス帝。このように、ローマの典型的な階層の広い分野にわたってふかい共鳴をもつストアは、それ相当にローマ社会や時代思潮を底深くとらえていたことがうかがわれる。これら三人があまりによくローマの性格を代表するだけに、熱心なストア主義者としての彼らの登場がローマ社会に特に象徴的なのである。それでは、彼らはどのような世界観や考え方の知恵をもっていたのであろうか。

セネカはその『幸福な生活について』（De vita beate）という著述の中で次のようにいっている。

かのソクラテスは君にこのようにいうかもしれない。「私を全世界の民族の征服者としてみよ。酒神のあの豪奢な戦車が私を凱旋者として、日出づる東の国からはるばるテーバイまで乗せて運び、諸民族の王者たちが私に法律を下したまえと懇願するとしてみよう。私は周囲から神として挨拶されるときですら、まず自分が人間であることを考えるであろう。このように高い絶頂と、たちまち急転して一変した境涯とを結びつけてみよ。そして異邦人の担架に私を捕虜として乗せ、傲慢で残忍な勝利者の凱旋行列を飾ることになるにせよ、私は他人の戦車の下にひいていかれるときにも、自分の戦車の上に立っていたときよりも卑屈にはならないであろう」と。

ソクラテスはこの世の王者であるときも奴隷としてあるときも、決してそのような外面的なものによって内面の魂を動かされることはない。このように外面的なものはいわばストア哲学上「どうでもよいもの」（ἀδιάφορα アディアポラ）なのである。決して本質的なものではない。しかしセネカは征服者・ローマの一員らしく一応ここでは、「私は捕らわれの身となるよりは勝利者となる方をとろう」と釈明めいたことをいっている。しかしそのセネカにとっても、勝利者となることはより望ましいことであるだけで、やはり本質的なことではない。富をもっていて悪いことはない。権力をもっていて悪いことはない。この方が望ましい。しかしストア的賢者は決して富の奴隷になって富のことばかりを考えたりそれに振回されたりすることはない。どこまでもそれの支配者である。富の中にあって貧を考える。権力ある地位にあってやはり奴隷であることを考える。要はその中核に確固不動の徳性をもち、世界意志であるための知恵をもつよう努力し、事に処することが大切であることを、セネカは説いたのである。

『幸福な生活について』は紀元五八〜五九年に書かれたものとされている。いわばセネカが運命の激変の渦中でたまたま幸福をつかんだときのものであった。セネカは、その雄弁な才能を認められ、政界にあってかなりの成功をおさめたが、クラウディウス帝の皇妃メッサリナの不興を招いて、紀元四一年にコルシカ島に追放された。しかし八年後、帝の後妻であるアグリッピーナの力添えで呼び戻され、この後妻の連れ子であるネロ（あとに「暴君ネロ」であだ名されるローマの皇帝となった人）の家庭教師に任命された。ネロが帝位についての数年間は、セネカたちの助けも功を奏して善政がしかれたという。前述の著書もだいたいそのころの作であろうと考えられる。セネカは相当な富を得、力を得ていたにちがいない。それがのちやがてネロの暴政、セネカの政界引退ということになったばかりか、やがてネロ殺害陰謀のかどで、ネロから自殺を命ぜられるという運命の急転に曝《さら》された。セネカは、単にその著述によってだけでなく、その著述の中に盛られているストア主義者としての真価が、今や行動として問われることになった。しかし彼は自らの腕の血管を開き、幾多の美しい言葉を残してそのまま従容として死についた（六五年）、といわれる。

エピクテトス（小アジアのプリュギア出身）については、その自作の詩といわれるものが、彼の人間を如実に物語っているように思われる。

　　奴隷エピクテトスとして私は生まれ、身体は足が不自由である。
　　貧しさはイロスのごとくであるが、神々は友であった。

この足の障害は奴隷としてきわめて残酷な仕打ちを受けたときのものだ、ともいわれている。これに関してあるエピソードがある。あるとき主人がエピクテトスの足をねじ曲げたときがあった。すると奴隷エピクテトスは、「そんなことをすると私の足が折れますよ」と注意したが、さらにねじ曲げられてそのまま自身の足が折れたのを見て、彼は落ち着いたまま、「私のいった通り折れてしまったでしょう」とその主人に答えたという話である。その真偽のほどはとにかく、自分の身体のことはまったく外的な問題であるし、とにかく身体がどうであろうと、それに意を用いることをまったくさけ、ひたすらに心の健全を求めた。弟子が集めたという『語録』の中でエピクテトスは次のようにいっている。

ソクラテスのちっぽけな肉体が彼よりも強いものたちから奪い去られて、牢獄へぶち込まれ、そして誰かがソクラテスのちっぽけな肉体に毒人参をのませて、その肉体が絶命したということをいうのか。それらのことは、君に変に思われるのか。それらのことは不正に思われるのか。それらのことで君は神を非難するのか。そうするとソクラテスには、何もその代償がなかったというわけか。彼にとっては、善の本質はどこにあったのか。私は誰に注意しようか。君にか、それとも彼にか。彼は何といっているか。「アニュトスもメレトスも、なるほどわしを殺すことはできるが、わしの魂を損なうことはできない」。そしてまた、「このことが神のお気に召すならばそうなるがいい」と。

また同じ本の別のところでは、

人間の善や悪は意志の中にあるのであって、それ以外のすべてのものはわしらにとって何ものでもない。

といっている。彼の理想像は、ソクラテスとかさきのディオゲネスであったようで、自分の自由にならぬ外界のことは運命的に決まっているものとして、ただ問題は自分の魂や理性をいかなる運命にあっても「動じさせないこと」（ἀπάθεια アパテイア）、「心を平静に保つこと」（ἀταραξία アタラクシア）ができ、善く生きることができるかどうかが主眼目なのである。この点では、普通快楽主義者といわれ、ストアと対せられるエピクロス派においても、共通していることである。ストアの場合は、こういう心の状態においてこそ自然の「理法」（ロゴス）に没入できると説くのである。

ここに世界意志としての倫理性を最優先させる古ストアからの一貫した立場がある。ストアの比較的長い時期を初期（ストア時代）、中期、後期（今のべている帝政ローマ時代）と分け、その間に重点の多少の変化はみられるというものの、ストアの理法は一貫していると思う。そしてまたストアの世界意志を深く達観しそれに従って行動することが、いわゆるストアの悟りの境地なのであろう。エピクテトスはこのようなストア主義に徹し、ローマでその哲学を人びとに説き教えたが、紀元九〇年にドミティアヌス帝の哲学者追放によってローマを去った、といわれる。

他方、奴隷エピクテトスとはその身分において天地のような差のある皇帝マルクス・アウレリウスもまた、熱烈なストア主義者であった。彼の統治時代に、ローマは天災・人災相次いだが、彼には不屈の精神のバックボーンとしてのストア哲学が何よりの救いであった。痛ましいばかりの苦痛を背負ったこの皇帝は、その『自省録』という著作の中で次のようにいっている。

> しからば、われわれを守り導きうるものは何か。ただ一つ、哲学のみ。その哲学とは、かの内なる「神霊」（ダイモン）をおごらず傷つかぬものにし、また快楽と苦労に打ち勝ち、欺瞞と偽善とをもってでた

らめになすことなく、……

と。ストア哲学者である奴隷・エピクテトスの信奉者としての皇帝マルクス・アウレリウスは、またソクラテス、プラトンの信奉者でもあった。

しかしお前の内に住む神霊――おのれにお前の欲求を従わせ、想念を吟味し、ソクラテスの言によれば、感覚的誘惑から自己をひきはなし、おのれを神々に服せしめ、人びとのことを配慮する神霊そのものにまさるものはない、とお前に思わせたなら、他のいかなるものにも、お前の心の内にその居場所を与えてはならぬ。つまり、ひとたび正道からそれ傾くならば、あのお前にとって本来的な善をひたすら尊重することが不可能になるというような事物には、それがどんなものであれ、その居場所を与えてはならぬ、ということである。なぜなら、この善とは類を異にするもの、例えば賞讃とか支配・富・快楽のように、大勢のものからそれを楽しませてもらうようなものが、理性的国家的な善に背反することは許されぬからである。それらはつかのま、われわれに生と調和するかに見えても、突如力をふるって圧伏を加え、あらぬ方にもっていくからである。

皇帝はまたこのような国家目的から、「哲学者が支配するか、それとも支配者が哲学するかであれば国家は繁栄する」というプラトンの『国家』篇の文句をとなえ、慈愛にみちた哲人王たらんとしたが、蛮族ゲルマン人たちの侵入、はてはペスト病の流行など、彼の治世を苦しめる内憂外患の真只中のうちに苦悩しつづけなければならなかった。彼の理想政治は数々の美談美挙を残しはしたが、この父の賢さにくらべ、息子コンモドゥスはまったく不肖の息子であった。皇后の不貞もひどくて、マルクス・アウレリウス帝のまわりは、まったく目をおおう悪徳の巣であったと考えられる。彼はそのような不遇の環境にあって、倫理的・宗教的に研ぎ澄まされた心をいよいよ練磨し、内面へ内面へと沈潜していった。

彼の『自省録』は、いかに彼が温雅高潔の人格と、ものに動じない平静な心を求める求道の士であったかを如実につたえている。節度と合わせて雄々しい心をもち、簡素な生活、労苦に耐え、乏しきをもって足るという生活に徹する努力が生々《なまなま》しくここにつづられている。まさにストア的克己のシンボルといえるものが、ここに美しく見事に結晶していると思われるのである。

以上のように世界支配を担うローマにあって、その重いきびしい運命をきりぬけていくためのローマの生きる知恵は、ストアの世界意志によって貫かれていた、ということができる。倫理的で、厳格な質実剛健のローマ的エトスは、ストアの倫理性とその広大な宇宙の理法をそのバックボーンとして必要とした。世界支配志向という方途において一見ちがっているように見えるけれども、ローマの外的世界制覇とストアの内的世界制覇は、相携《あい》えてよく内と外との分裂を統一し、真に内・外に覇権を確立しようとした人間精神の壮挙であった。

しかしマルクス・アウレリウスに見たように、必死の統合もできず、ストアの世界意志はローマ帝国を救済できず、そこに開いた巨大な亀裂をどうしようもなかった。これを救いうるものはストアの意志の力ではなく、キリスト教の愛の精神であった。しかし何はともあれ、ストア哲学とローマ心性との成し遂げた壮挙もその悲劇も、ローマ世界での普遍的キリスト教世界を予告し、その道ならしをしている点で、大きな意味をもっているように思われるのである。

第三節　ローマと科学
――ローマの科学の性格――

ローマ人たちの生きる知恵はいろいろあったであろうが、その社会の基本体制は、その健全な農業・牧畜にあった。ギリシア人たちがその科学思想を植民地イオニアのミレトス自由都市において発達させたような商業的性格は、初期ローマにはほとんどなかった。ギリシア文化の担い手となったイオニア部族社会が、その植民活動を小アジアのイオニア地方にのばし、伸びる商業ルートを利用して、自国の農業を商工業中心経済に切り替えて成功したそのスマートな変わり身を、ローマはもたなかったのである。ローマはずっと鈍重であった。植民活動をするには、自国の国づくりと、ごく周囲との折衝があまりにも多かった。また当初のローマ元老院（最高指導層）も商業活動にあまり関心を示さなかった。アテナイの繁栄を招くもとをつくった指導的改革者、ソロンが自らも商業によって大いに金をもうけたのとちがって、ローマ元老院はその議員たちが商売に従事することを禁じていた。このようなわけで、商業上の数量計算などの才覚がだいぶ欠けていたといえよう。

ギリシアにおいては、この才覚が、産業技術を進歩させ、物の数量に対する感覚を鋭敏にし、また物事を簡略に合理的に処理する能力を訓練した。また商業によってあげた大きな利潤は、人びとを単に土地に縛りつけることから解放した。そして自由にものを見つめ、自由に旅行して見識を広め、いろんな偏見から自分たちを解放し、合理的な思考でものを解決するタイプの知恵を生みつけた。しかし土地により多く依存したローマ社会では、そのような思考は発達しなかった。ローマがその古い農業経済とそれに依存する都市経済から脱却して、国際的な商業活動に入ったのは、底固めの青年期が終わってすでに壮年期に入っていた（商業都市カルタゴと第二ポエニ戦役を終わった前二一四年ごろ）。ギリシア時代をリードした青年期の商業活動、合理的思考が推進するエネルギーを、ローマは青年期にあまりもちあわせなかったのである。

ローマの農業的性格が染みついていたからといって、ローマが商業活動を全然しなかったとは到底いえない。家畜と農産物の経済のもとでも交換はあり、その社会にあって家畜（pecus《ペクス》）から貨幣（pecunia《ペクーニア》）という言葉が生じてきたように、商業のルートもだんだん四周に発達しはじめていた。南には活発なギリシアの植民地をひかえていたし、海上商業ルートをにぎるカルタゴとも、前四世紀から前三世紀にかけて交渉がたびたび生じてきていた。しかしそれにもかかわらず、青年ローマを支配しつづけたものは、依然としてその健全な農業であり農民精神であった。そしてまたローマ拡大の原動力となったものも、その中堅農民の質実剛健な兵力であったことを忘れてはいけない。ローマ興隆のもとはこの農民たちであり、ローマ没落もまたこれら農兵の衰退と軌を一《いつ》にしていたと考えられる。

アテナイがその文化の爛熟状態からまさに惰弱・衰亡におちいらんとしたとき、ソクラテスやプラトンはスパルタ風の質実剛健を大いに範とし、あこがれもした。スパルタにはたしかにアテナイの知性はなかった。しかしそこにはかけがえのない単純素朴な強さが依然としてあった。ローマにはやはりこのようなスパルタ風の質朴な農兵基盤というものがその根幹としてあったように思われる。そしてそれがローマ発展の核エネルギーになっていたのだと思う。ローマ人たちは、はげしいエネルギーをもってカルタゴを征伐し、余勢をかってヘレニズム諸国をも征服した。しかしローマの文化水準の低さはおおうべくもなく、水の低きにつくように、ローマは高いギリシア文化の洗礼を受けるようになった。

しかしそのころのことである。検察官カトー（BC. 234-149）は、ギリシア文化を惰弱として、これらの知識の洪水に強く反撥したのである。この反撥こそ、さきの健全なスパルタ的農兵意識からではなかったろうか。検察官カトーがギリシア文化にまさるローマ国粋の学を披露したのは、その農業論にあった。

またそこで示した医学は、さしずめ中国医学流にいうならば上医の思想に似ていた。病気を治すのに専念するのは、立派でない下等のいわゆる下医のすることである。このような医者を全然必要としない健康な状態を常に保つようにしておくのが、すぐれた上医の仕事である。ローマはギリシアの医学をそのまま受け入れるほど不健康ではない。立派な自然の療法があるではないか。それはやはり、医者いらずの呪術であり、薬草などによる自然療法である。こういう考え方に立つならば、ギリシアに発達したくだくだしい学問などは下等のものである。環境がもともと不健全であるからこそおこるものにほかならない。良風美俗の壊れたところに発生するのが、ギリシアの煩雑な学問であるのだぞ、といいたげな口調である。とにかく、こういう考えがローマの第一級の指導層にあったのである。

カトーに象徴されるものは、初期・中期の健全なローマの主要性格であった。彼は、軍人であり政治家でありまた文筆をもよくした。彼は、ローマの危急存亡を招いた仇敵カルタゴの名将ハンニバルとの戦いに出陣したし、その後のいくつかの重要な戦いにも勇敢に勝ち抜いてきた軍人であった。また検察官としてのてきぱきしたしかも厳格な実行力は、他の人びとに恐れられた。この義務に忠実な彼は、軍人としてもきわめて能率的で、単純素朴を旨とした。しかも彼は単純なローマの民間信仰でこと足りる農牧業者の野生の強さを評価しながら、いたずらに粗野に走ることなく、その文化的傾向は彼の文筆にもよくあらわれていた。

ローマの建国（前七五四年）は、さきにも見たように、伝説の上では、マルスの神を父親にもつ双生児ロムルスとレムスによってなされたといわれる。そのマルスに象徴されるものは軍神としての性格である。そういう軍人性格がまた文化的には文人でもありえたところに、ローマの文化の性格が十分にうかがわれるのである。のちの帝王的存在であるカエサルも、その『ガリア戦記』にあらわれる文人の性格はよくローマをあらわしている。

ローマの科学の性格もだいたいこの性格から導き出される。軍人にして適当に文人であるというローマ人の性格は、特に実益を重んじ実用に奉仕する科学を重んずる方向に向かった。しかも死闘をつくしてカルタゴ戦に勝利してからのローマは、帝国主義拡大を遂げ、それに伴って、組織的な法制統一を実利的におしすすめた。また、軍用道路や水道の建設などにみられる土木工事は、エトルリア時代からの巨石文化の遺産もあって、すべて着実に規模を大きくした。またつきものの軍陣医学は、医学制度を組織化した。こういう実用科学においてローマは特徴をもつようになった。

　ところでローマは、以前から北はエトルリア文化、南はギリシア植民地文化と接してきたし、文化的に決して粗野ではなかった。粗野であって人びとを統御することもかなわなかったが、さりとて文化に流されては統制はとれない。その点では適度を得ていたが、何といってもローマの学問を大規模化するには、エジプト征服によって得たヘレニズム文化（ギリシア文化）の殿堂アレクサンドリアによるところが大きかった。その前にすでにローマは、前二七二年前後に重要なしかもシチリア島のギリシア勢を制圧していた。これらマグナ・グラエキアの諸都市を従えはしたが、美しい典雅なギリシア文化を目の当たりに見、これにすっかり魅せられてしまったことも事実である。ギリシア本土の制圧が済んで、ギリシアの教養人たちも次々人質となってローマに連れてこられたりした。ローマの貴族たちの中には、その文明の美麗にすっかりとらわれ、自分の子弟の教育をギリシア人にゆだねる風も生じた。それにますます多

ローマ近くの５本の水路橋の交差（近世の絵画的な復元図）。

忙になっていくローマの指導者たちは、これまでは子弟の教育を厳格に自分自身の手でやってきたものを、ギリシア系の教養人にまかせることで、惰弱の兆候をみせはじめた。ローマの詩人ホラティウスは美しい彼の詩篇の中で、

攻略されたギリシアはその猛々しい征服者をとらえ、
粗野なラティウムに文芸を注入した。

という誰も知る有名な詩句をうたった。戦いに勝って文化に敗れたローマの姿がここにある。

さきのカトーはローマ古来の良風美俗を重んずるギリシア排他の保守派を代表していたが、同じローマの指導者でも、小スキピオ（ハンニバル戦でローマに勝利をもたらした英雄の大スキピオの孫）は、ギリシアびいきであった。こういうふうに二手に分れていた。しかしカトーですら、やはりローマ市を書き農業論を書いたほどの文筆家であってみれば、無下にギリシアを毛嫌いしたのではない。彼は自らギリシア語を学んだといわれている。カエサルに至ってエジプト侵攻とその大がかりなヘレニズム文物交流を通してますます制度の拡充が帝国主義的版図で実現していった。

これ以後は特にローマの文化は、主としてギリシア文化をローマ風に組織化し実用化する方向に向かった。そこにはローマの科学を深く掘り下げる独創性・創造性はなく、ただその規模が実利・実用のローマ帝国組織化においてきわめて広大になったことが特に注目される。カエサルを受け継ぐアウグストゥ

ス（オクタヴィアヌス）の全盛時代に学問はその最もローマ的なスケールでしばしば花を咲かせた。しかしローマは純粋科学を発展させることがなかった。何度もいうように、ローマのお家芸は実用の応用科学であった。ギリシアの美しい律動、軽快な抽象力は形をひそめ、そこにはすこぶる具体的な幾分鈍重さ・稚拙さが顔を出す。そこには自然のエッセンスが一種の気高い気品をもって理想的に描かれるよりもいたって写実的なのである。該博的でいわゆる「百科全書」風である。そこにはすべてに一貫する律動的な体系の形を薄める。この性格が如実にあらわれているのが、有名な大プリニウスの『博物誌』であった。大プリニウス（23-79）は、自らがギリシアの学問の影響のもとに、哲学や修辞学を勉強した。また、ローマ人らしく軍務に従事し、また外地の行政官ともなった。いわば典型的なローマ人であった。彼が積み上げた膨大な知識の山は、その『博物誌』三七巻におさめられている。これは、動植物学・医学・地理学・人類学などさまざまの資料を含んでいる。しかもつたえられるように、ギリシア人、ローマ人あわせて約五〇〇〇人のしかもそれらの人びとの書物二〇〇〇冊からひき出された知識、それに彼の観察も多く含まれる。彼自身大旅行家であったし、また折からのヴェスヴィオス火山の噴火のとき、ある艦隊の司令官勤務にあったが、彼はこの爆発をごく近くで観察しようとしたために死んでしまったのだ、とつたえられている。

大プリニウス

彼の著書には、同じアリストテレスの博学な知識にみられる批判も体系もなく、精緻な知識のひらめきも見られない。いわば雑然とした知識の山は、軽信的で迷信的要素も多く、深い学問の透徹さに欠ける点で、ローマ人の科学に対する態度をよくあらわしている。彼の好奇心はよくわかるけれども、学問そのものを純粋に愛するよりも、人間の習性、動植物その他の習性・性質をひろく倫理的・具体的に観察する点において、ストア哲学にみられる共通の素性を示している。そこには想像力の高い飛翔も見られない。

ところでこのような純粋さ・想像力の欠如は、数学や天文学に示した彼らの凡庸さにもよくあらわれている。理論の構築はなく、例えば有名なルクレティウス（BC. 95-55）の『事物の本性について』という一大詩篇にしても、これはただギリシア原子論の焼き直しを美しいラテン語の詩句にまとめたものにすぎない観がある。ここには、事物の本性をさらに追求しようとする意欲は見られないのである。

ルクレティウス『事物の本性について』の初版本の第1ページ（Barescia, 1473年）。

第四節　新プラトン主義

―ローマ世界での古典ギリシア哲学の光芒―

プラトンがギリシア世界の花アテナイ都市国家の悪徳と凋落のさ中に、現実からあまりにも遠いイデアの世界に夢をはせなければならなかったように、ローマ帝国の花が最も悲惨に凋落しかけた時代にプロティノス（204/5-270）は生を受け、プラトンの知恵のあとを追った。皇帝の暗殺、さまざまな陰謀行為、戦争と疫病の蔓延化、異国人の侵入と財政破綻など度重なる苦悩の時代に彼は生まれた。そしてそれらの悲痛な現実から逃れて、彼もまたプラトンの理想世界の説教をとったのである。プラトンのローマ世界における再現がプロティノスによってなされたといえるであろう。しかしこのローマにあっては、すでにまったく新しい精神のキリスト教勢力が、乱れ果てた地上の国に代わって至福の天国を約束する宗教として、根をはりつつあった。

新プラトン主義の代表者はプロティノスであるが、彼にはアンモニオス・サッカス（175-242）という師がいた。この師に対するプロティノスはあたかもプラトンの師ソクラテスに対するがごとくであったといわれる。プロティノスはエジプトで生まれ、当時の諸学の都アレクサンドリアに学んだ。いろいろ有名な人に師事しようとしたが誰にも満足できず、サッカスのところではじめて、「この人こそ自分の師と仰ぐことのできる人」と考えた。このサッカスという人は、はじめキリスト教の教育を受けたが、のちプラトン哲学のとりこになったという。自分の哲学を一種の秘儀と考え、弟子たちとともにこのおごそかな秘儀哲学に没入し、何ら著述もなさず、そのため詳しいことは何もわからない。しかしプラトン時代の二元論を超克して、当時の一なる普遍的ヘレニズム世界とその中にうごめく雑多とを統合する総合的な哲学体系を内包していたとみることができる。

この世界ではすでにかつてのポリスは死に、そこにはポッカリとあいた精神の大きな亀裂があった。大きな地平の中にあって小さなものはその影を弱め、高まらんとする精神たちは、何かとにかく大きな強烈なものによって魂の空洞を埋められんことを願っていた。一般民衆も無自覚ながらそのような精神状況になった。世は、何が善いかという倫理の論議よりも、とにかく何かを信じ強く何かに抱かれんとする宗教的情熱の強い時代環境になった。ストアの説あり、エピクロスの説あり、新ピタゴラスの説あり、ユダヤ宗教の主義主張ありの折衷混淆の中にあって、客観的に何か善いものを知ることよりも、信ずることの喜びを求めていたのである。プラトンの残したアカデメイア派は、懐疑論の渦中にあり大きく揺れていた。

プラトン哲学は人間の知恵を求めてその理論的認識は大いに深まり広まったけれども、その行きつくさきはとめどなき悪循環におちいる懐疑説でしかなかった。この懐疑論という獅子身中の虫をかみ殺さねば、プラトン精神は浮かばれぬ運命におかれていたともいえよう。はじめキリスト教の影響のもとにあったアンモニオス・サッカスが、プラトンを知るにおよんですっかりそのとりこになったことが、いかなる理由によるかはわからない。プラトン哲学のもつ知性、その貴族性と、その深い静かな思索力が、彼の知性的精神をとりこにしたのであろうか。またプラトンには神秘的秘儀性格も強く二重の意味でサッカスを魅了したのであろうか。キリスト教には、まだその美しい知性も体系化されることなく、素朴であり粗野でさえあった。

サッカスはキリスト教からプラトンへの道を選んだけれども、生まれる時代がもう少し遅かったならば、おそらくその弟子プロティノスとともに、キリスト教神学の組織づくりに立ちあがっていたかもしれない。他の多くの護教家・教父たちのように、プラトンをキリスト教の中に呼び入れていたであろう。しかし、現実には、死なんとする古典ギリシアの白鳥は、サッカス、プロティノスの姿をかりて、この新プラトン主義の中で最後の最も美しい精神の花を咲かせることになったのである。滅びゆかんとする偉大なものと、新しく芽生えんとするものの間には、両者いずれに掉《さお》さそうとも、両者の精神の実り豊かな混淆がみられるものである。

この異教（ギリシア思想）とキリスト教との紙一重の境界線において、しかもその滅びゆく古きものの側に立ったサッカス、プロティノスにあって、新しい息吹がどのようにあらわれているのか。師アンモニオス・サッカスというソクラテスの下にあって、その精神を体系づけたように思われる弟子プラトンにあたるプロティノスにあって、その「一者《トヘン》」（神）とその子「理性、知的精神《ヌース》」とまたその子である「霊魂《プシュケー》」の三者はキリスト教の三位一体観との類似を美しくみせているように思われる。ここにおいて、キリスト教の知恵は、プロティノス的ギリシアの領分に十分もちこまれているのをみるのである。

キリスト教が、当時のギリシア化された知性的ヘレニズムの世界において、ヨハネ福音書にみられるようなロゴス神格化の思想的転身をはかったことは、みなの知るところである。プロティノスにあっては、世界生成の原因となった「ヌース」（理性、第二の神）はまた「ロゴス」とも呼ばれるものなのである。ここにもキリスト教神学に発展していくフィロン（BC. c.25-c.AD. 50）やオリゲネス（185-254/5）のいう、「神の子・ロゴス」との類似がはっきりみられるのである。

「ヌース」は「一者」からの充溢の結果生まれた第二の神である。「一者、一なるもの」には時間はなく、永遠の存在で、一切を超越し、自分以外何者をも必要としない善そのもの、完全な充足のうちに安らうことができるギリシア的思想の存在者である。ここに存在する、あそこに存在する、という意味ではどこにも存在しないもの、ということができる。これは、どこにも存在せず、どこにでも存在するという点で、人間理性では完全にとらえることのできぬものであり、無限な絶対の存在者であるということができる。この完全充足者が、どうしてまた第二の神を生む必要があったのかといわれるなら、何もその必要はなかったと答えなければならないであろう。この世界創造は一つの神秘である。キリスト教では神の意志によって無からの創造ということが考えられているけれども、プロティノスの一者はこのような意志的な存在ではない。一なるものはただ沈黙し被造の世界を等閑に付してかえりみない。それはまことに静寂な至高の存在である。そしてこれを会得するのは学問的な知識によるのでもなければ、およそ知るといわれるいかなるものをも超越した、エクスタシス（忘我・恍惚）の絶対没我の直接合体においてである。

ここでは後期プラトン・アカデメイアの懐疑的知性の立場は越えられている。このような知識は分別知として一つの言論であり、多なるものであるが、この多なるものは、一者との完全な一体性をもつことはできないのである。一者はこれとかあれとかと語られもせず記されもせぬものである。あるいはその方向を指し示すとき、その方向は一者の観照者によって言葉で指し示されることはあっても、その実際を観ることもできず、その様子は語られもせず記されもせず、あらゆる知をはるかに越えている。そこにはただ光の中の合一と忘我と恍惚（エクスタシス）があるだけなのである。しかし知性は、プロティノスによって決して軽んじられているのではない。この知性は、あらゆる霊魂界に君臨し、霊魂に優越するものである。それは、霊魂というすべての生きた事物をつくる第三の神性を導くものである。霊魂はヌースから産出されるといわれる。プロティノスのとり出すこれら三者、すなわち「一なるもの」、「ヌース、理性」、「霊魂」は三位一体のペルソナ（三つの格、すなわち「父なる神」「その子イエス・キリスト」「神的力としての聖霊」）の平等とはちがって、段階的に「一なるもの」という最高のものから流出されて「ヌース」が生まれ、そのヌースから「霊魂」が生まれる、というふうに出てくるものなのである。

もっとも、このような考えは、さきにもみたように、キリスト者のオリゲネス（プロティノスとは同時代人）の考えでもある。オリゲネス自身は、神のペルソナを最高位のものと考えたのだが、この考えはのちに異端とされたものである。しかし当初のキリスト者が、プロティノス的考えをもっていたことは、一応注意しておかなければならぬことであると思う。

アウグスティヌスの言葉を待つまでもなく、さきにのべたように、プロティノスがもう少し遅く生まれるかでもしたならば、彼もアウグスティヌスと同じく、プラトン主義者であり同時にキリスト教徒でもありえたかもしれない。しかしとにかくプロティノスは、キリスト者としてではなく、どこまでも善きもの・美しきものを、ギリシアの精神で愛しようとし、洗練され深められた知性を通して、この宇宙の深奥の精に合一できた人であった。テオリア（観想）の静かな世界を愛した人であり、この世を自由に創り命令もする絶対神の意志的精神には没入することができなかった人である。烈々と燃える精神はあったが、波瀾よりも静かな観想を、彼の「一なるもの」への没入とそのエクスタシスの喜びを、こよなく愛した性格の人であった。

さきにもいったように、この当時のローマはひどい世相で廃墟同然の風土であった。人口も激減していた（イタリアは半分に減ったともつたえられるほど）こんな瘴気《しょうき》の満ちた悪臭の泥沼の一角に、清らかなプロティノスの精神の園はあったのである。プラトン的ギリシア精神の栄光の真理が、今は最後としばし純粋な形で異郷ローマのこの園に、翼を休めたものともいえよう。

ローマの精神的風土の中の大きな転換の移相の中にあって、プラトンの精神は、プロティノスによって、落日のようにきわだった光暈をもって輝いた。そしてそれは無数の光粒子となって、次のキリスト教の精神風土へと自己を転換していった。古代ギリシアの精髄をプラトンはイデアの思想に結集させたが、それはまだはっきりした体系とはなっていない面があった。しかしプロティノスは、キリスト教的三位一体の体系ができあがろうとする過渡の時代にあって、この体系を予感しながら、プラトンの精神を、三位一体観から見事にうつし出してみせたのである。この点に、ギリシアを生かした彼の栄光があった、といえるであろう。

プロティノスの著作をまとめた『エネアデス』(「三つの原理的なものについて」)の中で、彼はプラトンに言及し、自分はプラトンの知恵をすっかり明けひろげて言ったまでのことであって、別に新しいことを創設しようとしたものでない、とことわっている。すなわち、はっきり次のようにいっているのである。

またプラトンの三段説もこれによっている。すなわち、彼は、「すべて万物の王たる者の周囲には第一次的なものが、また第二次的なものは第二級の事物の周囲に、また第三級の事物の周囲には第三次的なものが」ということを主張している。そしてすべての原因となるものについても、さらにその父となるものがあることを語っている。この場合、彼が原因といっているのは知的精神のことなのである。というのも、彼のいう知的精神というのは世界の制作者なのであって、この者が霊魂をあの混合容器の中でつくるのだと主張しているからである。他方、この原因者――知的精神という存在――の父としては、知的精神をも存在をも超越する善があげられている。そして多くの箇所で、この存在と知的精神をイデアとして語っているのである。こういうわけで、プラトンは、善から知的精神が出、知的精神から霊魂が出ていることを知っていたわけである。また実際、われわれがここに説いていることは、別に新しいことではないのであって、昔すでにいわれたことなのである。ただそれはすっかり明けひろげてはいわれなかったので、今ここに説かれているようなものが、それの解説として出てきたわけなのである。

と。プラトン主義者、プロティノスのプラトン引用はさすがに数百回におよんでいるが、プラトンの書簡集に至るまでこまごまとよく彼を読み研究したあとがうかがわれる。さきの文中のはじめのプラトン引用も第二書簡からのものなのである。

ところでプロティノスの場合ならずとも、すべての偉大な精神の場合にみられるような高貴な神的体験というものが、その明々白々の導き手であったように、プロティノスの神的体験は、しばしばエクスタシス（恍惚、脱出状態）となってあらわれた。『エネアデス』の中でもいっているように、何度かこのようなことがおこったのである。この状態にあっては、プロティノスは肉体から外に出て、自己の本質そのものにまで高められ、この際他のすべての事物の外に立って、まったく驚くほど美しいものがみえてくるのである。

この体験によると、知的精神はその純粋な姿となって、燦然とたちあらわれ、「一なるもの」である最高の「父なるもの」をかいま見ることができる。この上昇の中に体得するテオリア（観想）の安定、しかしみるまにまたしばらくして、下降の瞬間がやってくる。そこでこの下降、すなわち霊魂がどのようにして肉体に宿るかの問題が反省的に問い出されてくるのである。それはすべて「欲望」の体系によると答えられる。この欲望があふれて下にどんどん低次のものへの下降の産出がおこるのである。とにかくすばらしい神的なものの全体的映像が、霊魂によって生み出されるのだ、と説く。

グノーシス派の人びとは、「この見える世界、この宇宙はすべて悪である」というきびしい見解をもっているが、プロティノスは、このような見解に反対している。この悪という観念を排するところは、きわめて教父アウグスティヌスに近いものである。この世のものはすべてそれぞれに美しいのであるが、この世のものを創造しようとする霊魂の欲望が、ある不幸な結果をもつのだ、ということを否定しようとはしない。霊魂が自己に沈潜して「ヌース」(知的精神)とさらには「一なるもの」と結合され関係を保っている限りは、何ら不幸な結果はおこらないかもしれない。

しかし、霊魂が肉体と結合するや否や低次的に下降的にそれぞれの形が分れ、幸福の差別が生じ、より価値のあるものから低次のものまでほとんど無限の分離をひきおこしていくのである。「一なるもの」から次々と下降し、流出して、「知的精神」、「霊魂」と生み出されたのに似てはいるが、とにかく、この光の粒子は必然的にその光を弱めていきながらも、そのありったけの光芒を届く限りに慈悲深く瀰《び》漫させるのである。絶対なるものであれば、そんなに光を弱める必要はなく、どこまでも同じ光で強さで美しく輝くべきで、こんな不完全な悲惨な世界を創ること自体が悪ではないか、というグノーシス的反駁もある。しかしプロティノスにあっては、超越的な「一なるもの」は、どこまでも時空を超越していて、この創造にはかかわり合わないのである。ただあふれる光は、そこにひとたび流出をおこし、そこにより低次なものへの創造がはじまるのだろう。

この世を不完全な悪の世界だという人びとに対して、プロティノスは、それぞれには神的な光が微量たりとも宿され、そのために生きた存在を与えられているものであれば、それはすばらしいことではないか、という。霊魂の素性に関して、さきの書の中でプロティノスはいっている。

まず第一に、すべての霊魂が留意しなければならぬのは次のことなのである。すなわち、生物はすべてこれに生命を吹き込むことによって、自分がこれを生物たらしめたのであって、地の育《はぐく》むものも、海の養うものも、空中に住むものも、天にある聖なる星も、みな然りである。また太陽を太陽たらしめているものも自分ならば、この大きな天を天たらしめているものも自分なのであって、自分が宇宙の秩序をつくり、自分がこれに規則正しい運行を与えているのである。しかもその自分は、自分が秩序を与え、自分が運動させ、自分が生命をもたせている当のものとは異なる性質のものなのである。いや、それらよりも尊いものでなければならない。というのは、それらは生成するものであって、これに生命を補給してくれる精神にいかれてしまうと、亡《ほろ》んでいくものなのだが、自分は自分自身を離れ去ることはないので、常住存在しているからである。

と。天体に宿る霊魂あればこそ、天は生きた神なのであり、すべて宿る霊魂もあればこそ生けるものなのである。それは、暗雲を日光が照らしてこれに金色の様相を与えて光り輝くように生命を与えるのだ、という。単なる土や水は、霊魂がくるまでは単なる暗黒の素材、非存在なのである、といわれる。こういう考え方は、プラトンの『ティマイオス』や『ノモイ』の中に説かれる思想そのままであるように思われる。

一方には、この暗黒の素材に向かって突き進み、それぞれにそれぞれの生命や存在を与えるこの下降の道がある。これらは必然的に差別づけられ、上下の等級・段階を運命づけられるとはいえ、光と生命を与えられるのである。これはその中に宿る霊魂を通して、その上位の知的精神へ、さらに最高位の「一なるもの」へと上昇することができる。ここに他方の上昇の道がある。この上下道の一貫した体系が、プロティノスの体系なのである。その微細なものにまで浸透する光と、善なる意志とを見出すところに、この世のすべての生けるものの美に酔う者の静かな喜びもあるのである。

プロティノスは感覚を悪として排除はしない。感覚しうる音の調和、見うる諸事物にみられる美しい幾何学的秩序など、すべての感覚を通しての感動は永遠的なものの観照へと向かわせるかぎりにおいて、これは上昇への道であり、「一なるもの」への上昇を助けるものである。感覚がさげすまれるべきものとみられるのは、自己の素性を知らず、外形の個物にとらわれて自分を見失うところからくる。これは闇の性格によるものであり、迷妄というべきである。差別づけられ個別化された物は、非常に遠くまで離れてしまったので、自分がかしこから出てきた者であるということすら知らぬに至ったのだ、と彼はいう。それは、ちょうど小児が生後まもなく父の手元から引き離されて、長い間遠方で育てられたため、父が誰であるか、自分が何者であるか、を知らないようなものである、とプロティノスはいうのである。彼はこのような実際上のたとえをするのであるが、とにかく霊魂の下降はまた一種の退化にちがいなく、罪を犯すこととか誤ちをおこすことになるのである。不完全な映像の世界では避けがたいことであるが、罪は自由意志をもつ魂の本源からの離反によるのである。ここに自由とは、映像のより不完全な世界、中途半端な世界の性格ともいうことができるであろう。しかし、この意志が移ろいやすい外界から自己自身の内に深く転向を行うとき、それは精神の上昇の階梯へと引きあげられて、祝福を受けることになるのである。

ソクラテス、プラトンの誕生日を祝い、この日はプロティノス学校の祝祭日であったのだ、と弟子のポルフュリオスはつたえているが、プラトンへの傾倒は、さきにものべたとおりである。このギリシア精神最後の代表者、静かなる巨匠プロティノスの中に流れこんだ思想は、プラトン、アリストテレスはもちろんのこと、哲学の始祖タレスにまでさかのぼる。優に一つの豊かなギリシアの古代宝庫がプロティノスによってローマ世界に光を得たというべきであろう。しかもこれがアウグスティヌスなどによってキリスト教世界、黎明のローマに移植され、立派に化身していく幸運と栄誉を担うのである。

索引

【キ】

【ク】

【ソ】

【タ】

【チ】

【テ】

著者・監修者紹介

大槻真一郎（おおつきしんいちろう）

一九二六年生まれ。京都大学大学院博士課程満期退学。明治薬科大学名誉教授。二〇一六年一月逝去。科学史・医学史家。〔著書〕『人間の知恵の歴史』（原書房）、『科学用語・独-日-英・語源辞典・ラテン語篇』、『同・ギリシア語篇』、『記号・図説錬金術事典』（以上、同学社）、『医学・薬学のラテン語』（三修社）など。また没後、遺稿を再編して刊行された著書に、『「サレルノ養生訓」とヒポクラテス』、『中世宝石賛歌と錬金術』、『ヒルデガルトの宝石論』、『アラビアの鉱物書』（以上、コスモス・ライブラリー）、『西欧中世・宝石誌の世界』（八坂書房）がある。

澤元亙（さわもとわたる）

一九六五年生まれ。現在、明治薬科大学・防衛医科大学非常勤講師。〔訳書〕ピーター・ジェームス『古代の発明』（東洋書林）、プリニウス『博物誌（植物薬剤篇）』（共訳・八坂書房）、ハーネマン『オルガノン』、ケント『ホメオパシー哲学講義』、ハンドリー『晩年のハーネマン』（以上、ホメオパシー出版）など、博物誌・医学書の古典翻訳に従事。

人間の知恵の歴史――宗教・哲学・科学の視点から

〔復刻版シリーズ①古代篇〕

著者　大槻真一郎
監修者　澤元　亙

2020年4月20日　第1刷発行

発行所　㈲コスモス・ライブラリー
発行者　大野純一
〒113-0033　東京都文京区本郷3-23-5　ハイシティ本郷204
電話：03-3813-8726　Fax：03-5684-8705
郵便振替：00110-1-112214
E-mail：kosmos-aeon@tcn-catv.ne.jp
http://www.kosmos-lby.com/
装幀　河村　誠
発売所　㈱星雲社（共同出版社・流通責任出版社）
〒112-0005　東京都文京区水道1-3-30
電話：03-3868-3275　Fax：03-3868-6588
印刷／製本　モリモト印刷㈱
ISBN978-4-434-27471-8 C0010
定価はカバー等に表示してあります。

〈真の健康と安らぎを求める現代人に語りかける名講義・シリーズ全4巻■大槻真一郎〔著〕／澤元亙〔監修〕■46判・平均約200頁・定価：本体1400円＋税〉

「ヒーリング錬金術」①

『サレルノ養生訓』とヒポクラテス――医療の原点

本書第1巻は、医学のメッカ・サレルノで生まれた中近代ヨーロッパのベストセラー『サレルノ養生訓』をラテン語原典から訳出し、その基本となるヒポクラテス医学の特質をギリシア哲学との関連からユニークに解説。

「人間本来の自然を知り、自然に立ち返る」――医療の原点がここにある！

「ヒーリング錬金術」②

中世宝石賛歌と錬金術――神秘的医薬の世界

本書第2巻は、パワーストーンを讃美する『石について（マルボドゥス著）』『リティカ（作者不詳）』の解読に始まり、ヘルメスの錬金術から「医化学の祖」パラケルススによる錬金術的医学へと展開される神秘的医薬の世界を、人生論を交えつつユニークに解説。

「真の医師は優れた信仰をもたねばならない」――錬金術的人生論！

「ヒーリング錬金術」③

ヒルデガルトの宝石論――神秘の宝石療法

本書第3巻は、中世ヨーロッパ最大の賢女と讃えられ、薬草学の祖にして、神秘家、作家、詩人としても知られる修道女ヒルデガルトの『石の本』（『フュシカ（自然学）』収載）を読み解きながら、自然と信仰の調和からなる神秘的な宝石療法の世界を真摯に語る。

「よく浄化する者は、またよく治療する者である」——心身相関医学の極意！

祈りを通して魂の浄化をはかり、穀物・野菜・果実・ハーブ・動物など自然物による調和的な栄養摂取・体液バランス・身体浄化などを幅広く取り入れた神秘療法の世界（本文より）

宝石をブドウ酒に入れ、その酒を飲む！

【本書の内容】
第1章　いまヒルデガルトの宝石論を読むということ
第2章〜第9章　宝石論（1番目〜26番目の宝石）
第10章　宝石療法の概観（1）
第11章　宝石療法の概観（2）

「ヒーリング錬金術」④

アラビアの鉱物書——鉱物の神秘的薬効

アラビア医学から、錬金術、各種宝石の薬効にいたるまで、著者の博物学的視点や人生哲学が散りばめられた解説を通して神秘への扉が開かれる。

大いなる自然の声をきく！

【本書の内容】
第1章　基本的な考え方について——序文と本文・第1項目をめぐって
第2章　『アリストテレスの鉱物書』への系譜とその成立
第3章　アレクサンドロス大王伝との関連で
第4章　アラビア医学について
第5章　錬金術との比較考察（1）
第6章　錬金術との比較考察（2）
第7章　各宝石の叙述について

「コスモス・ライブラリー」のめざすもの

古代ギリシャのピュタゴラス学派にとって〈コスモス Kosmos〉とは、現代人が思い浮かべるようなたんなる物理的宇宙（cosmos）ではなく、物質から心および神にまで至る存在の全領域が豊かに織り込まれた〈全体〉を意味していた。が、物質還元主義の科学とそれが生み出した技術と対応した産業主義の急速な発達とともに、もっぱら五官に隷属するものだけが重視され、人間のかけがえのない一半を形づくる精神界は悲惨なまでに忘却されようとしている。しかし、自然の無限の浄化力と無尽蔵の資源という、ありえない仮定の上に営まれてきた産業主義は、いま社会主義経済も自由主義経済もともに、当然ながら深刻な環境破壊と精神・心の荒廃というつけを負わされ、それを克服する本当の意味で「持続可能な」社会のビジョンを提示できぬまま、立ちすくんでいるかに見える。

環境問題だけをとっても、真の解決には、科学技術的な取組みだけではなく、それを内面から支える新たな環境倫理の確立が急務であり、それには、環境・自然と人間との深い一体感、環境を破壊することは自分自身を破壊することにほかならないことを、観念ではなく実感として把握しうる精神性、真の宗教性、さらに言えば〈霊性〉が不可欠である。が、そうした深い内面的変容は、これまでごく限られた宗教者、覚者、賢者たちにおいて実現されるにとどまり、また文化や宗教の枠に阻まれて、人類全体の進路を決める大きな潮流をなすには至っていない。

「コスモス・ライブラリー」の創設には、東西・新旧の知恵の書の紹介を通じて、失われた〈コスモス〉の自覚を回復したい、様々な英知の合流した大きな潮流の形成に寄与したいという切実な願いがこめられている。そのような思いの実現は、いうまでもなく心ある読者の幅広い支援なしにはありえない。来るべき世紀に向け、破壊と暗黒ではなく、英知と洞察と深い慈愛に満ちた世界が実現されることを願って、「コスモス・ライブラリー」は読者と共に歩み続けたい。